懸吐新譯 附 按說 大學集註

懸吐新譯

大學集註

附 按說

成百曉 著

한국인문고전연구소

차례

"이 책은 《附按說 大學·中庸集註》를 大學과 中庸으로 分冊하였으므로 일부 내용이 大學·中庸을 함께 언급한 부분이 있는바, 독자들의 이해를 바란다."

간행사

　《大學》과 《中庸》은 《禮記》의 각각 한 편이면서도 내용이 東洋의 核心 思想을 담고 있으며 이에 대한 集註는 性理學이 총 집합되어 있어 中國은 물론이요, 우리나라의 陽村과 退溪 등 先賢들이 모두 중요시한 책이다.

　本人은 지난 번 《附按說 論語集註》에서도 밝힌바 있지만 뒤늦게 先祖들의 思想과 文化에 관심을 갖고 《論語》를 처음 공부하다가 成百曉 선생을 알게 되어 先生에게 四書를 배우고 지금은 同學들과 함께 《周易傳義》를 공부한 지도 벌써 3년이 되어간다. 《周易》을 공부하면서 孔孟과 程朱의 思想이 서로 관련되어 一致함을 실감하게 되었다. 이것이 東洋哲學의 高貴한 眞理임을 다시 한 번 깨닫게 한다.

　成百曉 선생의 思惟가 담긴 附按說 四書集註 를 내기 위해 뜻있는 분들과 함께 (社)海東經史研究所를 설립하였다. 이에 따라 成先生께서는 새로운 四書集註를 執筆한지 어언 10여년, 《論語》와 《孟子》 그리고 이 《大學》·《中庸》을 끝으로 일단 四書가 마무리하게 되었다.

　成百曉선생은 健康이 좋지 않으시면서도 誓願인 이 作業의 結實을 보기 위해 오랫동안 作業을 계속하였다. 實力이 부족하여 도와드리지 못하는 자신의 心情 참으로 안타깝기 그지없었다. 本人은 四書와 《周易》 등을 배우면서 人生의 새로운 삶을 다시 얻은 기분이다. 내가 만일 이 공부를 하지 않았다면 俗人들과 하등 다를 것이 없는 사람이 되어 그야말로 般樂怠敖에 빠져 자신을 돌아보지 못하고 醉生夢死하였을 것이다. 이제는 東洋古典을 읽으면 참다운 맛을 어느 정도 알듯하다.

　이 高貴한 眞理가 西歐의 文化에 유린되고 物質萬能主義에 매몰되어 世人의 管心

밖에 있는 것이 참으로 寒心하다. 옛날 先賢의 말씀에 千秋必返은 理之常也라 하였다. 꽁꽁 얼어붙은 지금의 차가운 大地에 언젠가 따사로운 햇빛이 비출 날이 있으리라. 그때 선생의 苦心作인 이 附按說 四書集註도 빛을 보게 될 것이다.

우리 研究所는 先生이 더 老衰하기 전에 《禮記集說大全》, 《春秋左氏傳》의 譯註 그리고 《古文眞寶後集》의 대폭적인 補完을 계획하고 있다. 모두 容易하지 않는 作業이다. 또한 先生의 육성으로 四書의 강의와 聲讀을 錄取하고자 한다. 經濟的인 어려움이 있겠지만 有志者事竟成이라 하였다. 이 소망이 이루어지기를 讀者 여러분과 함께 고대해 마지않는다.

2016년 5월
(사)해동경사연구소 이사장
權 五 春

추천사

　성백효(成百曉) 선생의 《부안설 대학·중용집주(附按說 大學·中庸集註)》 출간을 진심으로 축하합니다. 이로써 선생께서는 《논어집주》와 《맹자집주》에 이어 동양의 고전 중의 고전인 사서(四書) 집주를 완간하게 되었습니다.

　《대학》과 《중용》은 유교 경전에서 공자의 가르침을 정통으로 나타내는 경서(經書) 중의 경서입니다. 《예기(禮記)》의 각각 한 편이면서도 내용이 유가(儒家)의 주요 핵심 사상을 담고 있고, 이에 대한 집주는 정주학(程朱學)의 사상이 총 집결되어 있어 예로부터 중국은 물론 우리 선현들이 매우 중요시했던 책입니다.

　이와 같이 《대학》과 《중용》이 동양철학의 기본 원리를 담고 있는 매우 귀한 책임에도 일반 대중들이 정독하는 것이 쉽지는 않습니다. 그런 의미에서 《대학》과 《중용》, 그리고 이에 대한 주자(朱子)의 장구(章句)를 해석하고, 필자 본인의 견해를 안설의 형태로 추가한 고전강독서 《대학·중용집주》의 출간은 특별한 의미를 가집니다.

　선생은 1980년대 초반에 서울대학교 국사학과에서 한문강독을 시작하면서 10여 년간 서울대학교와의 인연을 이어오셨습니다. 학생들에게 《논어》·《맹자》, 《통감》·《고문진보》·《시경》·《서경》 등을 강독하시며, 당시 자욱한 최루탄 연기 속에서 대학의 자유가 제대로 보장되지 않았던 상황에서 서울대학교 학생들에게 동양적 지혜에 기초한 지적 토대를 제공해주셨습니다.

　2014년에는 저의 서울대학교 총장 취임을 축하하면서 '양사보국(養士報國)'이란 소중한 휘호를 써주셨습니다. 이는 '훌륭한 선비를 길러 국가에 보답해 달라'는 뜻입니다. 이에 더하여 '대학은 선(善)을 앞장서서 솔선하는 곳이고, 나라의 원기(元氣)인 선비들이 올바르면 나라가 안정되고 번창할 수 있다'라고 부연 설명하였습니다.

저는 수년 전 권오춘 이사장의 권유로 선생의 《논어집주》 출간기념회에 참가하면서 인연을 맺게 되었습니다. 그 이후부터 선생과 저는 같은 창녕 성씨 단일본관의 종인(宗人)이라 더욱 친밀감을 가지게 되었습니다. 같은 종인이지만 저는 관향인 창녕 출신이고 선생은 충청도 출신이라서 그간 교유 기회를 가지지 못하였던 터였습니다. 종친의 한 분이 이렇게 우리나라를 대표하는 한학자라는 사실이 매우 자랑스럽기만 합니다.

지금 우리는 앞을 내다보기 어려운 불확실한 미래로 인해 모두가 고민을 하고 있습니다. 우리에게 가장 필요한 것은 물질적 성과지상주의나 현란한 임기응변보다는 순수한 초심과 선의지(善意志, guter Wille)의 확립입니다. 그리고 이러한 선의지는 우리 모두의 의지와 실천에서 시작됩니다.

이러한 노력은 밝은 영혼이 깃든 '선(善)한 인재'를 길러내는 것으로부터 시작해야 합니다. 선의지가 우리의 의지작용 전체를 관통하고 생활의 근본을 구성하도록 돕는 것은 서울대학교에 부여된 도덕적 사명이기도 합니다. 이러한 지혜와 철학을 보다 쉽게 풀어낸 책이 바로 《부안설 대학·중용집주》이기도 합니다.

선생은 '신학문'을 배우지 않고 오로지 선친과 서당에서 옛날식 한학교육을 받은, 어쩌면 이 시대의 마지막 한학자입니다. 그의 아호(雅號)인 한송(寒松)의 뜻 역시 "날씨가 추워진 뒤에야 소나무와 측백나무가 시듦을 안다"라는 공자의 말씀과 같이 추위 속에서도 늘 꿋꿋한 소나무가 되려는 자기암시이기도 합니다.

평생을 한학을 공부하고 연구해온 성백효 선생의 《부안설 대학·중용집주》는 《대학》과 《중용》을 합본하여 원 뜻에 충실한 번역과 본문과 집주에 현토(懸吐)하여 완역한 책입니다. 오늘을 살아가는 우리 모두가 인간 본연의 심성을 되찾아 줄 수 있는 고전강독서인 이 책의 정독을 권하고 싶습니다.

감사합니다.

2016년 5월
서울대학교 총장
成樂寅

이 책을 내면서

　《附按說 大學·中庸集註》는《大學》과《中庸》, 그리고 이에 대한 朱子(朱熹, 1130-1200)의 章句를 해석하고, 본인의 견해를 '按說'의 형태로 추가한 古典講讀書이다.《大學》과《中庸》은 원래《禮記》안에 들어 있었는바,《大學》은 42번,《中庸》은 31번에 들어 있었다. 이 두 편은 儒敎의 重要經典으로 인식된 결과, 일찍부터 단행본으로 만들어지기 시작하였다. 특히《中庸》은 漢代부터 중시되어, 司馬遷의《史記》〈孔子世家〉에는 이를 孔子의 孫인 子思의 所作이라 하였으며,《漢書》〈藝文志〉에는《中庸說》2卷이 소개되고 있다.《大學》에 관해서는 宋代에 司馬光이《大學廣義》를 지은 데 이어 程明道·程伊川이 이를 表章함으로써 儒家正統의 經典으로 위치를 굳히게 되었다.

　이들 두 책의 注解로는《禮記》에 들어있는 鄭玄의 注와 孔穎達의 疏가 가장 오래된 것이다. 이밖에도 程伊川의《中庸解》가 있으며, 그 門人들의 注解가 많은데, 朱子는 諸家의 說을 종합, 절충하여《大學章句》와《中庸章句》를 짓고,《大學》과《中庸》을《論語》와《孟子》와 함께 四書로 並稱하여 儒敎經典의 代表로 推崇하였다. 특히, 宋代의 性理學은 이 두 책을 근본으로 했다고 말해도 지나치지 않을 정도이다. 따라서 程朱學을 國敎로 삼은 朝鮮朝에서 士者의 必讀書가 되었음은 말할 필요가 없겠다.

　四書集註에 들어있는《大學章句》와《中庸章句》는 集註와 章句라는 명칭에 큰 차이가 없다. 壺山(朴文鎬)는《大學章句詳說》에서 "朱先生(朱子)이 이미 章을 나누고 또 句를 해석하고는 이어서 註說을 그 아래에 쓰고 '章句'라 했다." 하였으며, 또 "《章句》는《大學》,《中庸》註의 이름이니,《論語》와《孟子》의 註를《集註》라고 이름한 것과 똑같다. 이 한 篇에 나아가서 그 章을 나누고 그 句를 해석하고서 그 사이에 註를 달고 이어서 章句

라는 이름으로써 이 註(集註)를 이름했다." 하였다. 사실 章句와 集註는 큰 차이가 없으나 이미 《大學章句》, 《中庸章句》라고 이름하였으므로 내용에 있어서는 《章句》라고 통일하되, 冊表題에 있어서는 《附按說 論語集註》, 《附按說 孟子集註》를 따라 《附按說 大學·中庸集註》로 통일하였다. 그리고 《附按說 孟子集註》의 例를 따라 각 章에 이름을 붙이고 章과 節을 표시하였다. 朱子는 "《大學》을 經文과 傳文으로 나누고, 經文 1章은 孔子의 말씀을 曾子가 記述한 것이며, 傳文 10章은 曾子의 뜻을 그 門人들이 기록한 것이다." 하였다. 그리고 "曾子의 門人中에는 子思가 道統을 傳했다." 하여, 子思가 《大學》의 대부분을 記述하였을 것이라고 추측하였다. 程子(明道와 伊川) 역시 "《大學》은 孔氏의 遺書이다." 하였는데, 이 또한 그러한 脈絡에서 말씀한 것이다.

더욱이 朱子는 "《大學》은 옛날 太學에서 사람을 가르치던 法이다." 하여, 明明德, 新民, 止於至善을 三綱領이라 하고, 格物, 致知, 誠意, 正心, 修身, 齊家, 治國, 平天下를 八條目이라 하여, 君上의 修己治人之術을 밝힌 政治書로 중시하였다. 또한 古本大學은 篇次가 뒤바뀌고 빠진 부분이 있다는 程子의 말씀에 근거하여, 그 篇次를 다시 정하고, 새로이 格物致知章을 지어 넣기도 하였다.

《中庸》에 대해서는 《論語》〈堯曰〉의 '允執其中'과 《書經》〈大禹謨〉의 '人心惟危 道心惟微 惟精惟一 允執厥中'을 《中庸》의 由來로 보고, 이를 子思가 堯舜 이래로 전해 온 道統의 淵源을 밝힌 글이라 하였다.

明代에 이르러 王陽明(王守仁)이 古本大學의 正統性을 강조하였고, 淸代의 考證學者들이 이를 수용하여, '朱子가 聖經을 어지럽혔다.'는 批判을 가하였다. 우리나라의 茶山(丁若鏞)도 《大學公議》를 지어 古本大學의 타당성을 주장하였다. 《中庸》의 경우에도 朱子가 道統의 心法이라고 引據한 〈大禹謨〉의 내용이 僞古文尙書의 것이어서 信憑性이 없다는 說이 유행하기도 하였다.

그러나 우리나라에서는 대부분의 學者들이 朱子의 四書集註를 절대 信奉하였으며, 이것이 朝鮮朝 性理學의 근간을 이루고 있음은 그 누구도 부인하지 못할 것이다. 뿐만 아니라 《大學》의 三綱領, 八條目은 學問과 政治의 필수적 主題가 되었으며, 《中庸》의 道統說 역시 우리의 思想에 깊이 뿌리박고 있음을 쉽게 찾아볼 수 있다.

《大學》과 《中庸》 두 책을 읽는 방법을 大全本에는 특별히 朱子의 말씀을 채록해서 〈讀大學法〉과 〈讀中庸法〉을 만들어 설명하였는바, 우선 〈讀大學法〉을 살펴보면

《大學》은 학문을 하는 綱目이니, 먼저 《大學》을 읽어서 綱領을 세우면 다른 책은 모두 이것저것 말하여 이 속에 들어 있다. 《大學》을 통달하고 다른 經書를 보아야 비로소 이 것이 格物·致知의 일이며 이것이 誠意·正心의 일이며 이것이 修身의 일이며 이것이 齊家·治國·平天下의 일임을 보게 될 것이다.〔大學 是爲學綱目 先讀大學 立定綱領 他書皆雜說在裏許 通得大學了 去看他經 方見得此是格物致知事 此是誠意正心事 此是修身事 此是齊家治國平天下事〕

《論語》와 《孟子》는 일에 따라 問答하여 要領을 보기가 어렵지만 오직 《大學》은 孔子께서 옛 사람들이 學問하던 큰 방법을 말씀하신 것을 曾子가 記述하였고, 門人들이 또 傳述하여 그 뜻을 밝혔다. 그리하여 앞뒤가 서로 因하고 體統(條理)이 모두 갖추어졌으니, 이 책을 玩味하여 옛 사람이 學問함에 지향했던 바를 알고 《論語》와 《孟子》를 읽으면 곧 들어가기가 쉬우니, 後面에 해야 할 工夫가 비록 많으나 大體는 이미 서게 된다.〔語孟隨事問答 難見要領 惟大學 是曾子述孔子說古人爲學之大方 而門人又傳述以明其旨 前後相因 體統都具 翫(玩)味此書 知得古人爲學所向 却讀語孟 便易入 後面工夫雖多 而大體已立矣〕

라 하였고, 〈讀中庸法〉을 살펴보면,

讀書의 순서는 모름지기 우선 힘을 붙여(써서) 《大學》을 보고 또 힘을 붙여 《論語》를 보고 또 힘을 붙여 《孟子》를 보아 이 세 책을 보고 나면 이 《中庸》은 반절을 모두 마치게 된다. 남에게 물을 필요 없이 다만 대강 보고 지나가야 할 것이요, 쉬운 것을 놓아두고 먼저 어려운 것을 다스려서는 안된다. 《中庸》은 形影이 없는 것을 많이 말하여 下學(人事)을 설명한 부분이 적고 上達(天理)을 말한 부분이 많으니, 우선 글뜻을 理會한다면 可할 것이다.〔讀書之序 須是且著力去看大學 又著力去看論語 又著力去看孟子 看得三書了 這中庸半截都了 不用問人 只略略恁看過 不可掉了易底 却先去攻那難底 中庸多說無形影 說下學處少 說上達處多 若且理會文義 則可矣〕

책을 읽을 때에는 먼저 모름지기 大綱을 보고, 또 間架가 얼마인가를 보아야 한다. 예를 들면 '하늘이 命한 것을 性이라 하고 性을 따름을 道라 하고 道를 조목조목 品節해 놓은 것을 敎라 한다.'는 것이 바로 大綱이요, '夫婦가 아는 바와 능한 바와 聖人도 알지 못하고 능하지 못한' 부분이 바로 間架이다. 비유하면 사람이 집을 볼 때에 먼저 대강을 보고 다음에 몇 칸인가와 칸 안에 또 작은 칸이 있음을 보아야 하는 것과 같으니, 이렇게 한 뒤에야 바야흐로 貫通하게 된다.〔讀書 先須看大綱 又看幾多間架 如天命之謂性 率性之謂道 修道之謂敎 此是大綱 夫婦所知所能 與聖人不知不能處 此類是間架 譬人看屋 先看他大綱 次看幾多間 間內又有小間 然後方得貫通〕

라 하였다. 또 朱子는

《大學》은 學問의 처음과 끝을 통틀어 말하였고, 《中庸》은 이 本原의 지극한 부분을 가리켜 보여 주었다.〔大學 是通言學之初終 中庸 是指本原極致處〕

라 하였다.
栗谷은 《擊蒙要訣》 讀書章에서 讀書하는 순서와 방법을 다음과 같이 말씀하였다.

먼저 《小學》을 읽고……다음으로 《大學》과 《大學或問》을 읽어, 이치를 궁구하고 마음을 바르게 하며 자기 몸을 닦고 남을 다스리는 도리에 대해 일일이 참되게 알아서 진실하게 실천해야 할 것이다.〔先讀小學……次讀大學及或問 於窮理正心修己治人之道 一一眞知而實踐之〕

다음으로 《論語》와 《孟子》를 읽고……다음으로 《中庸》을 읽어, 성정의 올바른 뜻과 미루어 지극히 하는 공부와 천지가 제 자리를 얻고 만물이 생육되는 미묘한 이치에 대해 일일이 깊이 음미하고 탐색하여 터득함이 있도록 해야 할 것이다.〔次讀論語孟子……次讀中庸 於性情之德 推致之功 位育之妙 一一玩索而有得焉〕

《附按說 大學·中庸》의 특징

이 책의 특징은 이미 출간한 《附按說 論語集註》(2013)와 《附按說 孟子集註》(2014)와 크게 다르지 않다. 다만, 《大學》과 《中庸》은 《論語》·《孟子》와 달리 《禮記》의 한 편이다보니, 참고할 만한 서적이 적다. 예를 들면 《論語》와 《孟子》는 楊伯峻의 譯註가 있지만 《大學》과 《中庸》은 없으며, 우리나라에서 나온 주석서도 상대적으로 적은 형편이다. 또한 茶山의 《大學公議》가 있지만 朱子는 古本大學의 순서가 잘못되었다 하여 編次를 바꾼 반면, 茶山은 古本大學을 따라 주석을 가하여 그 설을 按說의 형태로 소개할 수가 없어 별도 부록으로 축약하여 붙였으며, 朱子의 集註와 관점이 다른 《中庸》의 性·道·教에 대한 주석 역시 一章 뒤에 별도로 소개하였다. 체재는 《附按說 論語集註》와 《附按說 孟子集註》를 그대로 따랐으나 《中庸》에는 '章句按說'을 붙인 것이 조금 다르다. 그리고 《附按說 孟子集註》와 마찬가지로 각 章에 章名을 붙여 주었다. 딴 文獻에 《大學》의 〈誠意章〉, 《中庸》의 〈鬼神章〉이라고 인용하였을 경우, 讀者들이 참고하기 쉽도록 하기 위해서이다.

《大學》과 《中庸》은 性理書의 基本書로서 艮齋(田愚)의 《大學記疑》와 《中庸記疑》, 壺山(朴文鎬)의 《四書集註詳說》의 내용을 보다 풍부하게 소개하였다. 특히 壺山의 《四書集註詳說》은 우리나라의 선현인 退溪와 栗谷, 尤菴과 農巖, 南塘 韓元震 등과 《四書大全》에 실려 있는 中國 先儒들의 說까지 폭넓게 인용하였는바, 이것들을 소개할 적에는 되도록 《詳說》을 표기하여 出典을 밝혔다. 이는 감히 先人의 事功을 자신의 것으로 掇取할 수가 없어서였다. 또한 栗谷의 《大學諺解》와 《中庸諺解》 및 艮齋의 《中庸諺解》를 별도로 작성하였는바, 이 역시 影印하여 뒤에 붙였고, 陽村(權近)의 〈大學圖〉와 退溪의 《聖學十圖》 중 〈大學圖〉와 기타 〈中庸圖〉 등을 실어 참고하게 하였다. 다만, 여러 설들이 저마다 타당한 논리를 갖추고 있어 되도록 많이 싣다보니, 내용이 중첩되어 체제가 정비되지 못하였다. 독자들의 양해를 구한다.

정치를 제대로 하려면 修身 齊家부터 먼저 해야 한다. 그리고 修身 齊家를 잘하려면 먼저 格物 致知를 하고 誠意 正心을 하여야 한다. 지식이 부족하고 本原(마음)이 바르지 못하고서 훌륭한 정치를 이룩할 수는 없는 것이다. 《大學》에 "도리에 맞지 않게 나가는 말은 들어오는 말도 도리에 어긋나고, 도리에 맞지 않게 들어온 재물은 나갈 때에도 도리에 맞지 않게 나간다.〔言悖而出者 亦悖而入 貨悖而入者 亦悖而出〕"하였다. 이에 따라 우리 속담에도 "가는 말이 고와야 오늘 말이 곱다." 하였다. 이쪽에서 가는 말이 거칠면 상대방으로부터 돌아오는 말은 더욱 거칠고, 부정한 방법으로 모은 재물은 나갈 때에도 순리대로 나가지 못한다. 이것이 천고의 진리이다. 그런데 왜 우리 인간들은 모두 당장의 이익에 현혹되어 前車之覆을 後車之鑑으로 삼지 못하는 것일까. 정치하는 분들이 《大學》을 일독하기를 바라마지 않는다.

그리고 《中庸》에는 한쪽에 편벽되지 않고 지나치지 않은 中庸의 道를 말하고 和而不流와 中立不倚를 강조하였다. 또 끝부분에는 不顯之德을 강조하였다. 드러나지 않는 겸손이 최고의 미덕이다. 자신을 지나치게 포장하고 선전하는 오늘의 세태와는 맞지 않는 말씀이다. 하지만 이것이 진리이다. 《大學》에도 "군자는 大道가 있으니 반드시 忠信으로써 얻고 驕泰으로써 잃는다.〔君子有大道 必忠信以得之 驕泰以失之〕" 하였다. 모르면서도 아는 체하며 비양심적이면서도 양심적인 것처럼 위장하는 오늘의 세태에 경종이 아닐 수 없다.

본인은 매번 本書를 譯刊할 때마다 특별한 感懷를 느끼곤 한다. 일찍이 가정에서 四書와 詩·書를 섭렵하고, 18세 때인 1962년 봄 益山에 가서 月谷 黃璟淵先生의 문하에서 수학하게 되었다. 이때 先生은 躐等의 病弊를 深懲하여 《大學》을 2년 가까이 再讀시켰으며, 《中庸》을 敎誨하시던 중 宿患으로 별세하시어, 애석하게도 《中庸》을 끝마치지 못하고 말았다. 그러나 본인은 이 시절의 修學을 계기로 체계화된 性理學의 대강을 다소나마 눈뜨게 되었으며, 本書를 譯刊하는 즈음 지나온 자취를 회상함에 그 감회가 더욱 애절하다. 오로지 漢學者를 만들어 우리의 傳統文化를 계승시키겠다는 일념으로 世人의 嘲笑와 挽留를 不顧하고 負笈從師시키신 先親과 才誠이 不足한 본인을 정성껏 인도해 주신 先師의 深恩에 다시 한 번 옷깃여며 敬意를 표한다.

이제 '附按說 四書集註'가 마무리 되면서 (社)海東經史硏究所를 처음 만들 때의 목표가 일부 완성이 되었다고 할 수 있을 것이다. 이 작업이 마무리되기까지 힘을 보태준 여러분의 노고를 치하하며, 한편으로는 鹵莽滅裂한 식견으로 번역과 설명이 미흡한 부분이 있을까 마음이 더욱 무거워지는 것도 사실이다. 이미 출간된 《附按說 論語集註》와 《附按說 孟子集註》에 보내주신 先·後輩 諸賢의 성원에 다시 한 번 감사드리며 잘못된 부분이 있으면 과감히 지적해 주시기를 바라마지 않는다.

또한 이 책이 완성되기까지 지원과 격려를 아끼지 않은 權五春 理事長과 申正澤 理事님을 비롯한 海東經史研究所의 理事 및 監事 여러분께 감사의 마음을 표한다. 더하여 원고의 정리와 교정을 맡아준 金炯奭, 申相厚, 尹銀淑, 李常娥 네 분과 猶子인 昌勳 군의 노고를 치하한다. 특히 性理學의 體系에 맞추어 諸家의 說을 조리있게 정리해 준 申相厚씨에게 고마움을 표하며, 이번에도 출간을 맡아준 한국인문고전연구소의 權熙俊 사장에게 감사드리는 바이다.

2016년 丙申年 初春에 海東經史研究所에서
昌山 成百曉는 쓰다.

凡例

1. 本書는 한문문리습득을 위한 자습서나 강독교재로 활용할 수 있도록 만든 책으로, 이를 위하여 모든 원문에 懸吐하고 原義에 충실하게 번역하였다. 또 按說과 각주에 역자의 설명을 첨가하여 《大學章句》와 《中庸章句》를 이해하고 연구하는 데 도움이 되도록 하였다.

2. 本書는 內閣本(學民文化社 影印本 2003)을 國譯底本으로 하고, 中國 中華書局의 《四書章句集注》와 日本의 漢文大系本 등을 교감에 참고하였다.

3. 모든 원문에 懸吐하되, 經文의 吐는 官本諺解를 위주로 하고 栗谷의 四書諺解를 참고하였다. 다만 필요에 따라 調整하였는데, 이에 대한 설명을 按說에 실었다. 章句의 吐는 艮齋(田愚)의 懸吐를 따랐으나 句法이 맞지 않는 것은 역주자가 새로이 현토하였다.

4. 번역은 原義에 충실하게 하여 문리습득과 원전강독에 도움이 되도록 하였으며, 필요한 경우 원문에 없는 내용을 〈 〉 안에 보충하였다.

5. 음이 두 개 이상인 글자와 음이 어려운 글자는 ( ) 안에 한글로 음을 표기하였다.

6. 원문의 글자 중 난해한 것은 字義와 음을 하단에 실었다.

7. 각 章에 제목을 붙여 내용을 알기 쉽게 하였는바, 제목은 《朱子語類》와 壺山 朴文鎬의 《大學章句詳說》과 《中庸章句詳說》을 참고하였으며, 章과 節에 일련번호를 달아 讀者들의 편리를 도모하였다.

8. 章句는 각 節마다 맨 앞에 章句│라고 표기하여 구분하였으며, 章下註는 別行하고 그 앞에 章下註│라고 표기하여 구분하였다.

9. 章句에서 程明道(程顥)와 程伊川(程頤)를 구분하지 않고 程子曰이라고 표기하였는데, 臺灣 學生書局의 《朱子四書集註典據考》에 의거하고 《大學章句詳說》과 《中庸章句詳說》을 참고하여 ( ) 안에 號(明道/伊川)를 써주었다. 그 외 尹氏, 謝氏 등 성씨만 밝힌 경우에도 ( ) 안에 이름을 써주었다.

10. 經文의 내용을 해설하거나 經文 해석의 異說을 소개하고자 할 때에는 經文의 밑에 按說로 실었으며, 章句에 대한 해설이나 出典 등은 각주로 자세하게 실었다.

11. 經文의 번역은 章句를 따랐으며, 經文과 章句를 번역하고 해설함에 있어 《朱子大全》, 《四書或問》, 《朱子語類》, 《四書集註大全》 및 艮齋(田愚)의 《大學記疑》·《中庸記疑》, 壺山(朴文鎬)의 《大學章句詳說》·《中庸章句詳說》, 官本諺解 및 栗谷諺解 등을 참고하였다. 그 외에 鄭玄·孔穎達의 《禮記正義》, 茶山(丁若鏞)의 《大學公議》·《中庸自箴》 등의 해석을 章句와 비교하고 소개하였다.

12. 人名은 성씨나 字號로 표기되어 있는 경우, ( ) 안에 이름을 써주었다. 다만 茶山, 艮齋, 壺山은 자주 언급되므로 이름을 병기하지 않았다.

13. 書名은 完稱을 기본으로 하되, 몇 가지는 略稱으로 표기하였는바, 다음과 같다.
    《朱子語類》 → 《語類》 　　　《四書或問》 → 《或問》
    《四書集註大全》 → 《大全》 　　　《大學公議》 → 《公議》
    《中庸自箴》 → 《自箴》

14. 艮齋의 《大學記疑》·《中庸記疑》와 壺山의 《大學章句詳說》·《中庸章句詳說》은 책명을 일일이 표기하지 않고 《記疑》·《詳說》이라고 표기하였는바, 《大學》과 《中庸》에 따라 나누어 보아야 하며, 茶山의 《大學公議》와 《中庸自箴》에는 간혹 '鏞案'이 보이는바, 이는 '若鏞案'의 줄임말로 茶山 자신의 按說이다. 壺山이 인용한 《朱子大全》, 《四書或問》, 《朱子語類》, 《四書集註大全》의 내용을 재인용한 경우 《詳說》로 書名을 기재하였다.

15. 本書에 사용된 부호는 다음과 같다.
    《 》: 書名 　　　〈 〉: 篇章節名, 작품명, 원문 보충자, 보충역
    〔 〕: 원문 병기 　　( ): 한자의 음, 통용자, 간단한 주석, 衍文
    【 】: 原註 (誤字) 〔正字〕: 교감표기

大學集註

附
按
說

大學章句[1] 序

1. 大學之書는 古之大(太)學에 所以教人之法也라[2]

《大學》의 책은 옛날 太學에서 사람을 가르치던 법이다.

2-1. 蓋自天降生民[3]으로 則旣莫不與之以仁義禮智之性[4]矣언마는 然이나 其氣質之

---

1 〔詳說〕章句 : 살펴보건대, 章句는 《中庸》과 《大學》을 해석한 註의 명칭이니, 《論語》·《孟子》의 註를 《集註》라고 이름한 것과 똑같은바, 이 한 편에 나아가서 章을 나누고 句를 해석하고 註를 그 사이에 붙이고, 인하여 章句로써 그 註를 이름한 것이다.〔按章句 庸學之註名 與論孟註之名集註者同 蓋就此一篇 分其章 析其句 著註於其間 而仍以章句 名其註〕

2 〔詳說〕이상은 제1節이다.〔此爲第一節〕 ○ '古之大學 所以教人之法也' 이 두 句는 총괄하여 제기해서 일으켰으니, 〈中庸章句序〉 첫머리의 두 句[1]와 똑같다.〔此二句總提而起之 與中庸序首二句同〕
　　譯註 1. 〈中庸章句序〉……두 句 : "《中庸》은 어찌하여 지었는가? 子思子가 道學의 전통을 잃을까 우려하여 지으신 것이다.〔中庸何爲而作也 子思子憂道學之失其傳而作也〕" 한 것을 가리킨다.
　　譯註 艮齋는 《記疑》에서 "陳氏(陳櫟)는 〈大學章句序〉를 여섯 節로 나누었고 許氏(許謙)는 세 節로 나누었고 蔡氏(蔡淸)와 汪氏(汪份)는 네 節로 나누었고 屛溪(尹鳳九)와 老洲(吳熙常)는 여섯 節로 나누었는데 그 단락이 또 각각 똑같지 않으니, 굳이 세세하게 節을 나눌 필요가 없을 듯하다.〔陳氏以序文分六節 許氏分三節 蔡氏汪氏分四節 屛溪老洲分六節 而其段落又各不同 恐不必屑屑分節〕" 하였다. 그러나 壺山은 여섯 節로 나누고 이를 자세히 설명하였는바, 〈大學章句序〉와 〈中庸章句序〉를 모두 壺山의 說을 따라 예전의 分節을 바꾸었음을 밝혀 둔다.

3 〔詳說〕天降生民 : '하늘이 衷을 내려 이 백성(사람)을 낳았음을 말한 것이다.[1] 혹자는 "하늘이 이 백성을 降生했다." 하고, 또 혹자는 "하늘이 이 生民을 내렸다." 하는데, 모두 옳지 않은 듯하다.〔言天降衷而生此民也 或云天降生此民 又或云天降此生民者 恐皆不然〕
　　譯註 1. 하늘이……것이다 : '衷'은 仁義禮智의 本性을 이른다. 《書經》〈尙書 湯誥〉에 "위대하신 上帝가 衷을 백성에게 내려 순히 하여 떳떳한 性을 소유했다.〔惟皇上帝 降衷于下民 若有恒性〕"라고 보인다. '生民'은 '人民을 낳다.' 또는 '人生'을 이른다. '天降生民'은 일반적으로 '하늘이 生民을 내림'으로 해석하는바, 壺山의 說을 따르기 어렵다고 생각된다.

… 降 내릴 강　與 줄 여

稟이 或不能齊[5]라 是以로 不能皆有以知其性之所有而全之也[6]라 一有[7]聰明睿智能盡其性者[8] 出於其間이면 則天必命之하사 以爲億兆之君師하여 使之治而敎之

4　〔詳說〕與之以仁義禮智之性：朱子가 말씀하였다. "性은 道理가 내 몸에 있는 것일 뿐이다. 무릇 이 仁·義·禮·智 네 가지는 사람의 마음에 갖추어져 있으니, 바로 性의 本然이다.〔性是道理之在我者耳 凡此四者具於人心 乃是性之本然〕○ 新安陳氏(陳櫟)가 말하였다. "六經에 性을 말한 것이《書經》〈湯誥〉의 '上帝가 衷을 下民에 내려서 순히 하여 떳떳한 性을 소유했.'는 것으로부터 시작되었으니, 여기에 '하늘이 백성을 내고 性으로써 주었다'는 것도 또한《書經》의 뜻을 근본하여 말한 것이다.〔六經言性 自書上帝降衷于下民 若有恒性始 此謂天降生民 與之以性 亦本書之意而言〕
　　〔詳說〕살펴보건대, 여기에 '사람을 가르쳤.'고 말하고 '사람을 냈다.〔生民〕'고 말하고, 물건은 언급하지 않았으니, 이것은 오로지 人性에 나아가 말한 것이다. 이것을 가지고《中庸》首章의 註(章句)[1]와 참고해 보면《中庸》의 註에 물건에까지 미친 것은 그냥 附帶하여 말한 것임을 알 수 있다.〔按此云敎人云生民 而不及物 是專就人性上說也 以之與中庸首章註參看 則可知庸註之及物 爲帶耳〕
　　　譯註 1.《中庸》首章의 註(章句)："사람과 물건이 태어남에 각각 부여받은 바의 理를 얻음으로 인하여 健順·五常의 德을 삼으니, 이른바 性이라는 것이다.〔人物之生 因各得其所賦之理 以爲健順五常之德 所謂性也〕"라고 한 내용을 가리킨다.
　　〔記疑〕'天'은 上帝로 말하였고 '性'은 太極으로 말하였으니, 백성의 마음은 바로 하늘에 있는 上帝이고, 백성의 性은 바로 하늘에 있는 太極이어서 다시 두 가지가 없다. 이 뜻을 모름지기 확고하게 알아서 옮기거나 바꾸어서는 안 된다.〔天以上帝言 性以太極言 民之心卽在天之帝 民之性卽在天之太極 更無兩樣 此義須看得確定 不可移易〕
　　〔詳說〕雲峰胡氏(胡炳文)가 말하였다. "朱子가 四書에서 仁·義·禮를 해석할 적에 모두 體와 用을 겸하여 말씀하였으나[1] 智자는 분명한 명칭이 없으니, 智는 마음의 神明으로 여러 이치를 묘하게 하고 만물을 제재하는 것이다. 番陽(파양)沈氏(沈貴珤)가 말하기를 '智는 天理의 動·靜의 기틀을 머금고 있고, 人事의 是·非의 거울을 갖추고 있다.' 하였다.〔朱子四書釋仁義禮 皆兼體用言 智字未有明釋 智 則心之神明 所以妙衆理而宰萬物者也 番陽沈氏云 智者 函天理動靜之機 具人事是非之鑑〕
　　　譯註 1. 朱子가……말씀하였으나：雲峰胡氏는 "朱子가 四書에서 해석하기를 '仁은 마음의 德이고 사랑의 原理이며, 義는 마음의 제재이고 일의 마땅함이며, 禮는 天理의 節文이고 人事의 儀則(법칙)이다.' 하여 모두 體와 用을 겸했다." 하였다.《大全》
　　〔詳說〕農巖(金昌協)이 말씀하였다. "智의 訓은 雲峰胡氏와 番陽沈氏의 說이 분명하지 못하니, 이것은 이치로써 이치를 묘하게 하고 이치로써 이치를 포함한 것이다. 만약 '분별하는 이치이고 마음의 貞'이라고 말한다면 병폐가 없을 듯하다.〔智之訓 雲峰 番陽說未明 是以理妙理 以理函理也 若云別之理 心之貞 則似無病矣〕○ 내(壺山)가 살펴보건대, 雲峰胡氏의 說은 바로《或問》에 致知의 平聲의 '知(알다)'자의 訓인데, 이제 이것을 취하여 去聲의 '智'자의 訓으로 삼았으니, 참으로 잘못되었다. 그러나 農巖의 '貞'자 또한 마땅히 다시 생각해야 할 듯하다.〔按雲峰說 是或問致知平聲知字之訓也 而今取作去聲智字之訓 果誤矣 雖然 貞字恐亦合更商也〕
5　〔詳說〕其氣質之稟 或不能齊：退溪(李滉)가 말씀하였다. "呼吸과 운동은 氣이고, 耳目과 형체는 質이니, 氣는 陽이고 質은 陰이다.〔呼吸運動 氣也 耳目形體 質也 氣陽而質陰也〕○ '或'자는 생각해 볼 점이 있다.〔或字有商量〕○ 物欲을 언급하지 않은 것은 氣稟이 충분히 物欲을 포함할 수 있기 때문이다. 氣稟이 淸한 자는 物欲에 가려지지 않고, 氣稟이 濁한 자는 物欲에 가려지는 바가 되는 것이다.〔不及物欲者 氣稟足以該物欲也 蓋稟淸者 不蔽於物欲 稟濁者 爲物欲所蔽耳〕
6　〔詳說〕不能皆有以知其性之所有而全之也：'有以' 두 글자는 商量할 점이 있다.〔有以二字有商量〕
7　〔詳說〕一有：沙溪(金長生)가 말씀하였다. "'一有'는 마땅히 或有의 뜻으로 보아야 한다.〔當以或有意看〕"

⋯　稟 받을 품　齊 가지런할 제　聰 귀밝을 총　睿 밝을 예　兆 억조 조

하여 以復其性[9]케하시니 此는 伏羲, 神農, 黃帝, 堯, 舜 所以繼天立極[10]이요 而司徒之職과 典樂之官을 所由設也[11]라

하늘이 生民(사람)을 내림으로부터 이미 仁義禮智의 性을 賦與하지 않음이 없건마는 그 氣質을 받은 것이 혹 똑같지 못하다. 이 때문에 모두 그 本性의 所有함을 알아 온전히 함이 있지는 못한 것이다. 혹시라도 聰明하고 叡智하여 능히 그 本性을 다한 자가 그 사이에 나오면 하늘이 반드시 그에게 명하시어 억조 만백성의 군주와 스승으로 삼아 그로 하여금 백성을 다스리고 가르쳐서 그(백성) 本性을 회복하게 하시니, 이는 伏羲·神農·黃帝·堯·舜이 하늘의 뜻을 이어 極(표준)을 세우고 司徒의 직책과 典樂의 벼슬을 설치한 이유이다.

2-2. 三代之隆에 其法이 寖備하니 然後에 王宮國都로 以及閭巷히 莫不有學하여 人生八歲어든 則自王公以下로 至於庶人之子弟히 皆入小學하여 而敎之以灑掃應對

---

8 〔詳說〕聰明睿智能盡其性者 : 新安陳氏(陳櫟)가 말하였다. "이는 氣稟의 淸·濁과 粹·駁이 고르지 않은 가운데에 나아가서 지극히 淸하고 지극히 순수한 자를 가리켜 내어 말씀한 것이다. '聰明睿智'는 生而知之의 聖人이니 '性을 안다는 것'[知性]과 서로 응하고, '能盡其性'은 편안히 행하는 聖人이니 '性을 온전히 한다[全之]'는 것과 서로 응한다. 常人은 반드시 먼저 그 性을 알아야 비로소 그 性을 온전히 하기를 바랄 수 있다. 그러므로 가운데에 한 '而'자를 놓았고, 聖人은 알기를 기다리지 않고도 온전히 할 수 있다. 그러므로 다만 평평히 말한 것이다.[是就淸濁粹駁不齊中 指出極淸極粹者 言之 聰明睿智 生知之聖也 與知性相應 能盡其性 安行之聖也 與全之相應 常人必先知其性 方可望以全其性 故於中 下一而字 聖人不待知而方全 故只平說]○ 農巖(金昌協)이 말씀하였다. "'聰明睿智'는 위의 '氣質不齊' 句에 응하고, '能盡其性'은 위의 '知而全之'의 句에 응한다.[聰明睿智 應上氣質不齊句 能盡其性 應上知而全之句]○ 尤菴(宋時烈)이 말씀하였다. "盡性을 가지고 窮理와 상대하면 盡性은 行에 속하며, 만약 오로지 盡性만을 말한다면 知와 行을 다 겸한다.[以盡性對窮理 則盡性屬行 若專言盡性 則兼知行]"

9 〔詳說〕以復其性 : 尤菴이 말씀하였다. "《中庸》에는 '心'자가 없다. 그러므로 〈中庸章句序〉에는 心을 말한 것이 특별히 상세하고, 《大學》에는 다만 사람을 등용하고 재물을 다스리는 부분에 간략히 性을 말했으나 이것은 性의 본체를 말한 것이 아니다. 그러므로 〈大學章句序〉에는 性을 말한 것이 특별히 상세하니, 朱子가 사람을 위하신 뜻이 간절하다.[中庸無心字 故序言心特詳 大學只爲用人理財處 略言性 而非言性之本體 故序言性特詳 朱子爲人之意 切矣]"○ '性'자는 이 〈大學章句序〉의 골자이다.[性字 此序之骨子]

10 〔記疑〕繼天立極 : '天'은 上帝로 말하였고 '極'은 標準으로 말하였으니, 標準은 바로 太極이다.[天以上帝言 極以標準言 而標準卽太極也]
   〔詳說〕이것은 몸으로써 가르친 것이니, 伏羲·神農·黃帝를 가리킨다.[此以身敎也 指羲, 農, 黃帝]

11 〔詳說〕司徒之職……所由設也 : 이것은 관직을 가지고 가르친 것이니, 堯·舜을 가리킨다.[此以官敎也 指堯舜]

··· 羲 복희 희 徒 무리 도 寖 점점 침 閭 마을 려 巷 골목 항 灑 물뿌릴 쇄 掃 쓸 소

進退之節과 禮樂射御書數之文[12]하고 及其十有五年이어든 則自天子之元子衆子
로 以至公卿大夫元士之適(嫡)子[13]와 與凡民之俊秀히 皆入大學하여 而敎之以窮
理正心修己治人之道[14]하니 此又學校之敎에 大小之節이 所以分也라

三代가 융성했을 때에 그 법(敎育하는 제도)이 점점 갖추어졌으니, 그러한 뒤에 天子의 王
宮과 諸侯의 國都로부터 閭巷(시골 마을)에 이르기까지 學校가 있지 않은 곳이 없어서,
사람이 태어나 8세가 되면 王·公으로부터 아래로 庶人의 子弟에 이르기까지 모두 小學에
들어가게 해서 이들에게 물 뿌리고 청소하며 응하고 대답하며 나아가고 물러가는 예절과 禮
·樂·射·御·書·數의 文을 가르치고, 15세에 이르면 天子의 元子·衆子로부터 公·
卿·大夫·元士의 嫡子와 일반 백성의 俊秀한 자에 이르기까지 모두 太學에 들어가게 해
서 이들에게 이치를 궁구하고 마음을 바루며 몸을 닦고 남을 다스리는 道(방법)를 가르쳤으
니, 이는 또 學校의 가르침에 크고 작은 절차가 나누어진 이유이다.

2-3. 夫以學校之設이 其廣이 如此하고 敎之之術이 其次第節目之詳이 又如此로되
而其所以爲敎는 則又皆本之人君躬行心得之餘요 不待求之民生日用彝倫之外
라 是以로 當世之人이 無不學하고 其學焉者 無不有以知其性分之所固有와 職分

---

12 〔詳說〕禮樂射御書數之文 : 살펴보건대, 《論語》游藝章 註[1)]에 文과 法을 가지고 나누어 말하였는
데, 여기서 文이라고 개괄하여 말한 것은 禮·樂에 통합되었거나 아니면 射·御·書·數에도 또한 모두
그 文이 있어서일 것이다.〔按論語游藝註 以文與法 分言之 而此槪言文者 統於禮樂也 抑射御書數
亦皆有其文云〕
　　譯註 1. 《論語》游藝章 註 : 〈述而〉6章 "藝에 노닐어야 한다.〔游於藝〕"의 集註에 "'藝'는 곧 禮·樂
　　의 文과 射·御·書·數의 法이다.〔藝 則禮樂之文 射御書數之法〕"라고 보인다.

13 〔記疑〕適(嫡)子 : 適子는 출생한 바와 후계자로 세운 것을 통틀어 말하였다. 《家禮》의 斬衰章 注에
"아버지가 適子로서 마땅히 後嗣가 되어야 할 자를 위해서이다." 하였고, 《朱子大全》에 "林栗이 〈西
銘〉의 宗子는 어떤 것이 適長子입니까?' 하고 묻자, 朱子가 말씀하기를 '이는 아버지를 이은 宗을 가
지고 말했을 뿐이다.' 했다." 하였으니, 피차의 適子가 똑같다.〔適子 此通所生所立言 家禮斬衰章注云
父爲適子當爲後者 大全林栗問西銘宗子 如何是適長子 朱子曰 此以繼禰之宗爲論爾 彼此適子都
一般〕

14 〔詳說〕敎之以窮理正心修己治人之道 : 〈窮理'는〉 格物·致知이고, 〈正心修己'는〉 誠意·正心·修
身이고, 〈治人은〉 齊家·治國·平天下이다. ○ 新安陳氏가 말하였다. "窮理는 知의 일이고, 正心 이
하는 行의 일이다. 三代시대에는 小學과 大學의 가르치는 법은 있었으나 아직 책은 있지 않았다.〔窮理
知之事 正心以下 行之事 三代有小學大學之敎法 而未有書也〕"

… 御 말몰 어 適 맏아들 적(嫡通) 秀 빼어날 수 躬 몸 궁 彝 떳떳할 이 職 직책 직

之所當爲¹⁵하여 而各俛焉以盡其力하니 此古昔盛時에 所以治隆於上하고 俗美於
下하여 而非後世之所能及也라¹⁶

學校의 설치가 그 넓음이 이와 같고 가르치는 방법이 그 차례와 節目의 상세함이 또 이와
같았으나 그 가르치는 所以는 또 모두 人君이 몸소 행하고 마음에 얻은 나머지(결과)에 근
본하고, 民生이 일상생활하는 彝倫의 밖에서 구하기를 기다리지 않았다(구할 필요가 없
다). 그러므로 당세 사람들은 배우지 않은 이가 없었고, 배운 자들은 그 性分에 固有한 바
와 職分에 當然한 바를 알아서 각기 힘써 그 힘을 다하지 않음이 없었으니, 이는 옛날 융성
할 때에 정치가 위에서 높고 풍속이 아래에서 아름다워서 後世에 능히 따를 수 있는 바가
아니었던 이유이다.

3. 及周之衰하여 賢聖之君이 不作하고 學校之政이 不修하여 教化陵夷하고 風俗頹
敗하니 時則有若孔子之聖이사도 而不得君師之位하여 以行其政教라 於是에 獨取
先王¹⁷之法하여 誦而傳之하사 而詔後世하시니 若曲禮, 少儀,¹⁸ 內則(칙), 弟子職諸
篇은 固小學之支流餘裔¹⁹요 而此篇者는 則因小學之成功하여 以著大學之明法하

---

15 譯註 性分之所固有 職分之所當爲: '性分'은 仁·義·禮·智·信의 本性을 이르는바 이것은 태어날 때
부터 이미 固有한 것이며, '職分'은 자식이 되어서는 마땅히 효도하여야 하고 신하가 되어서는 마땅히
충성하여야 하는 道理를 이르는바 이것은 인간이 당연히 행해야 할 직분인 것이다.

16 〔詳說〕 이상은 제2節이다.〔此爲第二節〕 ○ 이 〈大學章句序〉의 여섯 節의 끝에 두 개의 '也'字와 두 개
의 '矣'字, 하나의 '焉'字와 하나의 '云'字는 한계를 분단하는 字眼이다.¹⁾〔此序六節之末二也字 二矣字
一焉字 一云字 此其分斷界限之字眼云〕
    譯註 1. 여섯 節의……字眼이다: 두 '也'字는 1節의 '教人之法也'와 2節의 '非後世之所能及也'를
    이르고, 두 개의 '矣'字는 3節의 '知者鮮矣'와 4節의 '壞亂極矣'를 이르며, 하나의 焉字는 5節의 '與
    有聞焉'을, 하나의 云字는 6節의 끝부분인 '未必無小補云'을 이른다. '字眼'은 문장에 중요한 글자
    를 가리킨다.

17 〔詳說〕 先王: 三代의 선왕이다.

18 〔記疑〕 曲禮 少儀: 〈曲禮〉와 〈少儀〉는 朱子가 潘恭叔(潘友恭)에게 답한 편지에서 '앉았을 때 尸童
과 같이 하고 서 있을 때 재계할 때와 같이 함'을 논하면서 劉原父〔劉敞〕의 말을 인용하여 말씀하기를
"이는 《大戴記》《曾子事親》의 말이다……" 하셨는데, 후대의 儒者들은 〈曲禮〉와 〈少儀〉 등의 책을 夫
子가 誦讀한 것으로 잘못 생각하니, 우연히 살핌이 여기에 이르지 못한 것이다.〔曲禮少儀 朱子答潘恭
叔書 論坐如尸 立如齊 引劉原父〔敞〕說云 此大戴記曾子事親篇之辭云云 後儒以曲禮少儀等書 爲
夫子所誦 偶未及檢考到此〕

19 譯註 若曲禮……固小學之支流餘裔: '支流'는 江의 支流이며 '餘裔'는 옷의 자락으로, 끝의 한 부분
을 이른다.

··· 俛 힘쓸 면 昔 옛 석 隆 높을 륭 衰 쇠할 쇠 作 일어날 작 陵 언덕 릉 夷 평평할 이 頹 무너질 퇴 誦 외울 송
    詔 가르칠 조 支 가지 지(枝通) 裔 옷자락 예

니 外有以極其規模之大하고 而內有以盡其節目之詳者也²⁰라 三千之徒 蓋莫不
聞其說이언마는 而曾氏之傳이 獨得其宗일새 於是에 作爲傳義하여 以發其意러시니
及孟子沒²¹而其傳泯焉하니 則其書雖存이나 而知者鮮矣²²라

周나라가 쇠함에 이르러 어질고 聖스러운 君主가 나오지 않고 學校의 정사가 닦이지 않아
서 敎化가 陵夷(침체)하고 風俗이 무너지니, 이때에는 孔子와 같은 聖人이 계셔도 군주와
스승의 지위를 얻어 정사와 가르침을 행할 수 없었다. 이에 홀로(다만) 先王의 法을 취하여
외워 전해서 後世를 가르치시니, 〈曲禮〉·〈少儀〉·〈內則〉·〈弟子職〉과 같은 여러 편은 진
실로 小學의 支流와 餘裔이며, 이 책(《大學》 經 1章)은 小學의 成功을 인하여 大學의 밝
은 법을 드러내었으니, 밖으로는 그 規模의 큼을 다하였고 안으로는 그 節目의 상세함을 다
하였다.

3천 명의 門徒가 그 말씀을 듣지 않은 이가 없건마는 曾氏의 전함이 홀로 그 宗旨를 얻었

〔詳說〕 살펴보건대 《小學》의 經은 아마도 없어졌으니, 이 네 편은 孔氏의 正經이 아니다. 그러므로 支
餘라고 한 것이다.〔按小學經蓋亡矣 此四篇 非孔氏之正經 故云支餘耳〕

20 〔詳說〕 規模之大……節目之詳者也 : 新安陳氏가 말하였다. "'규모의 큼'은 三綱領을 가리키고 '절목
의 상세함'은 八條目을 가리킨다. 孔子 때에 비로소 《大學》 1章의 經文이 있게 되었다.〔規模之大 指三
綱領 節目之詳 指八條目 孔子時 方有大學一章之經〕" ○ 東陽許氏(許謙)가 말하였다. "오직 八條目
을 가지고 말하면 平天下는 規模이고 〈平天下〉 위의 일곱 가지 조목은 節目이다. 모름지기 일곱 가지
조목을 하나하나 공부하여야 지극한 공부(平天下)에 이를 수 있으니, 八條目은 바로 三綱領 가운데의
일이다.〔獨以八條言之 卽平天下爲規模 上七條爲節目 須七條節節做工夫 至于極工 八條卽三綱中
事也〕" ○ 살펴보건대 陳氏는 '大'字와 '詳'字를 가지고 말하였고, 許氏는 '外'字와 '內'字를 가지고 말
하였으니, 두 說을 합하여야 그 뜻이 비로소 완비하게 된다.〔按陳氏以大詳字爲說 許氏以外內字爲說
合兩說 其義方備〕
〔記疑〕 '規模之大' 이 句는 모름지기 '明明德於天下'에 해당시켜야 하고 三綱領만을 들어 말해서는
안 되니, 《或問》에 '體用의 온전함을 들어서 한 번 말씀한 것'이라고 한 것을 보면 알 수 있다. 또 《語
類》에 "'明明德於天下'는 바로 큰 規模 위에 나아가 말한 것이다." 하였고, 【沈僩의 기록】 "'明明德於天
下'는 이 규모가 이와 같은 것이다." 하였고, 【楊道夫의 기록】 "'明明德於天下'는 바로 큰 규모이고, 그 안
의 格物·致知·誠意·正心·修身·齊家 등은 차서이다." 하였다. 【陳淳의 기록】〔規模之大此句 須以明
明德於天下當之 不可單擧三綱言 觀或問擧體用之全而一言之 可見 又考語類云 明明德於天下
是就大規模上說起 【僩錄】 明明德於天下 是說箇規模如此 【道夫錄】 明明德於天下 是大規模 其中
格物致知誠意正心修身齊家 等是次序 【淳錄〕

21 〔詳說〕 及孟子沒 : 子思를 거론하지 않은 것은 이미 曾子의 문인이 傳文을 지었다고 말하였으면 子思
는 바로 문인 중에 뛰어난 자이니, 비록 거론하지 않아도 거론한 것과 같은 것이다.〔不擧子思者 蓋旣曰
曾子門人作傳 則子思乃門人之尤者 雖不擧 猶擧也〕

22 〔詳說〕 其傳泯焉……而知者鮮矣 : 이상은 제3節이다.〔此爲第三節〕 ○ '泯·鮮'의 句는 아랫절을 일으
켰다.〔泯鮮句引起下節〕

··· 規 법규 模 규모모 曾 일찍증 泯 없어질민 鮮 적을선

다. 이에 傳義(傳文 10章)를 지어 그 뜻을 발명했었는데 孟子가 별세함에 미쳐 그 전함이
끊기니, 이 책이 비록 남아 있으나 아는 자가 적었다.

4. 自是以來로 俗儒記誦詞章[23]之習이 其功이 倍於小學而無用하고 異端虛無寂
滅之敎[24] 其高 過於大學而無實하고 其他權謀術數一切以就功名之說과 與夫百
家衆技之流 所以惑世誣民하여 充塞仁義者 又紛然雜出乎其間하여 使其君子로
不幸而不得聞大道之要하고 其小人으로 不幸而不得蒙至治之澤하여 晦盲否塞(회
맹비색)[25]하고 反覆沈痼[26]하여 以及五季之衰而壞亂極矣라[27]

이로부터 이후로 俗儒들의 記誦(기억하고 외움)과 詞章(文章)의 익힘이 그 공부는 小學
보다 倍로 하였으나 쓸모가 없었고, 異端의 虛無 寂滅의 가르침이 그 〈이론의〉 높음은 大
學보다 더하였으나 실제가 없었으며, 기타 權謀術數로서 일체 功名을 성취한다는 학설과
百家 衆技의 부류로서 세상을 혹하게 하고 백성을 속여 仁義를 막는 자들이 또 紛紛하게
그 사이에 뒤섞여 나왔다. 그리하여 君子(위정자)로 하여금 불행히도 大道의 要諦를 얻어
듣지 못하고 小人(백성)으로 하여금 불행히도 至治의 혜택을 얻어 입지 못하게 하여, 晦盲
하고 否塞하며 反覆하고 沈痼하여 五季(五代 말)의 쇠함에 이르러서는 무너지고 혼란함
이 지극하게 되었다.

5. 天運이 循環하여 無往不復일새 宋德이 隆盛하여 治敎休明하니 於是에 河南程氏
兩夫子出[28]하사 而有以接乎孟氏之傳이라 實始尊信此篇而表章之하시고 旣又爲

---

23 〔詳說〕記誦詞章:訓詁는 漢나라 때의 학문이고, 詞章은 唐나라 때의 학문이다.〔訓詁 漢學 詞章 唐學〕
24 譯註 異端虛無寂滅之敎:'虛無'는 無爲自然을 주장하는 老莊思想을 이르고, '寂滅'은 인간의 모든
存在를 幻으로 보는 佛敎를 가리킨 것이다.
25 〔大全〕晦盲否塞:東陽許氏(許謙)가 말하였다. "달이 그믐이 되어 어둠과 같고 눈이 먼 것과 같
고 숨이 막힘과 같고 냇물이 막힘과 같으니, '晦盲'은 道가 밝지 못함을 말하였고 '否塞'은 道가 행
해지지 못함을 말하였다.〔如月之晦 如目之盲 如氣之否 如川之塞 晦盲言不明 否塞言不行〕"
26 〔大全〕反覆沈痼:東陽許氏가 말하였다. "'反覆'은 展轉하여 더욱 깊어져서 떠날 수 없는 뜻이
고 '沈'은 물건이 물에 가라앉아 떠오를 수 없는 것과 같고 '痼'는 病이 몸에 붙어 있어 치료할
수 없는 것과 같다.〔反覆是展轉愈深而不可去底意 沈如物沒於水而不可浮 痼如病著於身而不可愈〕"
27 〔詳說〕이상은 제4節이다.〔此爲第四節〕
28 〔詳說〕河南程氏兩夫子出:尤菴이 말씀하였다. "周濂溪가 비록 끊어진 학문을 이었으나《中庸》·《大學》

··· 儒 선비 유 記 기억할 기 詞 말씀 사 端 끝 단, 단서 단 寂 고요할 적 就 이룰 취 惑 혹할 혹 誣 속일 무
塞 막을 색 紛 어지러울 분 蒙 입을 몽 澤 윤택할 택 晦 그믐 회 盲 봉사 맹 否 숨막힐 비 沈 잠길 침
痼 고질 고 壞 무너질 괴 循 따를 순 環 돌 환 休 아름다울 휴 程 공부 정 章 드러낼 장

之次其簡編하여 發其歸趣하시니 然後에 古者大學敎人之法과 聖經賢傳之指 粲然
復明於世하니 雖以熹之不敏으로도 亦幸私淑而與(예)有聞焉[29]호라

天運이 循環하여 가면 돌아오지 않음이 없기에 宋나라의 德이 융성하여 정치와 교육이 아
름답고 밝았으니, 이에 河南程氏 두 夫子(明道·伊川)가 나오시어 孟氏의 전통을 이으셨
다. 그리하여 실로 처음 이 책을 높이고 믿어 表章하시고, 이윽고 또 이를 위하여 그 簡編을
차례하여 歸趣를 밝히시니, 이렇게 한 뒤에야 옛날 太學에서 사람을 가르치던 방법과 聖經
·賢傳의 뜻이 찬란하게 다시 세상에 밝아지게 되었다. 그리하여 나(熹)의 不敏함으로도
다행히 私淑하여 참예해서 들음이 있게 되었노라.

6. 顧其爲書 猶頗放失[30]일새 是以로 忘其固陋하고 采而輯之[31]하며 間亦竊附己意
하여 補其闕略[32]하고 以俟後之君子하노니 極知僭踰無所逃罪어니와 然이나 於國家化

을 언급한 것이 없다. 이 때문에 序文에서 언급하지 않은 것이다.〔濂溪雖繼絶學 無言及庸學 故序不及〕

29 〔詳說〕私淑而與有聞焉 : 東陽許氏가 말하였다. "朱子는 程子의 門徒가 되지 못하고 세 번 전한 李氏
(延平 李侗)에게서 사사로이 善하게 하였다.〔不得爲程子之徒 而私善於三傳之李氏〕○ 程子가 簡
編을 차례 짓고 歸趣를 발명한 《大學》에 참예하여 들은 것이다.〔與聞程子次簡編 發歸趣之大學〕○
이상은 제5節이다.〔此爲第五節〕

30 譯註 顧其爲書 猶頗放失 : 程伊川이 지은 주석서가 아직 완비하지 못함을 말한 것이다.

31 〔詳說〕采而輯之 : 尤菴이 말씀하였다. "程子의 說을 채집하여 《大學》을 보충한 것이다.〔采程子說 輯
之於大學也〕"

32 〔大全〕補其闕略 : 傳을 보충한 제5章(補亡章)을 이른다.〔謂補傳之第五章〕
〔記疑〕 '補其闕略'을 南塘(韓元震)은 6章과 7章의 章下註에 해당시켰으니, 이는 분명히 한때에 살펴
보지 못한 잘못인데, 湖西지역의 후배들이 대부분 이 說을 주장한다. 지금 살펴보건대, 《章句》에 "이 句
의 위에 별도로 闕文이 있고 이것은 結語이다." 하였고, 〔이 한 句가 바로 '略'자의 뜻이다.〕 또 "程子의 뜻
을 취하여 보충했다." 하였으니, 이것이 闕略을 보충한 분명한 증거가 아니겠는가. 이것은 宋晦卿(宋炳
華)의 말인데, 말한 것이 분명하여 믿을 만하다.……《朱子大全》의 周舜弼의 問目에 "補亡章에 '힘을
쓴 것이 오래되어서 하루아침에 활연히 관통한다.' 했다." 하였고, 鄭子上에게 답한 편지에 "補亡章에
程子의 말씀을 다 따르지 못하였다. 그러므로 간략히 설파하였으나 또한 깊은 뜻이 없다." 하였고, 宋深
之에게 답한 편지에 "《大學》의 '格物'은 傳文이 없어서 闕文이 있으니, 章句에 이미 자세히 말했다." 하
였고, 孫敬甫에게 답한 편지에 "지으려는 '格物'한 조항은〔《朱子大全箚疑》에 "孫敬甫가 補章을 지으
려고 했다." 하였다.〕 또한 쓸데없을 듯하다. 지난번에 내 일찍이 이 大學의 文體를 본받아서 빠진 부분을
보충하고자 하였으나, 성취하지 못하였다. 그러므로 다만 내 뜻을 사용하여 글을 지었다." 하셨다. 朱子
가 스스로 말씀한 것이 이와 같이 많은데, 南塘의 해석이 저와 같으니, 적이 이해하지 못할 부분이 있다.
6章과 7章의 章下註로 말하면 바로 《或問》에 이른바 '차례가 서로 이어져서 머리와 꼬리가 하나가 된
다. 이 뒤가 모두 그러하니, 지금 다시 거듭 꺼내어 말하지 않는다.'는 것이다. 이는 모두 經文의 뜻인데,
유독 '誠意'한 章은 위아래의 章과 연결되지 않으므로 특별히 드러낸 것이요, 이른바 '그 闕略을 보충
했다.'는 것이 아니다.〔補其闕略 南塘以六七章章下註當之 此明是一時未審之失 而湖中後輩 多主

⋯ 編 엮을 편 趣 뜻 취 指 뜻 지 粲 찬란할 찬 熹 밝을 희 敏 민첩할 민 淑 착할 숙 與 참여할 예(預通)
顧 다만 고, 돌아볼 고 頗 자못 파 放 잃을 방 陋 좁을 루 采 채집할 채 輯 모을 집 竊 몰래 절 闕 빠질 궐
俟 기다릴 사 僭 참람할 참 踰 넘을 유 逃 도망할 도

民成俗之意와 學者修己治人之方[33]엔 則未必無小補云이니라[34]

淳熙己酉[35] 二月甲子에 新安朱熹는 序하노라

．다만 이 책이 아직도 佚失됨이 많기 때문에 나의 固陋함을 잊고 다른 책에서 뽑아 모았으며, 사이에 또한 나의 의견을 붙여 闕略(빠진 부분)을 보충하고 後世의 君子를 기다리노니, 참람하고 주제넘어 죄를 피할 수 없음을 지극히 잘 알고 있으나 國家의 백성을 교화하고 풍속을 이루려는 뜻과 배우는 자들의 몸을 닦고 남을 다스리는 방법에 있어서는 다소의 도움이 없지 않을 것이다.

淳熙 己酉(1189) 2月 甲子日에 新安 朱熹는 序하다.

其說 今按章句云 此句之上 別有闕文 此特其結語【此一句 卽略字意】又云 取程意以補之 此非補闕略之明據乎 此宋晦卿之言 而說得的確可信者也……大全周舜弼問目云 補亡之章 謂用力之久而一旦豁然貫通云云 答鄭子上書云 補亡不能盡用程子之言 故略說破 亦無深意也 答宋深之書云 大學格物無傳 爲有闕文 章句已詳言之 答孫敬甫書曰 所擬格物一條【翁疑 敬甫擬作補亡章】亦似傷冗 頃時 蓋嘗欲效此體以補其闕 而不能就 故只用己意爲之 先生之自言 如是之多 而南塘之解如彼 竊有所未曉也 至於六七章下註 卽或問所謂次第相承 首尾爲一 後此皆然 今不復重出者也 是皆經文之意 而獨誠意一章 不連上下章 故特發之 非所謂補其闕略也】

33 〔詳說〕於國家化民成俗之意 學者修己治人之方:《大全》에 말하였다. "修己, 治人' 네 글자는 《大學》의 體와 用, 綱과 目을 다 포함하였다.〔修己治人四字 包盡大學體用綱目〕" ○ 이 네 句는 위의 여러 節을 모두 거두었다.〔此四句 總收上諸節〕

34 〔詳說〕이상은 제6절이다.〔此爲第六節〕

35 譯註 淳熙己酉:淳熙는 南宋 孝宗의 연호이며, 己酉는 孝宗 16년(1189)으로 이해에 孝宗이 퇴위하여 上皇이 되고 光宗이 즉위하였다.
〔詳說〕살펴보건대 이것은 바로 朱子의 60세 때의 일이다. 朱子의 저술은 庚寅(1170 41세)년에 처음 《家禮》를 撰하였고, 壬辰(1172 43세)년에 《語孟精義》를 편집하고, 《資治通鑑綱目》·《名臣錄》을 撰하였고 〈西銘〉을 풀이하였으며, 癸巳년(1173 44세)에 〈太極圖說〉을 풀이하고, 乙未년(1175 46세)에 《近思錄》을 편집하였으며, 丁酉년(1177 48세)에 《語孟集註》·《語孟或問》·《易本義》·《詩集傳》을 撰하였고, 丙午년(1187 57세)에 《易學啓蒙》을 撰하였고, 丁未년(1187 58세)에 《小學》을 편집하였고, 己酉년(1189 60세)에 《大學章句》와 《中庸章句》를 차례로 엮었다. 《大學》과 《中庸》 두 책을 이룬 지 오래되었으나 修正하기를 그치지 않다가 이때에 이르러 마음에 만족하여 처음으로 序文을 지은 것이다. 《大學》과 《中庸》 두 책에는 또 각각 《或問》이 있고, 《中庸》에는 또 《輯略》이 있으며, 庚申년(1200 71세) 易簀(別世)하기 전 3일에 이르러 또다시 誠意章의 주석을 고치셨으니, 이는 《大學》 한 책에 더욱 뜻을 다하신 것이다.〔按此是朱子六十歲時也 蓋朱子著述 自庚寅 始撰家禮 壬辰 編語孟精義 撰綱目 名臣錄 解西銘 癸巳 解太極圖說 乙未 編近思錄 丁酉 撰語孟集註 或問 易本義 詩集傳 丙午 撰易學啓蒙 丁未 編小學 己酉 序庸學章句 蓋二書之成 久矣 修改不輟 至是 以穩愜於心 而始序之 二書又各有或問 而中庸又有輯略 至庚申易簀前三日 又改誠意章註 蓋尤致意於大學一書云〕

讀大學法[36]

朱子曰 語孟은 隨事問答하여 難見要領이어니와 惟大學은 是曾子述孔子說古人爲學之大方이요 而門人이 又傳述以明其旨라 前後相因하고 體統都具하니 翫(玩)味此書하여 知得古人爲學所向하고 却讀語孟하면 便易入이니 後面工夫雖多나 而大體已立矣니라

朱子가 말씀하였다.

《論語》와 《孟子》는 일에 따라 問答하여 要領을 보기가 어렵지만, 오직 《大學》은 孔子께서 옛 사람들이 學問하던 큰 방법을 말씀하신 것을 曾子가 記述하셨고 曾子의 門人들이 또 傳述하여 그 뜻을 밝혔다. 그리하여 앞뒤가 서로 因하고(이어지고) 體統(體裁)이 모두 갖추어졌으니, 이 책을 玩味하여 옛 사람들이 學問함에 향했던 바를 알고 《論語》와 《孟子》를 읽으면 곧 들어가기가 쉬우니, 後面에 해야 할 工夫가 비록 많으나 大體는 이미 서게 된다.

看這一書 又自與看語孟不同하니 語孟中엔 只一項事 是一箇道理라 如孟子說仁義處엔 只就仁義上說道理하고 孔子答顔淵以克己復禮엔 只就克己復禮上說道理어니와 若大學은 却只統說이라 論其功用之極이 至於平天下라 然이나 天下所以平은 却先須治國이요 國之所以治는 却先須齊家요 家之所以齊는 却先須修身이요 身之所以修는 却先須正心이요 心之所以正은 却先須誠意요 意之所以誠은 却先須致知요 知之所以至는 却先須格物이니라

이 한 책을 보는 것은 또 본래 《論語》와 《孟子》를 보는 것과는 똑같지 않으니, 《論語》와 《孟子》는 다만 한 가지 일이 하나의 道理일 뿐이다. 예를 들면 孟子께서 仁義를 말씀하신 부

---

36 〔詳說〕讀大學法 : 살펴보건대 '讀大學法'(《大學》을 읽는 법)은 지은 사람의 이름을 드러내지 않았으니, 반드시 《大全》을 만들 적에 보충한 것일 것이다. 그렇다면 例에 마땅히 작은 글자로 써야 하는데, 이미 큰 글자에 붙일 만한 곳이 없다. 그러므로 인하여 큰 글자로 썼으니, 《周易》의 〈綱領〉 따위와 같은 것이다.〔按讀大學法 不著撰人 必是大全時所輯也 然則例當小書 而旣無大書可附 故因作大書 如周易綱領之類云〕

⋯ 要 허리 요(腰) 領 옷깃 령 翫 즐길 완, 살펴볼 완 却 도리어 각 看 볼 간 這 이것 저 須 모름지기 수

분에는 다만 仁義에 나아가 道理를 말씀하였고, 孔子께서 顏淵에게 克己復禮로써 답하신 것에는 다만 克己復禮에 나아가 道理를 말씀하셨을 뿐이다. 그러나 《大學》으로 말하면 유독 통합하여 말씀하였으니, 그 功用의 지극함을 논한 것이 天下를 平함에 이른다. 그러나 천하가 평하게 되는 이유는 먼저 모름지기 나라를 다스려야 하고, 나라가 다스려지는 이유는 먼저 모름지기 집안을 가지런히 하여야 하고, 집안이 가지런해지는 이유는 먼저 모름지기 몸을 닦아야 하고, 몸이 닦이는 이유는 먼저 모름지기 마음을 바루어야 하고, 마음이 바루어지는 이유는 먼저 모름지기 뜻을 성실히 하여야 하고, 뜻이 성실해지는 이유는 먼저 모름지기 知識을 지극히 하여야 하고, 지식이 지극해지는 이유는 먼저 모름지기 事物의 이치를 궁구하여야 한다.

○ 大學은 是爲學綱目이니 先讀大學하여 立定綱領하면 他書는 皆雜說在裏許[37]라 通得大學了하고 去看他經이라야 方見得此是格物致知事며 此是誠意正心事며 此是修身事며 此是齊家治國平天下事니라

○ 《大學》은 학문을 하는 綱目이니, 먼저 《大學》을 읽어서 綱領을 세워야 한다. 이렇게 하면 다른 책은 모두 이것저것 말한 것이 이 속에 들어 있다. 《大學》을 통달하고 다른 經書를 보아야 비로소 이것이 格物·致知의 일이며 이것이 誠意·正心의 일이며 이것이 修身의 일이며 이것이 齊家·治國·平天下의 일임을 보게(알게) 될 것이다.

今且熟讀大學하여 作間架하고 却以他書塡補去하라

○ 大學은 是通言學之初終이요 中庸은 是指本原極致處니라

○ 問欲專看一書인댄 以何爲先이니잇고 曰 先讀大學하면 可見古人爲學首末次第니 不比他書라 他書는 非一時所言이요 非一人所記니라

이제 우선 《大學》을 익숙히 읽어 間架(빈칸)를 만들고 다른 책으로 빈칸을 메워 가도록 하라.

○ 《大學》은 學問의 처음과 끝을 통틀어 말하였고, 《中庸》은 이 本原의 지극한 부분을 가

---

37 〔詳說〕皆雜說在裏許 : 다른 책은 모두 널리 언급하고 흩어져 나온 說이니, 또한 《大學》 한 책의 안에다 포함되지 않음이 없음을 말한 것이다.〔言佗書皆汎及散出之說也 莫不盡該於大學一書之中〕

··· 裏 속 리 熟 익을 숙 架 시렁 가 塡 메울 전

리켰다.

○ 혹자가 묻기를 "오로지 한 책을 보고자 하는데 무엇을 우선으로 삼아야 합니까?" 하자, 朱子가 말씀하셨다. "먼저《大學》을 읽으면 옛 사람들이 學問을 한 시작과 끝의 차례를 볼 수 있으니, 다른 책에 비할 바가 아니다. 다른 책은 한 때에 말씀한 것이 아니요, 한 사람이 기록한 것이 아니다."

又曰 看大學엔 固是著(착)逐句看去³⁸나 也須先統讀傳文敎熟이라야 方好從頭仔細看이니 若專不識傳文大意하면 便看前頭亦難이니라

또 말씀하였다.
《大學》을 볼 적에는 진실로 글귀를 따라 보아가야 하나 또 모름지기 먼저 傳文을 統讀하여 익숙하게 하고서야 비로소 처음부터 자세히 보는 것이 좋으니, 만일 傳文의 大意를 전혀 모른다면 앞부분을 보는 것도 또한 어려울 것이다.

又曰 嘗欲作一說하여 敎人只將³⁹大學하여 一日去讀一遍하여 看他如何是大人之學이며 如何是小學이며 如何是明明德이며 如何是新民이며 如何是止於至善고하여 日日如是讀하여 月來日去하면 自見⁴⁰所謂溫故而知新이니라 須是知新⁴¹인댄 日日看得新이라야 方得이니 却不是道理解新⁴²이요 但自家這箇意思 長長地新⁴³이니라

---

38 〔詳說〕逐句看去 : 처음부터 읽음을 말한 것이니, '去'자의 아래에 '然'자의 뜻이 있다.〔言從頭而讀也 去字下有然字意〕

39 譯註 敎人只將 : 壺山은 "'只將' 이하는 바로 사람들을 가르치신 한 말씀이다.〔只將以下 卽敎人底一說也〕" 하였다.

40 〔詳說〕自見 : 위에서 말한 다섯 개의 '如何'라는 것을 스스로 알 수 있음을 말씀한 것이다.〔言上所稱 五如何者 可以自知耳〕

41 〔詳說〕須是知新 : '만일 새로운 것을 알고자 한다면〔如欲知新〕'이라고 말한 것과 같다.〔猶曰如欲知新〕

42 〔詳說〕道理解新 : 文義의 해석이 예전과는 다름을 말한 것이다.〔言文義之解釋 異於舊也〕

43 〔詳說〕意思 長長地新 :《論語》序說의 '다만 意味가 深長함을 깨닫는다.¹⁾는 말과 서로 유사하다.〔與論語序說但覺意味深長之語 相類〕
　　譯註 1.《論語》……깨닫는다 :《論語》〈序說〉의 맨 끝부분에 "程子가 말씀하였다. '나는 나이

… 著 붙일착 也 또야 敎 하여금교 仔 자세할자 遍 두루 편(변)

또 말씀하였다.

내 일찍이 한 說을 지어 사람들을 가르쳐서 다만 《大學》을 가지고 하루에 한 차례씩 읽어 저 어떤 것이 大人의 學問이며 어떤 것이 小學이며, 어떤 것이 明明德이며 어떤 것이 新民이며 어떤 것이 止於至善인가를 보아서, 날마다 이와 같이 읽어 달이 가고 날이 가면 스스로 이른바 '溫故而知新'이라는 것을 알게 될 것이다. 모름지기 새로운 것을 알려고 할진댄 날마다 새로운 것을 보아야 비로소 될 것이니, 이는 道理가 새로워지는 것이 아니요, 다만 자신의 意思가 항상 새로워지는 것이다.

讀大學에 初間에 也只如此讀이요 後來에 也只如此讀이로되 只是初間讀得엔 似不與自家相關이라가 後來看熟하면 見許多說話 須著(착)如此做요 不如此做自不得[44]이니라

○ 讀書에 不可貪多하니 當且以大學爲先하여 逐段熟讀精思하여 須令了了分明이라야 方可改讀後段호되 看第二段에 却思量前段하여 令文意連屬이 却不妨이니라

《大學》을 읽을 적에는 처음에도 다만 이와 같이 읽고 나중에도 다만 이와 같이 읽되 다만 처음 읽을 때에는 자기와 상관이 없는 듯하다가 나중에 익숙히 보면 허다한 말씀이 모름지기 이와 같이 工夫해야 하고, 이와 같이 工夫하지 않으면 안 됨을 알게 될 것이다.

○ 책을 읽을 적에는 많음을 탐해서는 안되니, 마땅히 우선 《大學》을 먼저로 삼아서 단락을 따라 익숙히 읽고 정밀하게 생각하여 모름지기 了了하여 分明하게 하고서야 비로소 뒷단락으로 바꾸어 읽되, 두 번째 단락을 볼 때에 앞단락을 생각하여 글 뜻이 연결되게 함은 無妨하다.

問大學稍通에 方要讀論語한대 曰 且未可하니 大學稍通이면 正好著(착)心精讀이니

17, 8세 때부터 《論語》를 읽었는데, 당시에도 이미 글 뜻을 알고 있었지만, 읽기를 더욱 오래 함에 다만 意味가 深長함을 깨닫는다.〔程子曰 頤自十七八 讀論語 當時已曉文義 讀之愈久 但覺意味深長〕"라고 보인다.

44 〔詳說〕見許多說話……不如此做自不得 : '見許多'의 '見'자는 '自不得'의 아래에서 해석한다.〔見許多 之見字 釋於自不得下〕

··· 做 지을 주 貪 탐할 탐 逐 쫓을 축 段 계단 단 屬 연결할 촉 稍 조금 초 著 붙일 착

라 前日讀時엔 見得前하고 未見得後面하며 見得後하고 未見得前面이러니 今識得大
綱體統이면 正好熟看⁴⁵이니 讀此書功深이면 則用博이니라 昔에 尹和靖이 見伊川半
年에 方得大學西銘看⁴⁶이러니 今人은 半年에 要讀多少書로다 某且要人讀此는 是
如何⁴⁷오 緣此書却不多而規模周備일새니라 凡讀書⁴⁸에 初一項에 須著十分工夫了
면 第二項엔 只費得八九分工夫요 第三項엔 便只費得六七分工夫라 少間讀漸多
하면 自通貫이니 他書는 自著不得多工夫니라

혹자가 묻기를 "《大學》을 조금 통함에 바야흐로 《論語》를 읽으려고 합니다." 하자, 朱子가
말씀하셨다. "불가하니, 《大學》을 조금 통하였으면 바로 마음을 붙여 精讀함이 좋다. 前日
에 읽을 때에는 전면만 보고 후면은 보지 못하며 후면만 보고 전면은 보지 못하였는데, 이제
大綱과 體統(體裁와 條理)을 알았으면 익숙히 읽는 것이 참으로 좋다. 이 책을 읽어 功力
이 깊어지면 쓰임(활용)이 넓을 것이다. 옛날에 尹和靖(尹焞)은 伊川을 뵙고 배운 지 반년
만에 비로소 《大學》과 〈西銘〉을 볼 수 있었는데, 지금 사람들은 반년 동안에 많은 책을 읽
으려 한다. 내가 우선 이 책을 읽으라고 하는 것은 어째서인가? 이 책은 분량이 많지 않으면
서도 規模가 두루 완비되었기 때문이다. 무릇 책을 읽을 적에 첫 번째 항목(1項)엔 모름지
기 10分의 工夫를 하여야 하니, 이렇게 하면 제 2項에는 다만 8, 9分의 工夫를 쓰면 되고,
제 3項에는 다만 6, 7分의 工夫를 쓰면 된다. 한동안 읽기를 점점 많이 하면 저절로 貫通할
것이니, 다른 책은 자연히 많은 工夫를 하지 않아도 된다."

---

45 〔詳說〕 正好熟看 : '正好熟看'에서 句를 끊는다.〔正好熟看 句絶〕

46 〔詳說〕 見伊川半年 方得大學西銘看 : '伊川을 뵌 지 반년이란 것〔見伊川半年〕'은, 본문의 뜻과 차이
가 있으니, 이는 斷章取義한 것이다. 그러므로 반년 아래에 '後'자를 제거한 것이니, 본문은 《近思錄》
에 보인다.¹⁾〔見伊川半年 此與其本文之意 有異 蓋斷章取義 故半年下 去後字耳 本文見近思錄〕
　譯註 1. 伊川을……에 보인다 : 이 내용은 《近思錄》 卷2 〈爲學〉에 보이는바, '尹彦明見伊川後半年
方得大學西銘看'으로 되어 있다. 彦明은 尹焞의 字이다. 《近思錄》에는 원래 '後'자가 있어 尹和靖
이 伊川을 만나 뵙고 글을 배운지 반년이 지나서야 《大學》과 《西銘》을 읽었음을 말한 것인데, 여기
서는 '後'자를 제거하여 마치 尹和靖이 다른 책을 배우지 않고 반년만에 겨우 《大學》과 《西銘》을
배운 것처럼 강조한 것이다.

47 〔詳說〕 某且要人讀此 是如何 : '내가 사람들로 하여금 이 책을 읽게 하는 것이 이 무슨 연고인가?'라고
말한 것이다.〔言使人讀此書者 是何故也〕

48 〔詳說〕 凡讀書 : 《大學》을 읽는 것을 가지고 말한 것이니, 아래 글의 '他書'라는 한마디 말을 보면 알
수 있다. 다른 책은 규모가 두루 갖추어지지 않았기 때문에 많은 공부를 하고자 하여도 할 수가 없는 것
이다.〔蓋以讀大學而言也 觀於下文他書一語 有可知耳 蓋他書 規模不周備 故欲著多工夫 而不可
得也〕

··· 靖 편안할 정 緣 인연할 연 漸 점점 점

看大學에 俟見大指하여 乃及他書니라 但看時에 須是更(갱)將大段하여 分作小段하여 字字句句를 不可容易放過요 常時暗誦默思하여 反覆研究하여 未上口時엔 須敎上口하고 未通透時엔 須敎通透하고 已通透後엔 便要純熟하여 直待不思索時에도 此意常在心胸之間하여 驅遣不去라야 方是⁴⁹此一段了하고 又換一段看이니 令如此數段之後엔 心安理熟하여 覺工夫省(생)力時에 便漸得力也리라

○《大學》을 볼 적에는 大旨를 보기를 기다려 비로소 다른 책에 미쳐야 한다. 다만 볼 때에 모름지기 다시 큰 段落을 가지고 나누어 작은 段落으로 만들어서 字字句句를 容易하게 지나쳐 버리지 말 것이요, 항시 암송하고 묵묵히 생각하여 반복해서 연구하여야 한다. 그리하여 아직 입에 오르지 않았을 때에는 모름지기 입에 오르게 하고, 아직 通透하지 않았을 때에는 모름지기 통투하게 하고, 이미 통투한 뒤에는 純熟하기를 요하여, 思索하지 않을 때에도 이 뜻이 항상 마음과 가슴 사이에 있어서 쫓아 내어도 나가지 않기를 기다려서야 바야흐로 이 한 단락을 마치고 또 한 단락을 바꾸어 보아야 할 것이다. 이와 같이 하기를 몇 단락을 한 뒤에는 마음이 편안하고 이치가 익숙해져서 工夫에 힘이 덜 드는 것을 느낄 것이니, 이러한 때에 곧 점점 得力하게 될 것이다.

又曰 大學은 是一箇腔子니 而今却要塡敎他實〈著〉⁵⁰이라 如他說格物엔 自家須是去格物後塡敎他實著이요 誠意亦然이니 若只讀得空殼子하면 亦無益也니라

○ 讀大學이 豈在看他言語리오 正欲驗之於心如何니 如好好色, 惡惡臭(오악취)를 試驗之吾心하여 果能好善惡惡如此乎아 間居爲不善이 是果有此乎아하여 一有不至어든 則勇猛奮躍不已라야 必有長進이니라 今不知如此하면 則書自書, 我自我니 何益之有리오

또 말씀하였다.
《大學》은 하나의 腔子(빈칸)이니, 지금에 메워가서 이것을 꽉 차게 하여야 한다. 예컨대 저 格物을 말한 것에는 자신이 모름지기 가서 格物한 뒤에 메워 꽉 차게 하고, 誠意를 할 때에

---

49 〔詳說〕方是 : '方可'라고 말한 것과 같다.〔猶言方可〕

50 〔詳說〕塡敎他實〈著〉 : 내가 메워서 《大學》으로 하여금 꽉 차게 함을 말한 것이다.〔言自我塡之 使大學實也〕

··· 暗 어두울 암 默 침묵할 묵 透 통할 투 胸 가슴 흉 驅 몰 구 遣 보낼 견 換 바꿀 환 漸 점차 점 箇 낱 개 腔 창자 강 塡 메울 전 殼 껍질 각 惡 미워할 오, 악할 악 臭 냄새 취 試 시험할 시 驗 징험할 험 猛 사나울 맹 奮 떨칠 분 躍 뛸 약 已 그칠 이

도 또한 이렇게 하여야 한다. 만일 빈 껍데기만을 읽는다면 또한 유익함이 없다.

○《大學》을 읽는 것이 어찌 그 言語를 봄에 있겠는가. 바로 이 마음에 어떠한가를 징험하고자 하여야 하니, 마치 好色(아름다운 여색)을 좋아하듯이 하고 惡臭를 미워하듯이 함을 내 마음 속에 시험해 보아서 과연 善을 좋아하고 惡을 미워함을 이와 같이 하는가? 한가히 거처할 적에 不善을 함이 과연 이러한 것이 나에게도 있는가 하여, 조금이라도 지극하지 못함이 있으면 용맹하게 분발하고 뛰어 일어나 그치지 않아야 반드시 큰 進展이 있는 것이다. 이제 이와 같이 할 줄을 알지 못하면 책은 책, 나는 나일 것이니, 무슨 유익함이 있겠는가.

又曰 某一生에 只看得這文字透하여 見得前賢所未到處로라 溫公이 作通鑑하고 言平生精力이 盡在此書라하더니 某於大學에 亦然하노니 先須通此라야 方可讀他書니라

또 말씀하였다.

나는 一生에 오직 이 文字("大學"의 글)만을 通透하게 보아서, 前賢들이 미처 보지 못하신 것을 보았노라. 司馬溫公(司馬光)이《資治通鑑》을 짓고 '平生의 精力이 모두 이 책에 있다.' 하였는데, 나도《大學》에 있어 또한 그러하노니, 먼저 모름지기 이 책을 통달하여야 비로소 다른 책을 읽을 수 있다.

又曰 伊川이 舊日敎人에 先看大學하시니 那時엔 未解說이러니 而今有註解하여 覺大段分曉了하니 只在仔細看이니라

또 말씀하였다.

伊川이 옛날 사람을 가르치실 적에 제일 먼저《大學》을 보게 하셨으니, 그때에는 解說이 없었는데 지금에는 註解가 있어 대단히 분명함을 느끼니, 다만 자세히 봄에 달려 있다.

又曰 看大學엔 且逐章理會하여 先將本文念得하고 次將章句來解本文하고 又將或問來參章句니라 須逐一令記得하여 反覆尋究호되 待他浹洽하여 旣逐段曉得이어든 却統看溫尋過니라

··· 那 저것 나 曉 밝을 효 逐 쫓을 축 尋 찾을 심 浹 무젖을 협 洽 무젖을 흡

또 말씀하였다.

《大學》을 볼 적에는 우선 章마다 하나하나 理會(理解)해서 먼저 本文을 가지고 생각하여 알고, 다음에는《章句》를 가지고 本文을 해석하고, 또다시《或問》을 가지고《章句》를 參考하여야 한다. 그리하여 모름지기 하나하나 기억하여 반복해서 찾고 연구하되 무젖기를(흡족하기를) 기다려 이미 단락마다 깨우쳤으면 다시 통합하여 보고 복습해야 한다.

又曰 大學一書는 有正經하고 有章句하고 有或問하니 看來看去[51]면 不用或問하고 只看章句便了요 久之면 又只看正經便了요 又久之면 自有一部大學이 在我胸中하여 而正經亦不用矣리라 然이나 不用某許多工夫면 亦看某底不出[52]이요 不用聖賢許多工夫면 亦看聖賢底不出이니라

또 말씀하였다.

《大學》 한 책에는 正經이 있고《章句》가 있고《或問》이 있으니, 이리저리 보다보면《或問》을 사용하지 않고《章句》만 보아도 곧 알 것이요, 오래하면 또 正經만 보아도 알 것이요, 또 오래하면 자연히 한 권의《大學》이 자신의 가슴속에 있어서 正經 또한 필요 없게 될 것이다. 그러나 나의 허다한 공부를 쓰지 않는다면 또한 나의 뜻을 보아내지 못할 것이요, 聖賢의 허다한 工夫를 쓰지 않는다면 또한 聖賢의 뜻을 보아내지 못할 것이다.

又曰 大學解本文[53]未詳者를 於或問中에 詳之하니 且從頭逐句理會하여 到不通處어든 却看하라 或問은 乃註脚之註脚이니라

○ 某解書에 不合太多일새 又先准(準)備學者하여 爲他設疑說了하니 所以致得學者看得容易了니라

또 말씀하였다.

---

51 〔詳說〕看來看去:正經과《章句》와《或問》을 모두 보는 것을 말한다.〔言正經章句或問 盡看也〕
52 〔詳說〕看某底不出:나의 뜻을 보고자 하더라도 볼 수 없음을 말한 것이다.〔言欲見我之意 而不可得也〕
53 〔詳說〕大學解本文:'大學解'는《章句》를 가리키고, '本文'은《章句》의 經文을 가리킨다.〔大學解 指章句 本文 指章句之文〕

… 底 어조사 저 脚 다리 각 准 헤아릴 준 備 갖출 비

《大學》의(《章句》중) 本文을 해석한 것이 상세하지 못한 것을 《或問》 가운데에서 상세히 말하였으니, 우선 처음부터 글귀마다 理會하여 통달하지 못하는 곳에 이르거든 《或問》을 보라. 《或問》은 바로 註脚의 註脚이다.

○ 내(朱子)가 글을 해석함에 너무 많이 하는 것이 마땅하지 않으므로 또 우선 배우는 자들을 대비하여 疑問을 假設해서 설명하였으니, 이는 배우는 자들이 容易하게 보게 하려 해서이다.

人只說某說大學等不略說하여 使人自致思[54]라하니 此事大不然이라 人之爲學이 只爭箇肯與不肯耳니 他若不肯向這裏면 略亦不解致思요 他若肯向此一邊이면 自然有味하여 愈詳愈有味[55]하리라

사람들은 다만 '내가 《大學》 등을 해석함에 간략히 설명해서 (설명하지 않아서) 사람들로

---

54 〔詳說〕 人只說某說大學等不略說 使人自致思:'只說'의 '說'자와 '不略'의 '不'자는 모두 '致思'의 아래에서 해석한다.〔只說之說字, 不略之不字 皆釋於致思下〕

55 〔詳說〕 人只說某說大學等不略說……愈詳愈有味:〈위의 '人只說某說大學等不略說 使人自致思'란〉 朱子가 말씀하기를 "내가 이 책을 풀이함에 《章句》가 있으면 이미 충분하니 마땅히 다시 말을 많이 할 필요가 없으나, 다만 배우는 자들을 위하여 의문의 단서를 준비하고 또 《或問》을 저술하여 그들로 하여금 다시 의문할 만한 것이 없게 하였다. 그러므로 '배우는 자들이 연구하여 생각하지 않아서 용이하게 看過하는 폐단이 있게 하였다."는 것이다. 이 節의 세 번 뒤집은 것은 모두 억누르고 드날린 것이다. 혹자가 물은 말의 형세는 《孟子》의 〈序說〉에 '楊墨의 道가 행해지면 正道가 폐해진다.'는 한 구절에서 네 번 뒤집은 것[1]과 대략 서로 비슷하다.〔我解此書 章句已足矣 不當復多 蓋只爲學者 準備其疑問之端 而又著或問 使其更無可疑 故致有學者不爲究思 容易看過之弊也 此節三反 皆抑揚 或問其語勢 與孟子序說 楊墨行 正道廢一節四反者 若相類〕

　　譯註 1. 《孟子》의……뒤집은 것:《孟子》〈序說〉에 "楊朱·墨翟의 道가 행해지면 正道가 폐해진다. 孟子가 비록 賢聖이었으나(첫 번째 뒤집음) 지위를 얻지 못해서 빈 말씀뿐이었고 시행함이 없었으니, 비록 간절한들 무슨 보탬이 있었겠는가. 그러나(두 번째 뒤집음) 그 말씀을 힘입어서 지금의 배우는 자들이 아직도 孔氏를 宗主로 삼고 仁義를 높이며, 王道를 귀하게 여기고 霸道를 천히 여길 줄을 알고 있다. 〈그러나〉(세 번째 뒤집음) 이 뿐이요, 그 大經大法은 모두 없어져 구원하지 못하고 파괴되어 수습하지 못하였으니, 이른바 千과 百에 十과 一이 남아 있다는 것이니, '훤하게 열어놓았다.'는 것이 어디에 있는가. 그러나(네 번째 뒤집음) 지난번에 孟氏가 없었더라면 우리들은 다 왼쪽으로 옷깃을 하는(左袵) 오랑캐 옷을 입고 오랑캐 말을 하였을 것이다. 그러므로 내 일찍이 孟子를 추존하여 공로가 禹王의 아래에 있지 않다고 말한 것은 이 때문이다〔夫楊墨行 正道廢 孟子雖賢聖 不得位 空言無施 雖切何補 然賴其言 而今之學者 尙知崇孔氏 崇仁義 貴王賤霸而已 其大經大法 皆亡滅而不救 壞爛而不收 所謂存十一於千百 安在其能廓如也 然尙無孟氏 則皆服左袵 而言侏離矣 故愈嘗推尊孟氏 以爲功不在禹下者 爲此也〕"라고 한 韓愈의 말이 보인다.

··· 肯 즐길긍 這 이것저 裏 속리 邊 가변 愈 더욱유 詳 자세할상

하여금 스스로 생각을 다하도록 하지 않았다.'고 말하는데, 이 일은 절대로 그렇지 않다. 사람들이 學問을 하는 것은 오직 즐겨하는가 즐겨하지 않는가를 따질 뿐이니, 저들이 만일 이 (學問) 속으로 향하기를 즐겨하지 않는다면 간략해도 또한 생각을 다할 줄 모를 것이요, 저들이 만일 이 한 쪽으로 향하기를 즐겨한다면 자연 재미가 있어 상세할수록 더욱 재미가 있을 것이다.

大學章句[56]

章句ㅣ子程子[57]曰 大學은 孔氏之遺書니 而初學入德之門也라 於今에 可見古人 爲學次第者는 獨賴此篇之存이요 而論孟次之하니 學者必由是而學焉[58]이면 則庶 乎其不差矣리라

子程子가 말씀하였다.

"《大學》은 孔氏의 남긴 글이니, 처음 배우는 자가 德에 들어가는 문이다. 지금에 옛 사람들

---

56 〔章句 音訓〕大學章句:'大'는 옛 음이 泰인데, 이제 본자(대)대로 읽는다.〔大 舊音泰 今讀如字〕

57 〔譯註〕子程子:程子를 더욱 높여 칭한 것으로, 明道와 伊川을 구분하지 않고 똑같이 程子라 하였으며, 여기서는 특별히 높여 이렇게 칭하였는바, 이 내용은《二程粹言》과《程氏遺書》를 혼합한 것이다.
〔詳說〕新安陳氏(陳櫟)가 말하였다. "程子 위의 '子'자는《春秋公羊傳》註에 子沈子의 예1)를 따른 것이니, 바로 후학들이 先儒를 높여 스승으로 삼는 칭호이다.〔上子字 倣公羊傳注子沈子之例 乃後學 宗師先儒之稱〕○ 맨 앞 句는 伯子(明道)가 말씀한 것이고 '次之' 이상은 叔子(伊川)가 말씀한 것이 며, '學者' 이하는 伯子가 말씀한 것이다.〔首句 伯子 次之以上 叔子 學者以下 伯子〕
  譯註 1. 子沈子의 예:《春秋公羊傳》隱公 11년 條의 註에 "沈子의 姓氏 위에 子를 칭한 것은 그가 스승임을 드러낸 것이다.〔沈子稱子 冠氏上者 著其爲師也〕" 하였다.

58 〔詳說〕學者必由是而學焉:'是'자는《大學》을 가리키니,《小學》의 註를 참고할 수 있다.1) 만일《大學》 ·《論語》·《孟子》를 모두 가리켰다고 한다면 윗구와 아랫구가 한때에 한 말씀이 아니니, 억지로 끌어다 가 함께 보아서는 안 된다.〔是字 指大學也 小學註可考 若云指大學論孟 則上下句非一時之說 不可 牽合看〕
  譯註 1.《小學》의……있다:《小學》〈嘉言〉의 '廣敬身'條에도 이 내용이 伊川先生의 말씀으로 기재 되어 있는데,《小學集說》에 "'是'는《大學》을 가리켜 말한 것이다.〔是 指大學而言〕"라고 하였으므 로 말한 것이다.
〔詳說〕朱子가 말씀하였다. "먼저《大學》을 읽어서 그 규모를 정하고, 그 다음에《論語》를 읽어서 근 본을 세우고, 다음에《孟子》를 읽어서 밖으로 발현되는 것을 보고, 다음에《中庸》을 읽어서 옛 사람의 미묘한 이치를 찾아야 한다.〔先讀大學 以定其規模 次讀論語 以立其根本 次讀孟子 以觀其發越 次 讀中庸 以求古人之妙微〕"

⋯ 遺 남길유 賴 의뢰할뢰 庶 거의서 差 어그러질차

이 學問을 한 순서를 볼 수 있는 것은 유독 이 篇이 남아 있음을 의뢰하고《論語》와《孟子》가 그 다음이 되니, 배우는 자가 반드시 이(《大學》)로 말미암아 배우면 거의 틀리지 않을 것이다."

經1-1. 大學之道는 在明明德하며 在(親)〔新〕民하며 在止於至善이니라

大學(大人의 學問)의 道(방법)는 明德을 밝힘에 있으며 백성을 새롭게 함에 있으며 至善에 그침에 있다.

按說 | 朱子는 明明德을 修己, 新民을 治人으로 보고 明明德과 新民·止於至善을《大學》의 綱領이라 하였으며, 明明德과 新民이 모두 止於至善에 맞아야 하는 것으로 보았다. 또 明明德을 다시 知·行으로 나누어 格物·致知는 知에, 誠意·正心·修身은 行에 소속시키고, 이 다섯 가지를 明明德의 條目工夫에, 齊家·治國·平天下를 新民의 條目工夫에 해당시켜《大學》의 체계를 三綱領과 八條目으로 나누었으며, 〈古本大學〉의 篇次가 잘못되었다는 兩程의 말씀을 따라《大學》의 篇次를 개정하였다. 淸代의 考證學者들은 이에 反對하고 〈古本大學〉을 지지하였으며, 특히 明代의 王陽明(王守仁)은 知·行說을 부정하여 格物·致知에 큰 意義를 두지 않고 六條目으로 보았다. 茶山 丁若鏞 역시 王陽明과 考證學者들의 說을 지지하고 明德을 孝·弟·慈로 보았다. 〈古本大學〉과 朱子의 改正本은 너무도 다르므로 〈古本大學〉과 茶山의 說을 按說에서 처리하지 않고 따로 뒤에 발췌하여 붙였는바, 參考하기 바란다.

茶山은 孝·弟·慈를 三綱領으로 보고, 朱子가 明明德과 新民을 止於至善에 연관시킨 것에 대하여, 만일 朱子의 說과 같다면 止於至善이 明明德·新民과 立立하여 三綱領이 될 수 없고 二綱領에 불과하다고 비판하였다. 그러나 本人은 그렇게 보지 않는다. 하늘에 있는 元·亨·利·貞 四德의 理는 사람과 물건이 부여받으면 仁·義·禮·智·信의 五性이 된다. 元·亨·利·貞은 春(木)·夏(火)·秋(金)·冬(水)의 四時에 運用하는 理인데 貞에 土가 포함되어 있다. 이 때문에 陰陽家들이 水土合으로 보는 것이다. 信이 따로 있는 것이 아니고 仁·義·禮·智를 誠實히 이행하는 것이 信이다. 止於至善 역시 明明德에도 해당하고 新民에도 해당한다. 信이 四德에 모두 해당하지만 五性이 될 수 있는 것처럼 三綱領이 못 될 이

유가 없다. 이는 공부에서도 마찬가지이다. 배우는 자들의 工夫는 知와 行 두 가지 뿐이다. 그러나 涵養工夫가 그 앞에 있어 涵養以立其本, 窮理以明乎善(知工夫), 力行以踐其實(行工夫)의 三頭馬車가 되어야 비로소 完全한 學問이 되는 것이다.(이것은 栗谷의 說로 《擊蒙要訣》〈持身章〉에 보임) 涵養은 敬工夫로 窮理도 敬으로 하고 力行도 敬으로 한다. 이 때문에 程子와 朱子는 敬을 成始·成終으로 말씀한 것이다. 始는 致知工夫이고 終은 力行工夫이다.

章句｜程子曰 親은 當作新[59]이라
○[60] 大學者는 大人之學也[61]라 明은 明之也라 明德者는 人之所得乎天而虛靈不昧하여 以具衆理而應萬事者也라 但爲氣稟所拘와 人欲所蔽[62]면 則有時而昏이라 然이나 其本體之明은 則有未嘗息者라 故로 學者當因其所發[63]而遂明之하여 以復其

---

59 〔詳說〕程子曰……當作新 : 이것은 본래 正文(經文) 아래의 音訓인데, 지금 우선 大全本을 따라서 여기로 옮겨놓았다.〔此本正文下音訓 而今姑依大全本 移置于此〕○ 여기에 '新'을 '親'으로 잘못 쓴 것은 《書經》〈金縢〉에 '親'을 '新'으로 잘못 쓴 것[1]과 같다.〔此之新誤作親 猶書金縢之親誤作新〕
　　譯註 1. 《書經》〈金縢〉에……것 : "나 小子가 친히 公을 맞이함이 우리 國家의 禮에 또한 마땅하다.〔惟朕小子其新(親)逆 我國家禮 亦宜之〕"라고 한 것을 가리킨다.

60 〔詳說〕○ : 《中庸》·《大學》의 註에 권점을 가한 것은 글자 풀이가 있는 곳에만 있어, 《論語》·《孟子》와는 같지 않으니, 이는 章 아래에 권점을 가할 필요가 없어서이다.〔庸學註加圈 只於字訓處有之 與語孟不同 蓋章下無所事圈故也〕

61 〔詳說〕大學者 大人之學也 : 經文 첫머리에 있는 '大學' 두 글자는 大學의 學宮을 가지고 말한 것이 아니고, 《大學》 책을 가지고 말한 것도 아니니, 大學의 道(방법)는 大人이 학문하는 방도를 말한 것이다. 〈大學章句序〉 가운데 '大學의 밝은 법〔大學之明法〕'과 '大學보다 더하다〔過於大學〕'는 두 大學[1]은 여기서 말한 大學과 같은 뜻이다.〔經文之首大學二字 非以大學之宮言 亦非以大學之書言也 大學之道 言大人爲學之道也 序文中 大學之明法與過於大學之二大學 與此大學同〕
　　譯註 1. 두 大學 : 〈大學章句序〉의 "小學의 成功을 인하여 大學의 밝은 법을 드러내었다〔因小學之成功 以著大學之明法〕" 한 것과 "異端의 虛無 寂滅의 가르침이 그 〈이론의〉 높음이 大學보다 더하다.〔異端虛無寂滅之敎 其高過於大學〕" 한 것을 가리킨다.

62 〔詳說〕爲氣稟所拘 人欲所蔽 : 新安吳氏(吳浩)가 말하였다. "기품에 구애되는 것은 태어난 초기에 있고, 물욕에 가려지는 것은 태어난 뒤에 있는 것이다.〔氣稟拘之 有生之初 物欲蔽之 有生之後〕"[1]
　　譯註 1. '有生'은 사람이 태어나는 것으로, 氣稟은 이미 태어나기 전에 부여받고, 物欲은 태어나서 知覺이 있은 뒤에 아는 것이다.

63 〔詳說〕因其所發 : 朱子가 말씀하였다. "이를테면 어린아이가 우물에 들어가는 것을 보면 깜짝 놀라고, 어진 이를 보면 공경하는 것과 같은 것이니, 아무리 악한 사람이라도 때로 善한 생각이 나올 때가 있다.〔如見孺子入井而怵惕 見賢人而恭敬 雖至惡之人 亦時有善念之發〕"
　　譯註 뒤에 '誠意'를 설명하면서 '뜻은 마음의 발한 것〔意者 心之所發〕'이라고 하였는바, 여기의 '所發'은 良心의 發露로 四端 등을 이르고, 뒤(誠意)의 '心之所發'은 마음(人心)에서 나온 생각을 이른다.

… 虛 빌 허 靈 신령 령 昧 어두울 매 稟 부여받을 품 息 숨쉴 식 復 회복할 복

初也라 新者는 革其舊之謂也니 言 旣自明其明德이면 又當推以及人하여 使之亦有以去其舊染之汚也[64]라 止者는 必至於是[65]而不遷之意요 至善은 則事理當然之極也[66]라 言 明明德, 新民을 皆當止於至善之地而不遷이니 蓋必其有以盡夫天理之極[67]이요 而無一毫人欲之私也라 此三者는 大學之綱領也[68]라

程子(伊川)가 말씀하였다. "'親'은 마땅히 新이 되어야 한다."

○ '大學'은 大人(큰 사람)의 학문이다. '明'은 밝힘이다. '明德'은 사람이 하늘에서 얻은 바, 虛靈하고 어둡지 아니하여 衆理를 갖추고 萬事에 응하는 것이다. 다만 氣稟에 구애되고 人慾에 가려지면 어두울 때가 있으나 그 本體의 밝음은 일찍이 쉬지(그치지) 않는다. 그러므로 배우는 자가 마땅히 그 發하는 바를 인하여 마침내 밝혀서 그 처음을 회복하는 것이다. '新'은 옛 것을 고침을 이르니, 이미 스스로 그 明德을 밝혔으면 또 마땅히 미루어 남에게까지 미쳐서 그로 하여금 또한 옛날에 물들었던 더러운 것을 제거함이 있게 함을 말한다. '止'는 반드시 이에 이르러 옮기지 않는 뜻이요, '至善'은 事理의 當然한 極(극치, 표준)이다.

이는 明明德과 新民을 모두 마땅히 至善의 경지에 그쳐서 옮기지 않음을 말한 것이니, 반드시 天理의 極을 다하고 一毫라도 人慾의 사사로움이 없는 것이다.

---

64 〔詳說〕新者……使之亦有以去其舊染之汚也 : 尤菴(宋時烈)이 말씀하였다. "明과 新 두 글자는 이름은 다르지만 실제는 똑같으니, 明明德은 자신의 德을 새롭게 하는 것이고, 新民은 백성의 德을 밝히는 것이다.〔明新二字 名異而實同 明明德是新己德也 新民是明民德也〕"

65 〔詳說〕必至於是 : 沙溪(金長生)가 말씀하였다. "'是'자는 범연히 말한 것이니, 혹 至善으로 보는데, 이는 옳지 않다.〔是字汎說 或以至善看 非是〕"

66 〔詳說〕至善 則事理當然之極也 : 栗谷(李珥)이 말씀하였다. "至善은 太極의 다른 명칭이니, 明德의 본체이다.〔至善 太極之異名 而明德之本體也〕"

67 〔詳說〕盡夫天理之極 : 栗谷이 말씀하였다. "하늘에서 얻어서 본연의 일정한 법칙을 가지고 있는 것은 至善의 體이니, 내 마음에 統體(全體)로 삼은 태극이요, 일상생활하는 사이에 나타나 각기 본연의 일정한 규칙을 가지고 있는 것은 至善의 用이니, 일마다 물건마다 각각 가지고 있는 태극이다.〔得之於天 而有本然一定之則者 至善之體 而吾心統體之太極也 見(현)於日用之間 而各有本然一定之則者 至善之用 而事事物物各具之太極也〕"

68 〔詳說〕此三者 大學之綱領也 : 新安陳氏(陳櫟)가 말하였다. "그물에 벼릿줄이 있는 것과 같으니 벼릿줄이 들리면 그물눈이 펴지게 되고, 갖옷에 옷깃이 있는 것과 같으니 옷깃을 들면 갖옷이 따라 들리게 된다.〔如網之有綱 綱擧則目張 如裘之有領 領挈而裘順〕" ○ 朱子가 말씀하였다. "'明明德, 新民, 止至善'의 여덟 글자가 이미 《大學》한 편의 뜻을 다 포괄하였다.〔明明德新民止至善八字 已括盡一篇之意〕" ○ 玉溪盧氏(盧孝孫)가 말하였다. "明明德은 格物·致知·誠意·正心·修身의 綱領이고, 新民은 齊家·治國·平天下의 綱領이다.〔明明德 是格致誠正修之綱領 新民 是齊治平之綱領〕" ○ 尤菴(宋時烈)이 말씀하였다. "止至善은 明明德·新民의 綱領이 된다.〔止至善 爲明明德新民之綱領〕"

••• 革 고칠혁 舊 옛구 染 물들염 汚 더러울오 遷 옮길천 毫 터럭호 綱 벼리강

이 세 가지는 《大學》의 綱領이다.

經1-2. 知止而后에 有定이니 定而后에 能靜하고 靜而后에 能安하고 安而后에 能慮하고 慮而后에 能得이니라

그칠 데(至善)를 안 뒤에 定함이 있으니, 定한 뒤에 능히 고요하고 고요한 뒤에 능히 편안하고 편안한 뒤에 능히 생각하고 생각한 뒤에 능히 얻는다.

章句 | 止者는 所當止之地니 卽至善之所在也니 知之면 則志有定向이라 靜은 謂心 不妄動이요 安은 謂所處而安[69]이요 慮는 謂處事精詳[70]이요 得은 謂得其所止라

---

69 〔詳說〕靜……謂所處而安 : 朱子가 말씀하였다. "定·靜·安은 서로의 거리가 멀지 않고 다만 얕거나 깊음의 차이가 있을 뿐이다. 定은 理로써 말하였으므로 "있다.〔有〕"고 말하였고, 靜은 心으로써 말하였으므로 "能하다."라고 말하였으니, 靜은 心上에 나아가 말하였고, 安은 身上에 나아가 말하였다.〔定, 靜, 安相去不遠 但有淺深耳 定以理言 故曰有 靜以心言 故曰能 靜就心上說 安就身上說〕○ 栗谷이 말씀하였다. "'所處而安'은 비록 몸을 가리킨 듯 하나 실은 아는 바가 편안한 것이다.〔所處而安 雖似指身 實是所知之安耳〕○ 또 말씀하였다. 《孟子》의 '거하기를 편안히 함〔居之安〕'은 知와 行을 합하여 말씀하였는데, 晦齋(李彦迪)는 '所處而安'도 知와 行을 합하여 하나라고 말씀하였으니,[1] 이것은 온당치 못할 듯하다.〔孟子居之安 合知行而言 晦齋合而一之 恐未安〕
　　譯註 1. 晦齋(李彦迪)는……말씀하였으니 : 晦齋의 《大學章句補遺》에 "삼가 살펴보건대 '安'은 그칠 바에 편안함을 이르니, 바로 《孟子》에 말씀한 '居함이 편안하다.'는 것이다.〔謹按 安 謂安於所止 卽所謂居之安也〕" 하였는데, 《栗谷全書》〈晦齋大學補遺後議〉에 "'安'은 처한 바에 편안함을 이르니, 비록 몸을 가리킨 듯하나, 실은 아는 바의 편안함일 뿐이요 行에는 미치지 못하였다. 《孟子》에 말씀한 '居함이 편안하다.'는 것은 바로 깊이 나아가 스스로 터득한 효험이니, 知와 行을 합하여 말한 것이요 知 한쪽에만 그치지 않는다. 그렇다면 《大學》의 '定·靜·安'의 安은 《孟子》의 '居之安'의 安과 비록 서로 비슷한 듯하나 輕重이 똑같지 않은데, 晦齋가 합하여 하나로 만들었으니, 온당치 못할 듯하다.〔安 謂所處而安 雖似指身 而實是所知之安耳 未及於行也 若孟子所謂居之安 則乃深造自得之效 合知行而言 不止於知一邊也 然則大學定靜安之安 與孟子居之安之安 雖似相近 而輕重不同 晦齋合而一之 恐是未安〕" 하였다.

70 〔詳說〕慮 謂處事精詳 : 栗谷이 말씀하였다. "晦齋는 '慮'를 '思'라 하였으니, 사물의 이치가 이르러 지식이 지극해진〔物格知至〕 이후에는 마침내 다시 생각하는 공부가 있을 수 없다. 先賢들이 '慮'를 知와 行의 중간에 두어 '일을 당해서 다시 정밀하고 상세함을 지극히 하는 것이다.'라고 말씀하였으니, 아마도 이 말씀이 바꿀 수 없는 정론인 듯하다.〔晦齋以慮爲思 不應於物格知至之後 乃更有思底工夫也 先賢以慮處於知行之間 而謂之臨事更致精詳 恐是不易之論也〕○ 尤菴이 말씀하였다. "'處'는 裁制量度의 뜻이다.〔處 是裁制量度之意〕"
　　〔記疑〕'慮 謂處事精詳'이라 한 것을 선배들이 '處'는 慮의 오자라고 의심하였다. 그러나 尤菴은 "慮가 비록 일을 처리하는 것이나 자세히 헤아리고 裁處하는 뜻이 있으므로 또한 마땅히 知에 속한다." 하셨다. 또 살펴보건대 朱子가 李敬子에게 답한 편지에 "知는 한가로울 때 아는 것이고, 慮는 손에 닿은 뒤

⋯ 后 뒤후　靜 고요할정　慮 생각할려　妄 망령될망

'止'는 마땅히 그쳐야 할 곳이니, 바로 至善이 있는 곳이다. 이것(至善)을 안다면 뜻이 定한 방향이 있게 된다. '靜'은 마음이 망령되이 동하지 않음을 이르고, '安'은 처한 바에 편안함을 이르고, '慮'는 일을 처리하기를 정밀하고 상세히 함을 이르고, '得'은 그 그칠 바를 얻음을 이른다.

經1-3. 物有本末하고 事有終始하니 知所先後면 則近道矣리라

물건에는 本과 末이 있고 일에는 終과 始가 있으니, 먼저 하고 뒤에 할 것을 알면 道에 가까울 것이다.

按說 | '則近道'에 대하여, 仁山金氏(金履祥)는

"이것이 大學의 道이다."라고 말하지 않고 "道에 가깝다"고 말하였으니, 이는 막 마땅히 행해야 길(道)이 면전에 있음을 알았지만 아직 道 위에서 행하진 못했으니, 이 때문에 다만 '近'이라고 말한 것이다.〔不曰此是大學之道 而曰近道 蓋方是見得當行之路在面前 而未行於道上 所以只曰近〕《詳說》

하였다. 栗谷은

晦齋(李彦迪)는 '知止'와 '物有' 두 節을 格物章으로 옮겨 놓았으니, 文義가 순한 것 같으나, 窮理 공부에 누락된 바가 있는 것이 아니겠는가.〔晦齋以知止物有兩節 移置於格物章 文義似順 而無乃窮理工夫 有所遺漏乎〕《詳說》

하였다. 壺山은

살펴보건대 이 두 節을 가지고 格物·致知의 傳文으로 삼는다면, 補亡章이 필요 없으므로 "순한 것 같다."고 말씀하였고, 다만 致知에만 미치고 格物에는 언급하지 않았으므로 "공부에 누락된 바가 있다."고 한 것이다.〔按以此二節作格致傳 則有不待補亡 故云似順 只

에 모름지기 처리하기를 옳게 하려는 것이다." 하였다. 살펴보건대 처리하기를 옳게 함은 진실로 行이나, 처리하기를 옳게 하려고 함은 아직도 知의 영역에 속한다.〔慮 謂處事精詳 前輩疑處是慮之誤 然尤菴云 慮雖處事 而商量財處之意 故亦當屬知 又考朱子答李敬子書曰 知是閒時知得 慮是到手後 須要處置得是 按處置得是 固是行 要處置得是 尙屬知邊〕

及致知 而不及格物 故云工夫有所遺漏〕

하였다.

章句 | 明德爲本이요 新民爲末이며 知止爲始요 能得爲終이니 本始는 所先이요 末終은 所後라 此는 結上文兩節之意[71]니라

明德(德을 밝힘)은 本이 되고 新民은 末이 되며, 知止는 始가 되고 能得은 終이 되니, 本과 始는 먼저 해야 할 것이요, 末과 終은 뒤에 해야 할 것이다.

이는 윗글 두 節의 뜻을 맺은 것이다.

經1-4. 古之欲明明德於天下者는 先治其國하고 欲治其國者는 先齊其家하고 欲齊其家者는 先修其身하고 欲修其身者는 先正其心하고 欲正其心者는 先誠其意하고 欲誠其意者는 先致其知하니 致知는 在格物하니라

옛날에 明德을 천하에 밝히고자 하는 자는 먼저 그 나라를 다스리고, 그 나라를 다스리고자 하는 자는 먼저 그 집안을 가지런히 하고, 그 집안을 가지런히 하고자 하는 자는 먼저 그 몸을 닦고, 그 몸을 닦고자 하는 자는 먼저 그 마음을 바루고, 그 마음을 바루고자 하는 자는 먼저 그 뜻(생각)을 성실히 하고, 그 뜻을 성실히 하고자 하는 자는 먼저 그 知識을 지극히 하였으니, 지식을 지극히 함은 사물의 이치를 궁구함에 있다.

按說 | '古之欲明明德於天下者'에 대하여, 壺山은

'古'는 傳文에 말한 堯임금(克明峻德)과 湯임금(顧諟天之明命)과 文王(克明德)의 세대

---

71 〔詳說〕此 結上文兩節之意 : 王溪盧氏(盧孝孫)가 말하였다. "'物有本末'은 經文의 제1節을 맺은 것이고, '事有終始'는 經文의 제2節을 맺은 것이며, '知所先後 則近道矣' 두 句는 다시 經文의 1節과 2節을 총괄하여 맺은 것이다. 여기의 한 '先'자는 아래 여섯 개의 '先'자를 일으키고, 여기의 한 '後'자는 아래 일곱 개의 '後(后)'자를 일으켰으니, 이는 다만 위 두 節을 맺을 뿐만이 아니요, 또한 아랫글 두 節의 뜻을 일으킨 것이다.〔物有本末 結第一節 事有終始 結第二節 知所先後 則近道矣兩句 再總結兩節 一先字 起下六先字 一後字 起下七後字 不特結上兩節 亦所以起下文兩節之意〕"

… 格 이를 격

와 같은 것이다.〔古如傳文所云堯 湯 文王之世〕

하였고, 또

살펴보건대, 諺解에서 格物을 해석한 곳에 마땅히 '使'자의 뜻을 사용하여야 할 터인데, 지금

그렇지 않으니[72] 자세하지 못한 흠이 있다.〔按諺釋格物處 當用使字意 而今不然 恐欠詳〕

하였다.

章句Ⅰ明明德於天下者는 使天下之人으로 皆有以明其明德也[73]라 心者는 身之所

主也라 誠은 實也요 意者는 心之所發也니 實其心之所發[74]하여 欲其必自慊而無自

欺也라 致는 推極也요 知는 猶識也[75]니 推極吾之知識하여 欲其所知無不盡也라 格

---

72 譯註 諺解에서……않으니:官本諺解에 "知를 致홈은 物을 格홈애 인ᄂᆞ니라"로 되어있고 栗谷諺解도 거의 같은바, '物을 이르게 함에'로 해석해야 함을 강조한 것이다.

73 〔詳說〕明明德於天下者……皆有以明其明德也:新安陳氏(陳櫟)가 말하였다. "본래는 마땅히 '천하를 균평히 하고자 한다.'라고 말하여야 할 터인데, 이제 마침내 '明德을 천하에 밝히고자 한다.'라고 말한 것은, 천하의 백성들을 새롭게 하여 백성들로 하여금 모두 자기의 明德을 밝히게 한다면 천하가 균평하지 않음이 없을 것이니, 明明德이라는 한 마디 말은 또 綱領 중에 綱領이 된다.〔本當云欲平天下 今乃言明明德於天下者 新天下之民 使之皆明其明德 則天下無不平矣 明明德一言 又爲綱領中綱領〕"

74 〔詳說〕誠……實其心之所發:雲峰胡氏(胡炳文)가 말하였다. 《中庸》에서 말한 誠身은 誠意·正心·修身을 겸하여 말한 것이니 몸의 행하는 바가 성실함을 이르고, 여기에서 말한 誠意는 이 마음의 발한 바가 성실하고자 하는 것이다. 《章句》에 무릇 두 번 발한 바〔所發〕를 말하였으니, '그 발한 바를 인하여 마침내 밝힌다.〔因其所發而遂明之〕'는 것은 性이 발하여 情이 된 것이요, '그 마음의 발하는 바를 성실히 한다.〔實其心之所發〕'는 것은 心이 발하여 意가 된 것이다. 朱子가 일찍이 말씀하기를 '情은 배와 수레와 같고, 意는 사람이 배와 수레를 부리는 것과 같다.'하였다. 그렇다면 性이 발하여 情이 된 경우에는 그 처음에 不善함이 없으니 곧바로 마땅히 이것을 밝히는 功夫를 가해야 하고, 心이 발하여 意가 된 경우에는 곧 善과 不善이 있으니 성실히 하는 공부를 가하지 않으면 안되는 것이다.〔中庸言誠身 是兼誠意正心修身而言 謂身之所爲者實 此言誠意 是欲心之所發者實 章句凡兩言所發 因其所發而遂明之 性發而爲情也 實其心之所發 心發而爲意也 朱子嘗曰 情如舟車 意如人使舟車 然則性發爲情 其初無有不善 卽當加明之之功 心發爲意 便有善不善 不可不加誠之之功〕○ 栗谷이 말씀하였다. "性이 발하여 情이 되고, 心이 발하여 意가 된다는 것은 뜻이 각각 다른데 있고, 心과 性을 나누어 두 가지 用이라고 한 것이 아닌데, 후세 사람들은 마침내 情과 意를 가지고 두 갈래 길로 만들었다.〔性發爲情 心發爲意 意各有在 非分心性爲二用 而後人遂以情意爲二岐〕"

75 〔詳說〕知 猶識也:農巖(金昌協)이 말씀하였다. "致知의 知는 깨닫기 어려운 것이 아닌데, 특별히 훈하여 仁智의 知(智)와 구별하였다.〔致知之知 非難曉 而特訓以別於仁智之知〕"
〔記疑〕《或問》의 "知는 心의 神明이니, 여러 이치를 묘하게 하고 萬物을 주재하는 것이다."라고 한 것을 先儒들이 대부분 知覺과 良知로 보았다. 그러나 지금 마음을 가지고 징험해보면 사람의 知識이 어찌 일찍이 精彩하지 않으며 어찌 일찍이 光明하지 않으며 또한 어찌 일찍이 衆理를 묘하게 할 수 없으며 또한 일찍이 萬物을 주재할 수 없겠는가. 어찌하여 《章句》의 知識이라는 올바른 訓을 버리고 반드시

••• 慊 만족할 겸 欺 속일 기

은 至也요 物은 猶事也⁷⁶니 窮至事物之理하여 欲其極處無不到也⁷⁷라 此八者는 大
學之條目也⁷⁸라

《語類》의 知覺이란 論¹⁾을 주장하고자 하는가.〔或問知則心之神明 妙衆理而宰萬物者 前儒多以知
覺良知看 然今以心驗之 人之知識 何嘗不精彩 何嘗不光明 亦何嘗不足於妙衆理 何嘗不能於宰
萬物也 奈何棄卻章句知識之正訓 而必欲主語類知覺之論也〕

　　譯註 1.《語類》의 知覺이란 論 :《語類》중에 《禮記》〈樂記〉의 '物至知知'에 관하여 "위의 知자는
　　바로 致知의 知이다.〔上知字是致知之知〕"라 하고 또 "위의 '知'자는 體이고 아래의 '知'자는 用이
　　니, 위의 '知'자는 知覺이다.〔上知字是體 下知字是用 上知字是知覺者〕"라고 하였는바, 이것은 致
　　知의 知를 知覺으로 본 것이고, "窮理란 그 이미 안 것을 인하여 아직 알지 못한 것에 미치고 그 이
　　미 통달한 것을 인하여 아직 통달하지 못한 것에 미치는 것이다. 사람의 良知가 본래 固有한 것이지
　　만 이치를 궁구하지 못하는 것은, 다만 이미 알고 이미 통달한 것에 만족해하고, 아직 알지 못하고 통
　　달하지 못한 것을 궁구하지 못해서이다. 그러므로 一截(한 부분)만 보고 일찍이 또다시 一截을 보지
　　못하니, 이 때문에 理에 대해 정밀하지 못한 것이다.〔窮理者 因其所已知而及其所未知 因其所已
　　達而及其所未達 人之良知 本所固有 然不能窮理者 只是足於已知已達 而不能窮其未知未達
　　故見得一截 不曾又見得一截 此其所以於理未精也〕"하였는바, 이것은 致知의 知를 良知로 본
　　것이다.

76　〔記疑〕格……猶事也 :《二程粹言》에는 "格은 窮과 같고 物은 理와 같으니, 그 理를 연구한다〔窮其
　　理〕는 말과 같다." 하였는데 程子는 후일에 또, "格은 이름〔至〕이니, 物을 궁구하여 物에 이르면〔至於
　　物〕 物理가 다한다." 하셨으니, 여기의 '至於物'은 '窮其理'와 약간 다른 듯하다. 그러나 格物은 바로
　　物을 이르게 하는 것이고, 物에 이르는 것이 아니다. 독자가 모름지기 앞의 說을 바른 뜻으로 세우면 기
　　타 '物에 이른다.〔至於物〕', '그 極에 나아간다.〔詣其極¹⁾〕', '그 極에 이른다.〔至乎其極²⁾〕'와 같은 따위
　　에 모두 관통하여 의심이 없을 것이다.〔二程粹言 格猶窮也 物猶理也 若曰窮其理云爾 程子佗日又言
　　格至也 格物而至於物 則物理盡 此至於物 與窮其理者 似稍異 然格物 是格夫物 非格於物也 讀
　　者 須以前說立爲正義 則佗如至於物, 詣其極, 至乎其極之類 皆可以通貫而無疑矣〕

　　　譯註 1. 詣其極 :《或問》에 "物格者 事物之理 各有以詣其極而無餘之謂也"라고 보인다.
　　　譯註 2. 至乎其極 : 아래 補亡章에 보인다.

77　〔詳說〕致……欲其極處無不到也 : 朱子가 말씀하였다. "致知는 전체로 말한 것이고, 格物은 작게 나
　　누어 말한 것이다.〔致知是全體說 格物是零碎說〕" ○ 또 말씀하였다. "致知는 心을 가지고 말하였고,
　　格物은 理를 가지고 말하였다.〔致知以心言 格物以理言〕"
　　　〔記疑〕'格'자는 格物과 物格을 막론하고 모두 다만 極盡의 뜻이요, 와서 이르고 가서 이르는 뜻이 전
　　혀 없다. '極處無不到' 한 句의 다섯 글자는 모두 다만 極盡의 뜻을 말한 것이다. '至乎其極'과 '詣其
　　極' 역시 모두 이와 같다.《語類》의 葉賀孫의 記錄에 "格物의 格은 다함(극진함)이니, 모름지기 事物
　　의 理를 다하는 것이다." 하였고, 林恪의 記錄에 "物格은 외면이 다하지 않음이 없고, 내면이 또한 깨
　　끗하여 다하지 않음이 없고자 하는 것이다." 하였으니, 이것을 알면 《章句》의 '至'와 '到' 등의 글자가 모
　　두 굳이 여러 말을 하지 않고도 분명함을 알 것이다.〔格字 無論格物物格 都只是極盡之義 了無來至
　　往至之意 極處無不到一句五箇字 總只言極盡之義【至乎其極 詣其極 皆倣此】語類賀孫錄曰 格物者
　　格盡也 須是窮盡事物之理 恪錄曰 物格 是要得外面無不盡 裏面亦淸徹無不盡 知此 則知章句之
　　至到等字 皆不須多言而曉徹矣〕

78　〔詳說〕此八者 大學之條目也 : 朱子가 말씀하였다. "八條目은 三綱領의 조목이다.〔綱領之條目也〕"
　　○ 또 말씀하였다. "致知와 格物은 바로 이 이치를 궁구하는 것이고, '誠意·正心·修身'은 이 이치를 체
　　행하는 것이며, '齊家·治國·平天下'는 이 이치를 미루는(확대한) 것이다.〔致格是窮此理 誠正修是體
　　此理 齊治平是推此理〕" ○ 또 말씀하였다. "格物은 夢覺關이고, 誠意는 人鬼關¹⁾이다.〔格物是夢覺

···　　到 이를 도 條 조목 조

'明德을 천하에 밝힌다.'는 것은 천하 사람들로 하여금 모두 그 明德을 밝힘이 있게 하는 것이다. '心'은 몸의 주재이다. '誠'은 성실함이요 '意'는 마음의 發하는 바이니, 그 마음의 發하는 바를 성실히 하여 반드시 스스로 만족하고 스스로 속임이 없고자 하는 것이다. '致'는 미루어 지극히 함이요 '知'는 識과 같으니, 나의 知識을 미루어 지극히 하여 아는 바가 다하지 않음이 없고자 하는 것이다. '格'은 이름이요 '物'은 事와 같으니, 사물의 이치를 궁구하여 그 極處가 이르지 않음이 없고자 하는 것이다.

이 여덟 가지는 《大學》의 條目이다.

經1-5. 物格而后에 知至하고 知至而后에 意誠하고 意誠而后에 心正하고 心正而后에 身修하고 身修而后에 家齊하고 家齊而后에 國治하고 國治而后에 天下平이니라

사물의 이치가 이른 뒤에 지식이 지극해지고, 지식이 지극해진 뒤에 뜻이 성실해지고, 뜻이 성실해진 뒤에 마음이 바루어지고, 마음이 바루어진 뒤에 몸이 닦아지고, 몸이 닦아진 뒤에 집안이 가지런해지고, 집안이 가지런해진 뒤에 나라가 다스려지고, 나라가 다스려진 뒤에 천하가 平해진다(고르게 된다).

按說 | 格物과 致知, 物格과 知至에 대하여, 尤菴은

致知와 格物은 다만 똑같은 일이다. 예를 들면 거울을 닦는 자가 거울의 먼지와 때를 청소하여 제거하면 이것이 이른바 거울을 닦는다는 것이니, 物格은 때가 제거됨을 이르고, 知至는

_____

關 誠意是人鬼關〕"

　　譯註 1. 格物은……人鬼關이다：朱子는 "致知와 誠意는 배우는 자들이 통과하여야 할 두 개의 관문이다. 致知 공부는 꿈을 꾸느냐 잠을 깨느냐의 관문〔夢覺關〕이며, 誠意 공부는 善한 사람이 되느냐 惡한 사람이 되느냐의 관문〔善惡關〕이다. 致知의 관문을 통과했으면 꿈을 깬 것이요 그렇지 못하면 꿈을 꾸고 있는 것이며, 誠意의 관문을 통과했으면 선한 사람이요 그렇지 못하면 악한 사람이다." 하였다. 또 格物은 夢覺關이고 誠意는 人鬼關이라고도 했으니, 誠意의 관문을 통과하면 사람이요 그렇지 못하면 귀신(악마)이라는 의미이다.

　　〔詳說〕 新安陳氏(陳櫟)가 말하였다. "格物은 知의 시작이고 致知는 知의 極이며, 誠意는 行의 시작이고 正心·修身은 行의 極이며, 齊家는 行을 미루는 시작이고 治國·平天下는 行을 미루는 極이다.〔格物 知之始 致知 知之極 誠意 行之始 正修 行之極 齊家 推行之始 治 平 推行之極〕"

거울이 밝아짐을 이른다.〔致知格物只是一事 如磨鏡者掃去塵垢 是所謂磨鏡也 物格

者 垢去之謂也 知至者 鏡明之謂也〕《詳說》

하였고, 또

格物은 사람을 위주하여 말한 것이고, 物格은 사물을 위주하여 말한 것이다.〔格物 主人而

言 物格 主物而言〕《詳說》

하였다.

雙峰饒氏(饒魯)는 "위의 節(古之欲明明德於天下)은 八條目에 나아가 逆으로 미룬 공부

〔逆推工夫〕이고, 뒤의 이 節은 八條目에 나아가 順히 미룬 功效〔順推功效〕이다." 하였다.

誠意·正心 등은 진행 과정에 있고 또 무엇을 하려면 반드시 먼저 무엇을 해야 한다 하였으

므로 逆推工夫라 하였고, 위의 物格·知至는 이미 事物의 이치가 이른 뒤에 지식이 지극해

지므로 順推功效라 한 것이다. 이에 대하여, 壺山은

살펴보건대 逆推는 예컨대 越나라로 가는 자는 반드시 吳나라로 말미암아야 하고 吳나라

로 가는 자는 반드시 齊나라로 말미암아야 하는 것과 같고, 順推는 齊나라에서 吳나라로,

吳나라에서 越나라로 가는 것과 같은 것이다.〔按逆推 如之越者必由吳 之吳者必由齊也

順推 如自齊而吳而越也〕

하였다.

章句ㅣ 物格者는 物理之極處 無不到也[79]요 知至者는 吾心之所知 無不盡也라 知

---

79 〔詳說〕物格者……無不到也 : 尤菴은 "退溪는 일찍이 말씀하시기를 '物格은 사람이 物에 이르러서
그 極에 이르는 것이다.' 라고 하셨는데, 말년에는 그 잘못됨을 크게 깨닫고서, '사물의 이치가 그 極處
에 이르는 것이다.' 하셨다. 또 '理는 죽은 물건이 아니므로 능히 여기서부터 저기에 이를 수 있는 것이
다.'라고 하셨으니, 이것은 또 잘못된 말씀이다. 事物의 理가 비록 산 물건이 아니나 어찌 그 極에 나아
가는 데 문제 될 것이 있겠는가. 예컨대 사람이 길을 갈 적에 길이 다한 곳은 '길이 이미 다하였다.'고 말
하는 것과 같으니, 길이 어찌 산 물건이어서 그렇겠는가. 또 사람이 冊子를 보아 다 끝났을 적에 책의 입
장에서 말하면 '책이 다 끝났다.'고 말할 수 있는 것과 같으니, 책이 어찌 산 물건이겠는가?" 하셨다. 또
尤菴은 "'物理之極處'를 내 일찍이 文元先生(文元은 金長生의 시호)에게 들으니, 栗谷께서 말씀하시
기를, '極處에 혹자는 「에」로 吐를 달고, 혹자는 「ㅣ」로 吐를 다니, 모두 不可할 것이 없다. 그러나 「에」
吐로 읽는 것이 「處」자에는 순하나, 「之」에는 뜻이 멀어서 「이 極處에 어느 물건이 와서 이르는가?」라
고 하면 말문이 막히고, 「ㅣ」吐로 읽는 것이 「之」자에는 순하나 「處」자에는 뜻이 멀어서 「이 極處가 장
차 어느 곳에 이르는가?」라고 말하면 또한 말문이 막힌다.' 하셨다 한다. 나(尤菴)의 뜻은 두 가지에 다
주장하는 바가 없고 대략 「에」로 읽는 것이 옳다고 여긴다. '之'자는 虛字이고 '處'자는 實字이니, 虛

既盡이면 則意可得而實矣요 意旣實이면 則心可得而正矣라 修身以上은 明明德之事也요 齊家以下⁸⁰는 新民之事也라 物格知至는 則知所止矣요 意誠以下는 則皆得所止⁸¹之序也⁸²라

'物格'은 物理의 지극한 곳이 이르지 않음이 없는 것이요, '知至'는 내 마음의 아는 바가 극진하지 않음이 없는 것이다. 지식이 이미 극진해지면 뜻이 성실해질 수 있고, 뜻이 이미 성실해지면 마음이 바루어질 수 있다. 修身 이상은 明明德의 일이요, 齊家 이하는 新民의 일이다. 物格과 知至는 그칠 바를 아는 것이요, 意誠 이하는 모두 그칠 바를 얻는 차례이다.

字를 주장하기보다는 차라리 實字를 주장해야 한다." 하셨다. 나(壺山)는 살펴보건대 이 句讀는 마땅히 經文의 '사물의 이치가 이른다.〔物格〕'는 것을 가지고 결단해야 할 듯하니, 退溪께서도 처음에는 또한 '에' 吐를 주장하시다가 말년에서야 비로소 'ㅣ' 吐를 따르셨다. 《章句》는 經文을 해석한 것이니, 여기에 異同이 있을 수 없다. 또 '物理之'의 '之'와 '吾心之'의 두 '之'자는 文勢를 고치거나 바꿀 수 없으며, '處'자는 비록 地點이나 그 중점을 돌린 것은 '極'자에 있고 '處'자에 있지 않으니, '處'자는 단지 附帶하여 한 말이어서 《中庸》의 '活潑潑地'의 '地'자와 서로 비슷하니, 마땅히 '之'자의 문세를 따라 주장을 삼아야 할 듯하다. 무릇 문세가 자연스러운 곳에 이르면 그 字意의 虛實은 또 논할 겨를이 없는 것이다.〔退溪嘗以爲物格 人格之而至於其極 末年大悟其非 以爲物理到其極處 又以爲理非死物 故能自此至彼云 則又失矣 蓋雖非活物 何害於詣其極乎 如人行路 而路之盡處 則曰路已盡矣 路豈活物而然耶 如人看册子盡 而自册言之 則曰册盡 册豈活物耶 物理之極處 嘗聞於文元先生 栗谷以爲或厓讀 或伊讀 俱無不可 然厓讀 於處字爲順 而之字逕庭 曰 此極處 何物來到云爾 則語窮 伊讀 於之字爲順 而於處字逕庭 曰 此極處 將到何處云爾 則亦語窮 鄙意 兩無所主 而略以厓讀爲勝 蓋之字虛 處字實 與其主虛字 寧主實字 按此讀 恐當經文物格而斷之 退溪始亦主厓 而晚乃從伊 夫章句 所以釋經文也 則於此宜無異同 且物理之 吾心之兩之字 文勢改易不得 而處字雖是地頭 其歸重在極字 不在處字 處字只是帶過說 與活潑地之地字相近 恐當從之字文勢爲主 凡到文勢天然處 其字義虛實 又不暇論矣〕

80　〔詳說〕修身以上……齊家以下:'上'·'下'는 일의 선후를 말한 것이요, 글의 上下를 말한 것이 아니다.〔上下 謂事之先後 非謂文之上下也〕

81　〔詳說〕則知所止矣……則皆得所止:'知所止'는 知의 일이요, '得所止'는 行의 일이다.〔知所止 知之事也 得所止 行之事也〕

82　〔詳說〕得所止之序也:'得'자를 '序'자에서 해석한다. 혹자는 말하기를 "'止'자에서 해석해야 하니, '知所止'와 '得所止'는 바로 서로 대응이 되고, 意誠 이하는 항목이 많기 때문에 또 '之序' 두 글자를 둔 것이다."라고 하니, 다시 그 말을 자세히 살펴보아야 한다.¹⁾〔得字釋於序字 或云 釋於止字 蓋知所止, 得所止 正相對應 而意誠以下 頭項多 故又有之序二字 更詳之〕
　　譯註 1. 得자를……한다:本人은 後者의 說을 따라 번역하였음을 밝혀 둔다.

經1-6. 自天子로 以至於庶人히 壹是皆以修身爲本이니라

天子로부터 庶人에 이르기까지 일체 모두 修身을 근본으로 삼는다.

> 章句ㅣ 壹是는 一切(체)也라 正心以上은 皆所以修身也요 齊家以下는 則擧此而措之耳라
>
> '壹是'는 일체이다. 正心 이상은 모두 修身하는 것이고, 齊家 이하는 이것(修身)을 들어 둘 뿐이다.

經1-7. 其本이 亂而末治者 否矣며 其所厚者에 薄이요 而其所薄者에 厚는 未之有也니라

그 근본(身)이 어지럽고서 지엽(天下·國家)이 다스려지는 자는 없으며, 후하게 해야 할 것(家)에 박하게 하고서 박하게 해야 할 것(國·天下)에 후하게 하는 자는 있지 않다.

> 章句ㅣ 本은 謂身也[83]요 所厚는 謂家也[84]라 此兩節은 結上文兩節之意니라
>
> '本'은 몸을 이르고, 후히 할 것은 집안을 이른다. 이 두 節은 윗글 두 節의 뜻을 맺은 것이다.

> 章下註ㅣ 右는 經一章이니 蓋孔子之言을 而曾子述之하시고 其傳十章은 則曾子之意를 而門人記之也[85]라 舊本에 頗有錯簡일새 今因程子所定[86]하고 而更考經文하여

---

83 〔詳說〕本 謂身也:朱子가 말씀하였다. "天下와 國과 家는 末이 된다.〔天下國家爲末〕" ○ 살펴보건대, 이 節은 위의 '物有本末'의 節과 조응되니, 八條目의 修身은 三綱領의 明明德과 서로 같다. 그러므로 두 가지를 다 '本'이라고 말한 것이다.〔按此節 照應上物有本末節 蓋八目之修身 與三綱之明明德相同 故皆以本言之〕 ○ 몸이 닦여지지 못하고서 능히 집안을 가지런히 하고 나라를 다스리고 천하를 균평하게 하는 자가 없음을 말씀한 것이다.〔言身不修而能齊治平者無矣〕

84 〔詳說〕所厚 謂家也:집안에서 박하게 하는 자는 반드시 나라와 천하에 후하게 하지 못함을 말한 것이니, '所'자 아래에 모두 '當'자의 뜻이 있다.〔言薄於家者 必不能厚於國天下也 所字下 皆有當字意〕

85 〔詳說〕蓋孔子之言……而門人記之也:《大全》에 말하였다. "〈'蓋孔子之言'의〉 '蓋'는 의문사이고, 〈'則曾子之意'의〉 '則'은 결단하는 말이다.〔蓋 疑辭 則 決辭〕" ○ 經文과 傳文을 기록하고 전술한 일은 마땅히 篇 머리에 있어야 할 것이나 여기에 있는 것은 그 분명한 글이 없기 때문이다. 그러므로 篇 머리

••• 庶 무리 서 切 온통 체 措 둘 조 否 아닐 부 厚 두터울 후 薄 엷을 박 頗 자못 파 錯 잘못될 착
簡 편지 간, 대쪽 간

別爲序次如左⁸⁷하노라

이상은 經文 1章이니, 아마도 孔子께서 말씀하신 것을 曾子가 記述하신 듯하고, 傳文 10章은 曾子의 뜻을 門人이 기록한 것이다. 舊本(옛 책)에 자못 錯簡이 있으므로 이제 程子께서 정한 것을 따르고 다시 經文을 상고하여 별도로 차례를 만들기를 아래와 같이 하였다.

傳文小序ㅣ凡傳文이 雜引經傳하여 若無統紀라 然이나 文理接續하고 血脈貫通하여 深淺始終이 至爲精密하니 熟讀詳味하면 久當見之일새 今不盡釋也⁸⁸하노라

에는 개략적으로 '孔氏의 遺書'라고 앞에 놓았고, 특별히 經文과 傳文의 사이에 이것을 자세히 드러내어서 위를 잇고 아래를 만들어낸 것이다.〔經傳記述之事 當在於篇題 而在此者 以其無明文也 故於篇題 槪以孔氏之遺書冠之 而特詳著於經傳之間 以承上而生下云〕

〔記疑〕經文의 뒤 네 節을 曾子의 말씀이라고 하는 자가 있으니, 무엇을 근거하는지 알지 못하겠다. 朱子는《章句》와《或問》,〈經筵講義〉와《語類》에【讀法에 보인다.】모두 '經一章은 다 孔子의 말씀을 曾子가 기술한 것'이라고 하셨으니, 지금 만약 이것을 뒤집는다면 이러한 訓說을 어느 곳에 둔단 말인가. 어떤 文集에 이른바 '孔子가 스스로 말씀하고 스스로 해석할 리가 없다.'고 한 말은 朱子가 평소 정밀한 생각이 어찌 여기에 미치지 아니하여 반드시 後人의 말을 기다리셨겠는가. '前經'과 '後經'이《語類》에 나오고 '前章'과 '後章'이〈經筵講義〉에 나온다.¹⁾ 그러나 이것을 가지고 孔子와 曾子의 말씀이라고 나누어서는 안 된다. 또 '孔子의 말씀을 曾子가 기술했다.'는 두 句를 가지고 증거를 삼는 자가 있으니, 이는 또 옳지 않다. 그렇다면 傳文의 曾子의 뜻이 몇 章에 그치고 몇 章 이하가 門人이 기록했다는 말인가.〔經文後四節 有以爲曾子之言者 不知何據 朱子於章句或問講義語類【見讀法】皆以經一章 總爲孔言曾述 今若翻案 置此等訓說於何地 如某集所謂孔子不應自言而自解之云 則朱子平生精思 豈不見及此而必待後人之言耶 前經後經 出於語類 前章後章 出於講義 然未可以此而分做孔曾之言也 又有以孔子之言而曾子述之兩句爲證者 此又不然 然則傳文曾子之意 止於幾章 而幾章以下 爲門人記之耶〕

譯註 1. 前經과……나온다. : '前經'과 '後經'은《語類》에 "如看大學 先看前後經 亦自分明 然後看傳"이라고 보이고, '前章'과 '後章'은〈經筵講義〉에 "自則近道矣以上爲前章 自古之欲明明德於天下者以下爲后(後)章 前章略提綱領 后章細分條目 巨細相涵 首尾相應 極爲詳備 蓋夫子所誦古經之言而曾子記之"라고 보이는바, 前章이 前經이고 後章이 後經으로 보인다.

86 〔詳說〕今因程子所定 : 두 程子가 모두《大學》改正本이 있으나,《章句》에서는 程伊川의 本을 취하여 썼다.〔二程皆有大學改正本 而章句取用伊川本〕

87 〔詳說〕別爲序次如左 : 살펴보건대 伊川의 개정본에는 '未之有也'의 아래에 '子曰聽訟'으로부터 '知之至也'까지가 있는데,《章句》에는 經文의 舊本을 따라서 이것을 뒤에 옮겨 놓았다. 그러므로 이렇게(별도로 차례를 만들었다고) 말씀한 것이다.〔按伊川本 未之有也下 有子曰聽訟至知之至也 而章句依經文舊本 移置于後 故云然〕

88 〔詳說〕凡傳文……今不盡釋也 : 이 註는 마땅히 이 책 끝에 있어야 할 듯하나 여기에 있으니, 이는 傳文을 기록한 說의 아래에 붙인 것이다. 옛날에는 권점을 붙였는데, 지금은《大全》본에서 한 글자를 낮추어 쓴 것을 따른다.〔此註似當在書末 而在此者 所以附於記傳之說之下也 舊著圈 今依大全 低一字書之〕

··· 接 이을 접 續 이을 속 脈 맥 맥 密 빽빽할 밀 釋 풀 석

모든 傳文은 經과 傳을 섞어 인용하여 統紀(條理)가 없는 듯하다. 그러나 文理가 이어지고 血脈이 관통하여 깊고 얕음과 始와 終이 지극히 정밀하니, 익숙히 읽고 자세히 음미하면 오래됨에 마땅히 알게 될 것이므로 이제 다 해석하지는 않는다.

|傳1章 明明德章|

1-1. 康誥曰 克明德이라하며

〈康誥〉에 이르기를 "능히 德을 밝힌다." 하였으며,

章句 | 康誥는 周書[89]라 克은 能也[90]라

---

89 譯註 周書 : 周나라 글이라는 뜻으로 《書經》의 한 분류이다. 書經은 虞·夏·商·周 네 王朝의 글이 수록되어 있으므로 〈虞書〉, 〈夏書〉, 〈商書〉, 〈周書〉로 구분하였다.

90 〔記疑〕 克 能也 : '克明德'의 '克'字는 《語類》와 《或問》의 해석[1]이 모두 《章句》와 약간 다르므로 평소 의심했었는데, 지금 《四書蒙引》을 보니 이르기를 "《章句》는 뒤에 수정한 것이다. 그 말이 비교적 平實하다." 하였으니, 이 말을 얻고 나서야 상쾌하였다.〔克明德克字 語類或問 皆與章句微不同 尋常疑之 今見蒙引云 章句는 後來所修 其說較平實 得此說始快〕

譯註 1. 克字는……해석 : 《語類》에 "德의 밝고 밝지 못함이 다만 사람의 克과 不克에 달려 있을 뿐이다. 克은 다만 참으로 능히 그 明德을 밝히는 것이다.〔德之明與不明 只在人之克與不克耳 克 只是眞箇會明其明德〕"라고 보이고, 또 "이 '克'字는 비록 '能'字를 訓하였으나 '克'字가 '能'字보다 重하다. '能'字는 힘이 없고 '克'字는 힘이 있으니, 곧 他人은 능하지 못하지만 文王만이 홀로 능하심을 볼 수 있다. 만약 단지 '能明德'이라고 한다면 말뜻이 곧 약해진다. 무릇 글자에는 訓義가 똑같으나 聲響(音調)이 크게 달라서 곧 有力과 無力의 구분을 볼 수 있으니, 克과 能과 같은 경우가 이것이다.〔此克字雖訓能字 然克字重於能字 能字無力 克字有力 便見得他人不能 而文王獨能之 若只作能明德 語意便都弱了 凡字有訓義一般 而聲響頓異 便見得有力無力之分 如克之與能 是也〕"라고 보인다. 《或問》에는 "그 克明德이라고 말한 것은 어째서인가? 이는 文王이 능히 그 德을 밝히심을 말한 것이다. 사람은 德을 마땅히 밝혀야 함을 알지 못하는 이가 없어서 德을 밝히고자 한다. 그러나 氣稟이 앞에서 구애하고 物欲이 뒤에서 가리기 때문에 비록 德을 밝히고자 하나 능하지 못함이 있는 것이다. 文王의 마음은 渾然히 天理여서 또한 이기기를〔克〕 기다리지 않고도 스스로 밝아진다. 그런데도 오히려 이렇게 말씀한 것은 또한 文王만이 홀로 밝히고 他人은 능하지 못함을 나타낸 것이며, 또 능히 밝히지 못하는 자가 그 이기는 공부를 다하지 않으면 안 됨을 나타낸 것이다.〔其曰克明德者何也 曰 此言文王能明其德也 蓋人莫不知德之當明而欲明之 然氣稟拘之於前 物欲蔽之於後 是以雖欲明之而有不克 文王之心 渾然天理 亦無待於克之而自明矣 然猶云爾者 亦見其獨能明之 而他人不能 又以見夫未能明者之不可不致其克之之功也〕"라고 보인다.

··· 誥 가르칠고 克 능할극

〈康誥〉는 《書經》의 周書이다. '克'은 能함이다.

1-2. 太甲曰 顧諟天之明命이라하며

〈太甲〉에 이르기를 "이 하늘의 明命을 돌아본다." 하였으며,

章句ㅣ 太甲은 商書라 顧는 謂常目在之也[91]라 諟는 猶此也니 或曰 審也라 天之明命
은 卽天之所以與我하여 而我之所以爲德者也[92]니 常目在之면 則無時不明矣리라

---

91 〔記疑〕 顧 謂常目在之也 : '顧諟'는 마땅히 靜存과 動察을 겸해서 보아야 하니, 그렇다면 '明德'의 《章句》에 '因其所發'을 動할 때에만 가지고 볼 수 있겠는가.〔顧諟 當兼靜存動察看 則明德章句因其所發 可單就動時看乎〕

92 〔詳說〕 天之明命……而我之所以爲德者也 : 朱子가 말씀하였다. "사람의 明德은 다른 것이 아니요, 바로 하늘이 나에게 명해 주어서 至善이 보존된 것이다.〔人之明德 非佗也 卽天之所以命我 而至善之所存也〕 ○ 또 말씀하였다. "하늘이 나에게 부여해준 것은 바로 明命이고, 내가 얻어서 본성으로 삼은 것은 바로 明德이다.〔天之所以與我 便是明命 我所得以爲性者 便是明德〕"
〔記疑〕 '天之明命'은 진실로 理를 가지고 말씀한 곳이 있으나〔書經集傳[1]〕 오직 《章句》에 虛靈하여 理를 갖추고 일에 응하는 것을 가지고 말씀하였으니, 독자가 각각 자리에 따라 보아야 한다. 이와 같이 하면 수많은 견강부회와 막히는 병통이 없을 것이다.〔天之明命 誠有以理言處〔書傳〕 惟章句則卻以虛靈以具理應事者言 讀者當各隨地頭看 如此 則可免多少牽强罣礙之病矣〕
　　譯註 1. 《書經集傳》:〈太甲上〉에 "明命은 하늘의 드러난 理를 나에게 명한 것이니, 하늘에 있으면 明命이라 하고, 사람에게 있으면 明德이라 한다.〔明命者 上天顯然之理而命之我者 在天爲明命 在人爲明德〕"라고 보인다.
〔記疑〕 '明命'을 가장 분명히 살펴야 하니, 朱子의 說 중에 진실로 이것을 가리켜 理라고 한 부분이 많이 있다. 그러나 이는 다만 갖추고 있는 것을 가지고 말씀했을 뿐이다. 어찌하여 이렇게 말하는가? 朱子가 明命을 바로 明德이라 하여 《章句》와 〈經筵講義〉 모두 같다.[1] 明德을 訓한 說이 心을 訓한 說과 털끝만한 차이가 없으니,〔《孟子》〈盡心〉의 註[2]를 이름〕 그렇다면 明德과 明命을 모두 형체가 없고 조짐이 없고 지각이 없고 함이 없는 理라고 해도 되겠는가. 明德과 明命이 모두 虛靈하여 理를 갖추고 事物에 응하는 것이다. 天命의 性으로 말하면 바로 明德과 明命이 갖추고 있는 理이니, 다만 이것은 '하늘이 명한 理로서 虛靈의 마음에 갖추어져 있는 것이다.'라고 해야 할 것이요, 곧바로 '虛靈하여 理를 갖추고 事物에 응하는 것이라고 말해서는 안 된다. 明命과 明德은 '사람이 道를 넓힌다.〔人能弘道〕'는 人이요, 天命의 性은 '道가 사람을 넓히는 것이 아니다.〔非道弘人〕'라는 道이다. 이는 한마디 말로써 결단할 수 있으니, 많은 말을 하여 혼란하게 해서는 안 된다.〔明命最宜明覰 朱子說 固多有指此爲理處 然此特從其所具者言也 何以言之 朱子以明命爲卽是明德〔章句講義皆同〕而訓明德之說 與訓心之說 無毫髮之異〔謂盡心註〕則謂明德明命皆是無形無眹無覺無爲之理 得否 蓋明德明命 俱是虛靈以具理應事者也 若夫天命之性 乃明德明命所具之理 但可曰是天所命之理而具於虛靈之心者 不可直喚做虛靈以具理應事底 蓋明德明命 是人能弘道之人 天命之性 是非道弘人之道 此可一言以決之 不可多爲說而亂之也〕
　　譯註 1. 〈經筵講義〉……같다:《朱子大全》〈經筵講義〉에 "天之明命 卽人之明德也"라고 보인다.
　　譯註 2. 《孟子》〈盡心〉의 註:〈盡心上〉 1장의 集註에 "心은 사람의 神明이니, 모든 理를 갖추고 萬

••• 顧 돌아볼 고　諟 이 시, 살필 시　審 살필 심

〈太甲〉은 商書이다. '顧'는 항상 눈이 거기에 있음을 이른다. '諟'는 此와 같으니, 혹은 살 피는 것이라고 한다. '하늘의 明命'은 바로 하늘이 나에게 주어서 내가 德으로 삼은 것이니, 항상 눈이 여기에 있으면 때마다 밝지 않음이 없을 것이다.

1-3. 帝典曰 克明峻德이라하니

〈堯典〉에 이르기를 "능히 큰 德을 밝힌다." 하였으니,

    章句ㅣ帝典은 堯典[93]이니 虞書라 峻은 大也[94]라

    帝典은 〈堯典〉이니 〈虞書〉이다. '峻'은 큼이다.

1-4. 皆自明也니라

모두 스스로 밝히는 것이다.

    章句ㅣ結所引書[95] 皆言自明己德之意니라

    인용한 바의 글(《書經》)이 모두 스스로 자신의 德을 밝히는 뜻을 말했음을 맺은 것이다.

    事에 응하는 것이다.〔心者 人之神明 所以具衆理而應萬事者也〕" 하였다.

93 〔詳說〕帝典 堯典 : 篇 이름은 〈堯典〉인데, 또 〈帝典〉이라고도 통칭한다.〔篇名 堯典 而又通稱帝典〕

94 〔詳說〕峻 大也 : 新安陳氏(陳櫟)가 말하였다. "明德은 이 德의 본체의 밝음을 가지고 말하였고, 峻德 은 이 德의 전체의 큼을 가지고 말했으니, 똑같은 것이다. 德의 전체는 본래 한량이 없으니, 능히 이것을 밝힌다면 바로 자기의 본성을 다하는 것이다.〔明德 以此德本體之明言 峻德 以此德全體之大言 一 也 德之全體本無限量 克明之 是盡己之性也〕"

95 〔詳說〕結所引書 : '結'자를 여기(所引書)에서 해석한다. 或者는 "'意'자에서 해석한다." 하였다.[1]〔結字 釋於此 或云 釋於意字〕 ○ '書'자 아래에 또 '所引書' 세 글자의 뜻이 있다.〔書字下又有所引書三字 之意〕

    譯註 1. 結자를……하였다 : 前說대로 하면 '結所引書하니'로 懸吐하고, '인용한 바의 글(《書經》)을 맺었으니'로 해석해야 할 것이나, 本人은 後者의 說을 따라 번역하였음을 밝혀둔다.

··· 峻 높을준 虞 나라이름우

右는 傳之首章이니 釋明明德[96]하니라

이상은 傳文의 首章이니, 明明德을 해석하였다.

此通下三章至止於信하여 舊本에 誤在沒世不忘之下하니라

이 章은 아래 3章의 '止於信'(3章 3節)까지 통틀어 舊本에 잘못되어 '沒世不忘'(3章 5節)의 아래에 있었다.

|傳2章 新民章|

2-1. 湯之盤銘曰 苟日新이어든 日日新하고 又日新이라하며

湯王의 盤銘에 이르기를 "진실로 어느 날에 새로워졌거든 나날이 새롭게 하고 또 날로 새롭게 하라." 하였으며,

按說|朱子는

이것은 스스로 새로워짐이 지극한 것으로 新民의 단서가 된다.〔是爲自新之至 而新民之端也〕《詳說》

하였고, 雙峰饒氏(饒魯)는

새롭게 하는 대상은 비록 백성에게 있으나, 진작하여 새롭게 하는 기틀은 실로 나(군주)에게 달려있다. 그러므로 스스로 새롭게 하는 것이 新民의 근본이 되는 것이니, 이 때문에 新民을 해석할 적에 먼저 스스로 새로워짐을 말한 것이다.〔所新雖在民 作而新之之機 實在我 故自新爲新民之本 所以釋新民先言自新〕《詳說》

하였다. 新安陳氏(陳櫟)는

---

96 〔詳說〕釋明明德: 첫 번째 節은 간략히 '明'자를 놓았고, 다음 節은 '顧'로 '明'을 대신하였고 '命'으로 '德'을 대신하였으며, 세 번째 節은 또 '峻'으로 '明'을 대신하였으니, 합하여 보아야 그 뜻이 비로소 완비된다.〔首節略下明字 次節以顧代明 以命代德 三節又以峻代明 合而觀之 其義方備〕

••• 誤 그릇될 오 沒 없어질 몰 盤 대야 반 銘 새길 명 苟 진실로 구

德日新은 仲虺가 처음 말하였는데,[97] 湯王이 이것을 채택해서 이 銘文을 지었고, 伊尹이 또다시 이것을 근본하여 太甲에게 고하기를 "이것이 바로 날로 새로워지는 것입니다.〔時乃日新[98]〕"라고 했다.〔德日新 仲虺發之 湯采之 爲此銘 伊尹又本之 以告太甲曰 時乃日新〕 《詳說》

하였다.

章句ㅣ盤은 沐浴之盤也요 銘은 名其器以自警之辭也[99]라 苟는 誠也[100]라 湯이 以人之洗濯其心以去惡이 如沐浴其身以去垢라 故로 銘其盤이라 言 誠能一日에 有以滌(척)其舊染之汚而自新이면 則當因其已新者하여 而日日新之하고 又日新之하여 不可略有間斷也[101]라

'盤'은 목욕하는 그릇이요, '銘'은 그 그릇(기물)에 글을 새겨 스스로 경계하는 말이다. '苟'는 진실로이다. 湯王은 사람이 그 마음을 깨끗이 씻어서 惡을 제거하는 것이 마치 그 몸을 목욕하여 때를 제거하는 것과 같다고 여겼다. 그러므로 그 그릇에 銘한 것이다. 진실로 능히 하루(어느 날)에 그 옛날에 물든 더러운 것을 씻어 스스로 새로워짐이 있으면 마땅히 이미 새로워진 것을 인하여 나날이 새롭게 하고 또 날로 새롭게 하여 조금이라도 間斷함이 있어서는 안됨을 말씀한 것이다.

---

97 譯註 德日新은……말하였는데:《書經》〈仲虺之誥〉에 "德이 날로 새로워지면 萬邦이 그리워하고, 마음이 자만하면 九族이 마침내 離叛할 것이다.〔德日新 萬邦惟懷 志自滿 九族乃離〕"라고 보인다.

98 譯註 時乃日新:《書經》〈咸有一德〉에 "이제 嗣王이 새로 天命을 받으시려면 德을 새롭게 하셔야 할 것이니, 始終 한결같이 함이 이것이 바로 날로 새로워지는 것입니다.〔今嗣王 新服厥命 惟新厥德 終始惟一 時乃日新〕"라고 보인다. 〈咸有一德〉은 伊尹이 致仕하고 떠나가면서 太甲에게 고한 내용이다.

99 〔詳說〕銘 名其器以自警之辭也:南塘(韓元震)이 말씀하였다. "韻書에 '銘은 이름함이다' 하였으니, 그 그릇에 나아가서 그 의의를 이름하여 말함을 이른 것이니, '名'자로 쓰는 것이 옳을 듯하다.〔韻書 銘 名也 謂卽其器而名言其義 作名字似是〕"

100 〔詳說〕苟 誠也:《大全》에 말하였다. "《論語》의 '苟志於仁[1]'에도 또한 誠(진실로)으로 訓하였다.〔論語苟志於仁 亦訓誠〕"
　　　譯註 1.《論語》의 苟志於仁:〈里仁〉4章에 "진실로 仁에 뜻을 두면 惡함이 없을 것이다〔苟志於仁矣 無惡也〕"라고 하였는데,《集註》에 '苟는 誠也'라고 訓한 것이 보인다.

101 〔詳說〕不可略有間斷也:말 밖에 나아가서 이 句를 보충하였다.〔就言外 補此句〕

··· 沐 머리감을 목　浴 목욕할 욕　洗 씻을 세　濯 씻을 탁　垢 때묻을 구　滌 씻을 척　染 물들일 염　斷 끊을 단

2-2. 康誥曰 作新民이라하며

〈康誥〉에 이르기를 "새로워지는 백성을 振作하라." 하였으며,

> 章句 | 鼓之舞之[102]之謂作이니 言 振起其自新之民也[103]라

고무시키는 것을 作이라 이르니, 스스로 새로워지려는 백성을 振作함을 말한 것이다.

2-3. 詩曰 周雖舊邦이나 其命維新이라하니

《詩經》에 이르기를 "周나라가 비록 오래된 나라이지만 그 命이 새롭다." 하였으니,

> **按說** | 北溪陳氏(陳淳)는
>
> 이 세 節은 차례가 있으니, 盤銘(1節)은 백성을 새롭게 하는 근본을 말하였고, 〈康誥〉(2節)는 백성을 새롭게 하는 일을 말하였고, 《詩經》(3節)은 백성을 새롭게 하여 효험을 이룬 지극함을 말하였다.〔三節有次第 盤銘言新民之本 康誥言新民之事 詩言新民成效之極〕《詳說》
>
> 하였다.

> 章句 | 詩는 大雅文王之篇이라 言 周國雖舊나 至於文王하여 能新其德以及於民하

---

102 **譯註** 鼓之舞之 : 《周易》〈繫辭傳上〉 12章에 "聖人이 象을 세워 뜻을 다하며, 卦를 베풀어 情僞를 다하며, 글을 달아 그 말을 다하며, 變通해서 이로움을 다하며, 鼓舞하여 神妙함을 다하였다.〔聖人立象以盡意 設卦以盡情僞 繫辭焉以盡其言 變而通之以盡利 鼓之舞之以盡神〕"라고 보인다.

103 〔詳說〕 振起其自新之民也 : '自'자는 欲자의 뜻을 겸하였다.〔自字 兼欲字意〕 ○ 살펴보건대, 이 백성을 내가 진작시키고 새롭게 한다는 것이 《書經》의 本義인데, 《章句》에서 일관된 일로 해석한 것[1]은 중점을 新民에게 돌렸기 때문이다. 아랫절의 註에 '能新其德以及於民'의 여덟 자와 뜻이 같다.〔按斯民 我作之新之 是書本義 而章句釋作一串事者 所以歸重於新民也 與下節註能新其德以及於民八字 同意〕

　　譯註 1. 이 백성을……것 : 經文의 '作新民'은 '백성을 진작시키고 새롭게 하다.'가 원래의 뜻이어서 두 가지 일이 되는데, '새로워지는 백성을 振作하다.'로 해석할 경우 한 가지 일이 되므로 '일관된 일로 해석했다'고 말한 것이다.

… 康 편안할 강 誥 가르칠 고 鼓 북칠 고 舞 춤출 무 振 떨칠 진 邦 나라 방 雅 바를 아

여 而始受天命也라

詩는 〈大雅 文王〉篇이다. 周나라가 비록 오래된 나라이지만 文王에 이르러 능히 그 德을 새롭게 하여 백성들에게까지 미쳐서 비로소 天命을 받았음을 말한 것이다.

2-4. 是故로 君子는 無所不用其極이니라

이러므로 君子는 그 極을 쓰지 않는 바가 없는 것이다.

按說 | 朱子는

이것은 윗글 《詩經》과 《書經》의 뜻을 맺은 것이니, 盤銘은 스스로 새로워진 것이고, 〈康誥〉는 백성을 새롭게 하는 것이고, 《詩經》은 스스로 새롭게 함과 백성을 새롭게 함이 지극한 것이다. '極'은 바로 至善을 말한 것이니, '그 極을 쓴다.'는 것은 이 至善에 그침을 구하는 것이다.〔此結上文詩書之意 盤銘 自新也 康誥 新民也 詩 自新新民之極也 極卽至善之云也 用其極者 求其止於是也〕《詳說》

하였다. 壺山은

'君子'는 湯王과 文王을 가리킨 것이다.〔君子指湯, 文王〕

하였다.

章句 | 自新, 新民을 皆欲止於至善也라

自新과 新民을 다 至善에 그치게 하고자 하는 것이다.

右는 傳之二章이니 釋新民[104]하니라

이상은 傳文의 2章이니, 新民을 해석하였다.

---

104 〔詳說〕 釋新民: 首節과 3節은 모두 '民'자를 생략하였고 다음 節(2節)은 '作'자로 '新'자를 대신하였는데, 2節에서 말한 '作新民'의 '新'자는 내가 새롭게 하는 것이 아니라, 백성 스스로 새로워지는 것이니, 또한 세 가지를 합하여 보아야 그 뜻이 비로소 구비된다.〔首節三節 皆略民字 次節以作代新 而所言新字 則非吾新之也 亦合而觀之 其義方備〕

|傳3章 止至善章(淇澳章)|

3-1. 詩云 邦畿千里여 惟民所止라하니라

《詩經》에 이르기를 "나라의 畿內 千里여, 백성들이 멈추어 사는 곳이다." 하였다.

按說 | '惟民所止'의 '惟'에 대하여, 壺山은

'惟'자는 《詩經》에는 維로 되어있으니,[105] 이것은 아마도 傳寫의 오류인 듯하다.〔惟 詩作維 此恐傳寫之誤〕

하였다. 또 壺山은

살펴보건대 이 章의 끝에 총괄하여 맺은 것이 없다. 그러므로 각각 인용한 바의 글 아래에 나아가서 그 뜻을 해석하였으나, 이 節에 홀로 해석한 말이 없는 것[106]은 본문이 이미 명백해서 굳이 거듭 말할 필요가 없기 때문이다.〔按此章之末 無總結者 故各就所引之下 而 釋其意 此節獨無釋語者 以本文已明白 不待申說故也〕

하였다.

章句 | 詩는 商頌玄鳥之篇이라 邦畿는 王者之都也요 止는 居也니 言 物各有所當止 之處也라

詩는 〈商頌 玄鳥〉篇이다. '邦畿'는 王者의 都邑이요 '止'는 거함이니, 물건은 각각 마땅히 그쳐야 할 곳이 있음을 말한 것이다.

---

105 **譯註** 惟자는……되어있으니 :《詩經》〈商頌 玄鳥〉에 보인다. 惟와 維는 모두 助辭인데, 대체로 《詩經》 에는 維로, 《書經》에는 惟로 되어 있다.

106 **譯註** 이 節에……것 : 2節에는 '子曰……可以人而不如鳥乎'가 있고, 3節에는 '爲人君……止於信'이 있고, 4節에는 '如切如磋者……民之不能忘也'가 있어 經文에 각각 인용한 글을 해석한 내용이 있는 데, 이 節에는 없음을 말한 것이다.

··· 畿 지경 기 頌 기릴 송 玄 검을 현

3-2. 詩云 緡蠻(면만)黃鳥여 止于丘隅라하여늘 子曰 於止에 知其所止로소니 可以人而不如鳥乎아하시니라

《詩經》에 이르기를 "꾀꼴꾀꼴 우는 黃鳥(꾀꼬리)여, 丘隅에 멈춰 있다." 하였는데, 孔子께서 말씀하시기를 "그침에 있어 그 그칠 곳을 아니, 사람으로서 새만 못해서야 되겠는가." 하셨다.

> 章句ㅣ 詩는 小雅緡蠻之篇이라 緡蠻은 鳥聲이라 丘隅는 岑蔚之處[107]라 子曰以下는 孔子說詩之辭니 言人當知所當止之處也[108]라
>
> 詩는 〈小雅 緡蠻〉篇이다. '緡蠻'은 새 울음소리이다. '丘隅'는 산이 높고 숲이 울창한 곳이다. '子曰' 이하는 孔子께서 《詩經》을 해석한 말씀이니, 사람이 마땅히 그쳐야 할 곳을 알아야 함을 말씀한 것이다.

3-3. 詩云 穆穆文王이여 於(오)緝熙敬止라하니 爲人君엔 止於仁하시고 爲人臣엔 止於敬하시고 爲人子엔 止於孝하시고 爲人父엔 止於慈하시고 與國人交엔 止於信이러시다

《詩經》에 이르기를 "穆穆하신 文王이여, 아! 계속하여 밝혀서 공경하여 그치셨다." 하였으니, 人君이 되어서는 仁에 그치시고, 人臣이 되어서는 敬에 그치시고, 人子가 되어서는 孝에 그치시고, 人父가 되어서는 慈에 그치시고, 國人과 더불어 사귐엔 信에 그치셨다.

---

107 〔詳說〕丘隅 岑蔚之處 : 北溪陳氏가 말하였다. "'丘隅'는 언덕의 한 귀퉁이이니, 산이 우뚝이 높고 나무가 울창한 곳이다.〔丘之一角 山岑高而木森蔚處〕"

108 〔詳說〕言人當知所當止之處也 : 살펴보건대 세 節의 註는 모두 止至善의 뜻에 歸宿(귀결)하였는데, 윗註의 '有'자와 이 註의 '知'자와 아랫註의 '安'자는 또한 次序가 있다.〔按三節註 皆歸宿於止至善之意 而上註之有字 此註之知字 下註之安字 亦有次序〕○ 臨川吳氏(吳澄)가 말하였다. "이 節은 윗글의 '물건은 각기 그칠 바가 있다'는 뜻을 이어서 '사람은 마땅히 그칠 바를 알아야 한다'는 뜻을 밝히고, 아랫글에 사람이 마땅히 그쳐야 할 바를 실로 가리킨 說을 일으킨 것이니, 止至善의 단서를 발한 것이다.〔此節 承上文物各有所止之意 以明人當知所止之義 而起下文實指人所當止者之說 蓋發止至善之端也〕"

··· 緡 새소리 면 蠻 새소리 만 隅 모퉁이 우 岑 산봉우리 잠 蔚 무성할 울 穆 깊을 목 於 감탄할 오 緝 계속할 집 熙 빛날 희

按說 | '爲人臣'에 대하여, 壺山은

'人臣이 되었다'는 것은 文王이 紂王을 복종하여 섬김을 가리킨 것이다.〔爲人臣 指服事殷〕

하고, 또

'交'는 '서로 더불다.〔相與〕'라는 말과 같다.〔交猶相與也〕

하였다.

章句 | 詩는 文王之篇이라 穆穆은 深遠之意라 於는 歎美辭라 緝은 繼續也요 熙는 光明也라 敬止는 言其無不敬[109]而安所止也[110]라 引此而言 聖人之止가 無非至善[111]이로되 五者는 乃其目之大者也[112]라 學者於此에 究其精微之蘊하고 而又推類以盡

---

109 〔譯註〕敬止 言其無不敬 : '無不敬'은 《禮記》〈曲禮上〉에 "공경하지 않음이 없으며, 엄숙히 생각하는 듯이 하며, 말을 안정되게 하면 백성을 편안히 할 수 있을 것이다.〔毋不敬 儼若思 安定辭 安民哉〕"라고 보인다.
〔詳說〕西山眞氏가 말하였다. "'敬止'의 敬은 전체를 들어 말한 것이고, '止於敬'은 오로지 人君을 공경함을 가리켜 말하였으니 敬의 한 가지 일이다.〔敬止之敬 擧全體言 止於敬 專指敬君言 敬之一事也〕"
〔記疑〕'於緝熙敬止'의 이 '敬'자는 '止於敬'의 敬과 다르니, 이는 能이고 저것은 所이다.[1] 聖人의 德은 敬이 주장이 되므로 비록 지극히 작아서 큰 관계가 없는 일이라도 또한 그 敬을 쓰지 않는 바가 없으니, 堯·舜과 湯王과 文王의 德을 말하는 자가 敬을 위주하여 말하지 않은 적이 없다.〔於緝熙敬止此敬字 與止於敬之敬異 蓋此能而彼所也 聖人之德 敬爲之主 故雖至小無甚關係底事 亦無所不用其敬 言堯舜湯文之德者 無不以敬爲主也〕
　〔譯註〕1. 能이고……所이다 : '能'은 能力으로 마음이 하는 것이고 '所'는 所以然 즉 대상으로 理를 가리키는바, '緝熙敬止'의 敬은 마음이 공경하는 것이고, '止於敬'의 敬은 마음이 그쳐야 할 대상으로 仁·敬·孝·慈·信이 모두 所에 해당한다.

110 〔詳說〕而安所止也 : '而'자는 마땅히 '以'자와 같이 보아야 한다.〔而字 當如以字看〕○ 朱子가 말씀하였다. "'緝熙'는 공부이고 '敬止'는 공효이다.〔緝熙是工夫 敬止是功效〕" ○ 또 말씀하였다. "'敬止'의 '止'자는 《詩經》에는 어조사가 되나, 여기에서는 章을 끊어 말을 빌려서 자신의 뜻을 밝혔고 본문의 뜻을 취하지 않았다.〔敬止之止 詩爲語辭 而於此斷章借辭 以明己意 未取本文之義〕"

111 〔詳說〕無非至善 : 註에 여기에서 처음으로 '至善'이라는 글자를 말한 것은, 위의 두 節은 다만 비유한 뜻이 되고 이 節이 비로소 그 바른 뜻이기 때문이다.〔註於此 始說出至善字者 蓋以上二節 只爲喩意 而此節乃其正意故也〕

112 〔詳說〕五者 乃其目之大者也 : 節齋蔡氏(蔡淵)가 말하였다. "'緝熙'와 '敬止'는 至善에 그치는 근본이 되고, 仁·敬·孝·慈·信은 至善에 그치는 조목이 된다.〔緝熙敬止 爲止至善之本 仁敬孝慈信 爲止至善之目〕"

··· 蘊 쌓일 온 類 무리 류

其餘하면 則於天下之事에 皆有以知其所止[113]而無疑矣리라

詩는 〈文王〉篇이다. '穆穆'은 深遠한 뜻이다. '於'는 감탄하는 말이다. '緝'은 계속함이요, '熙'는 광명함이다. '敬止'는 공경하지 않음이 없어서 그치는 바에 편안함을 말한다. 이것을 인용하여 聖人의 그침이 至善 아님이 없으나 다섯 가지는 바로 그 條目의 큰 것임을 말씀하였다. 배우는 자가 이에 대하여 그 精微함의 蘊蓄을 연구하고 또 類推하여 그 나머지를 다한다면 天下의 일에 대하여 모두 그 그칠 데를 알아 의심함이 없을 것이다.

3-4. 詩云 瞻彼淇澳(기욱)혼대 菉竹猗猗로다 有斐君子여 如切如磋하며 如琢如磨로다 瑟兮僩兮며 赫兮喧(훤)兮니 有斐君子여 終不可諠兮라 하니 如切如磋者는 道學也요 如琢如磨者는 自修也요 瑟兮僩兮者는 恂慄(준율)也요 赫兮喧兮者는 威儀也요 有斐君子終不可諠兮者는 道 盛德至善을 民之不能忘也니라

《詩經》에 이르기를 "저 淇水 모퉁이를 보니 푸른 대나무가 무성하도다. 문채나는 君子여, 잘라놓은 듯하고 간 듯하며 쪼아놓은 듯하고 간 듯하다. 엄밀하고 굳세며 빛나고 점잖으니, 문채나는 君子여, 끝내 잊을 수 없다." 하였으니, '如切如磋'는 학문을 말한 것이요, '如琢如磨'는 스스로 행실을 닦음이요, '瑟兮僩兮'는 마음이 두려워함이요, '赫兮喧兮'는 겉으로 드러나는 威儀요, '문채나는 君子여, 끝내 잊을 수 없다.'는 것은 盛德과 至善을 백성들이 능히 잊지 못함을 말한 것이다.

按說 | 艮齋는

'盛德至善 民不能忘'은 朱子가 말씀하기를 "이는 聖人의 일을 말씀한 것이다." 하셨으니, 【江德功에게 답한 편지에 보임】 이미 일이라고 말했으면 곧바로 理가 아니다. 經文의 '明德'은

---

113 〔詳說〕知其所止 : 배우는 자를 위주하여 말했기 때문에 또 '安'을 '知'로 바꿔 말한 것이다.[1]〔主 學者言 故又變安言知〕
　　　譯註 1. 배우는……것이다 : 《章句》에 위에서 '敬止'를 해석할 적에는 '無不敬而安所止'라 하였 으나 아래에서는 '知其所止'라고 하였으므로 말한 것이다.

••• 疑 의심할 의　瞻 볼 첨　淇 물이름 기　澳 모퉁이 욱　菉 푸르를 록　猗 아들아들할 의　斐 문채날 비　磋 갈 차 琢 쪼을 탁　磨 갈 마　瑟 치밀할 슬　僩 굳셀 한　喧 점잖을 훤　諠 잊을 훤　道 말할 도　恂 두려울 준 慄 두려울 률　赫 빛날 혁

바로 體段을 가리켜 말한 것이고 '至善'은 至理를 가리켜 말한 것이니, 진실로 聖人과 凡人의 구분이 없다. 傳文의 '盛德'은 明明德에 나아가서 그 이룬 바의 큼을 말한 것이고 '至善'은 止至善에 나아가서 그 얻은 바의 極을 말한 것이니, 이것이 이른바 '聖人의 일'이니, 賢者가 미칠 수 있는 바가 아니다.〔盛德至善 民不能忘 朱子謂此言聖人之事【見答江德功書】旣曰事 則非直是理也 蓋經文明德是指體段言 至善是指至理言 固無聖凡之分 傳文盛德是就明明德上 言其所成之大 至善是就止至善上 言其所得之極 此所謂聖人之事 非賢者之所及也〕

하였다.

章句ㅣ 詩는 衛風淇澳之篇이라 淇는 水名이요 澳은 隈也라 猗猗는 美盛貌니 興也[114]

---

[114] 譯註 興也 : '興'은 《詩經》六義의 하나로, 어떤 일을 詩로 읊을 적에 먼저 다른 사물을 말하여 다음의 글을 일으키는 것을 이른다. 詩의 六義는 風·雅·頌과 興·賦·比의 여섯 가지를 가리키는바, 風·雅·頌은 詩의 내용과 성질을 말하고, 興·賦·比는 詩의 체제와 서술 방식을 말한다.
〔詳說〕'興'은 去聲(일으킬 흥)이니, '瞻彼'로부터 '猗猗'까지를 아울러 가리킨 것이다.〔去聲 幷指瞻彼至猗猗〕○ 살펴보건대 〈緜蠻〉詩는 인용한 것이 흥기한 바에 그쳤다. 그러므로 註에 '興'이라고 말하지 않았고, 〈節南山〉詩[1]는 주석에 그 높고 큰 뜻을 아울러 취하였다. 그러므로 또한 '興也'라고 말하지 않았고, 〈淇澳〉詩와 〈桃夭〉詩[2]는 애당초 흥기한 바에 뜻을 취한 것이 없다. 그러므로 특별히 '興也'라고 말했으니, 《章句》의 정밀하고 간절함이 이와 같다. 혹자는 말하기를 "이 두 詩는 詠歎에 해당되므로 특별히 '興也'라고 말하였다." 하니, 그 말과 같다면 〈烈文〉詩[3]는 어째서 흥기한 詩를 인용하지 않았으며, 〈蓼蕭〉詩[4]와 〈鳲鳩〉詩[5]는 어째서 그 흥기한 바를 아울러 인용하지 않았단 말인가? 또 《論語》〈唐棣〉詩[6]의 註에 '興也'는 이 또한 詠歎을 취한 것인가? 무릇 詩는 比와 賦[7]를 막론하고 어느 것인들 詠歎이 아니겠는가? 詩의 六義 가운데 그 말을 시작하였으나 뜻을 취함이 없는 것을 '興'이라고 일렀다. 그러므로 詩를 인용하면서 뜻을 취한 것이 없는 것을 따라서 註를 달기를 '興也'라고 한 것이다.〔按緜蠻則所引止於所興 故註不言興也 節南山則註釋幷取其高大之義 故亦不言興也 淇澳桃夭則初無取義於所興 故特曰興也 章句之精切如此 或曰 此二詩 係是詠歎 故特言興也 云爾 則烈文何不引興詩 蓼蕭鳲鳩何不幷引其所興乎 且論語唐棣註之興也 是亦取詠歎耶 凡詩 勿論比賦 何莫非詠歎乎 蓋詩之六義 其起語而無取義者 謂之興 故引詩而無取義者 從而註之曰 興也云〕
　譯註 1. 〈節南山〉詩 : 〈節南山〉은 《詩經》小雅의 편명으로 傳10章에 "節彼南山 維石巖巖 赫赫師尹 民具爾瞻"이라고 보인다.
　譯註 2. 〈桃夭〉詩 : 〈桃夭〉는 《詩經》周南의 편명으로 傳9章에 "桃之夭夭 其葉蓁蓁 之子于歸 宜其家人"이라고 보인다.
　譯註 3. 〈烈文〉詩 : 〈烈文〉은 《詩經》周頌의 편명으로 傳3章에 "於戲 前王不忘"이라고 보인다.
　譯註 4. 〈蓼蕭〉詩 : 〈蓼蕭〉는 《詩經》小雅의 편명으로 傳9章에 "宜兄宜弟"라고 보인다.
　譯註 5. 〈鳲鳩〉詩 : 〈鳲鳩〉는 《詩經》曹風의 편명으로 傳9章에 "其儀不忒 正是四國"이라고 보인다.
　譯註 6. 〈唐棣〉詩 : 逸詩로 《論語》〈子罕〉 30章에 "唐棣之華 偏其反而 豈不爾思 室是遠而"라고 보인다.
　譯註 7. 比와 賦 : 《詩經集傳》의 註에 "比는 저 물건을 가지고 이 물건을 비유하는 것이다.〔比者 以彼

··· 衛 호위할 위, 나라이름 위　隈 모퉁이 외

라 斐는 文貌라 切以刀鋸하고 琢以椎鑿(추착)하니 皆裁物使成形質也요 磋以鑢鍚(려탕)하고 磨以沙石하니 皆治物使其滑澤也라 治骨角者는 旣切而復磋之하고 治玉石者는 旣琢而復磨之하니 皆言其治之有緖而益致其精也[115]라 瑟은 嚴密之貌[116]요 僩은 武毅之貌[117]라 赫喧은 宣著盛大之貌[118]라 諠은 忘也라 道는 言也라 學은 謂講習討論之事요 自修者는 省察克治之功[119]이라 恂慄은 戰懼也라 威는 可畏也요 儀는 可象也[120]라 引詩而釋之하여 以明明明德者之止於至善이라 道學[121], 自修는 言其所以得之之由[122]요 恂慄, 威儀는 言其德容表裏之盛이니 卒乃指其實而歎美之也니라[123]

物比此物也)" 하였고 "賦는 그 일을 그대로 펴서 곧바로 말하는 것이다.〔賦者 敷陳其事而直言之者也〕" 하였다.

115 〔詳說〕 切以刀鋸……皆言其治之有緖而益致其精也:《大全》에 말하였다. "'切'과 '琢'은 다스림에 실마리가 있는 것이고, '磋'와 '磨'는 더욱 그 정밀하고 세밀함을 지극히 하는 것이다.〔切琢 是治之有端緖 磋磨 是益致其精細〕"

116 〔詳說〕 瑟 嚴密之貌:朱子가 말씀하였다. "'瑟'은 마음을 가지고 말한 것이니, 다만 거칠지 않은 것이다.〔就心言 只是不麤疎〕"

117 〔詳說〕 僩 武毅之貌:《大全》에 말하였다. "'僩'은 태만하고 해이하지 않은 것이다.〔不怠弛也〕"

118 〔詳說〕 赫喧 宣著盛大之貌:雙峰饒氏(饒魯)가 말하였다. "'宣著'는 '赫'자를 해석하였고, '盛大'는 '喧'자를 해석하였다.〔宣著釋赫字 盛大釋喧字〕"

119 〔詳說〕 學……省察克治之功:朱子가 말씀하였다. "뼈와 뿔은 脈理(결)를 찾을 수 있으니 切磋하는 공력은 쉽고, 옥과 돌은 한 덩어리로 되어 단단하니 琢磨하는 공력은 어렵다. 이 때문에 學問과 自修로 구별된 것이다.〔骨角 脈理可尋 切磋之功易 玉石 渾全堅確 琢磨之功難 所以爲學問自修之別〕○ 新安陳氏(陳櫟)가 말하였다. "學은 지식을 지극히 하는 것이니 知는 行에 비하여 쉬움이 되고, 自修는 힘써 행하는 것이니 行은 知에 비하여 어려움이 된다.〔學 所以致知 知視行爲易 自修 所以力行 行視知爲難〕"
〔記疑〕《四書翼註》에 "'自修'의 '自'자는 가볍지 않으니, 자기의 心身을 어찌 자기가 다스리지 않을 수 있겠는가." 하였다. 내 생각건대 自意와 自心, 自身은 자기의 마음을 성실히 하고 바르게 하고 닦는 것이니, 이것을 일러 '自修'라 한다. 무릇 스스로 밝히고〔自明〕 스스로 만족하다〔自慊[1]〕라고 말한 것은 모두 자기 마음이 스스로 함을 말한 것이니, 만약 단지 '자기'라고만 말하면 뜻이 다소 어두워진다.〔翼註云 自修自字不輕 自家身心 何可不自家修理 余謂自意自心自身 自家心誠之正之修之 是謂自修 凡言自明自慊 皆謂自心自爲之 若只說做自家 義稍晦〕
譯註 1. 自慊:아래 6章(誠意章)의 '自謙(慊)'을 가리킨 것이다.

120 譯註 威……可象也:《春秋左傳》襄公 31년 조에 "위엄이 있어서 두려워할 만함을 威라 이르고, 훌륭한 거동이 있어서 본받을 만한 것을 儀라 이른다.〔有威而可畏 謂之威 有儀而可象 謂之儀〕"라고 보인다.

121 〔詳說〕 道學:'道'자는 附帶하여 한 말이다.〔道字 帶過說〕

122 〔詳說〕 道學……言其所以得之之由:玉溪盧氏(盧孝孫)가 말하였다. "切磋는 至善의 그칠 바를 아는 것이고, 琢磨는 至善의 그칠 바를 얻는 것이다.〔切磋 知至善之所止 琢磨 得至善之所止〕"

••• 鋸 톱 거 椎 망치 퇴(추) 鑿 끌 착 裁 마름질할 재 鑢 줄 려 鍚 대패 탕 磨 갈 마 滑 매끄러울 활 澤 윤택할 택 毅 굳셀 의 宣 베풀 선 戰 두려워할 전 懼 두려워할 구 象 본받을 상

詩는 〈衛風 淇澳〉篇이다. 淇는 물 이름이고, '澳'은 모퉁이이다. '猗猗'는 아름답고 성한 모양이니, 興이다. '斐'는 문채나는 모양이다. '切'은 칼과 톱으로써 하고 '琢'은 망치와 끌로써 하니 모두 물건을 재단하여 形質을 이루게 하는 것이요, '磋'는 줄과 대패로써 하고 '磨'는 모래와 돌로써 하니 모두 물건을 다스려 매끄럽고 윤택하게 하는 것이다. 뼈와 뿔을 다스리는 자는 이미 잘라놓고 다시 갈며, 玉과 돌(보석)을 다스리는 자는 이미 쪼아놓고 다시 가니, 모두 그 다스림에 실마리(頭緖)가 있어 더욱 그 精密함을 지극히 함을 말한 것이다. '瑟'은 엄밀한 모양이요, '僩'은 굳센 모양이다. '赫'과 '喧'은 드러나고 盛大한 모양이다. '諠'은 잊음이다. '道'는 말함이다. '學'은 講習하고 討論하는 일을 이르고, '自修'는 省察하고 〈私欲을〉 이겨 다스리는 공부이다. '恂慄'은 두려워함이다. '威'는 두려울 만함이요, '儀'는 본받을 만함이다.

《詩經》을 인용하고 이것을 해석하여 明明德하는 자의 止於至善을 밝힌 것이다. '道學'과 '自修'는 이것을 얻게 된 바의 이유를 말한 것이요, '恂慄'과 '威儀'는 德容의 表(威儀)·裏(恂慄)의 성함을 말한 것이니, 마침내 그 실제(盛德과 至善)를 가리켜 歎美한 것이다.

3-5. 詩云 於戲(嗚呼)라 前王不忘이라하니 君子는 賢其賢而親其親하고 小人은 樂其樂而利其利하나니 此以沒世不忘也니라

《詩經》에 이르기를 "아, 前王을 잊지 못한다." 하였으니, 君子는 그(前王)의 어짊을 어질게 여기고 그의 친함을 친하게 여기며, 小人은 즐겁게 해 주심을 즐거워하고 이롭게 해 주심을 이롭게 여기니, 이 때문에 세상에 없는데도 잊지 못하는 것이다.

按說 | '賢其賢而親其親'에 대하여, 朱子는

---

123 〔詳說〕恂慄……卒乃指其實而歎美之也:《大全》에 말하였다. "'實'은 盛德과 至善을 가리킨다.〔謂盛德至善〕○ '至善'을 위주로 말하였고, '盛德' 또한 附帶로 말한 것이다. 이 節은 '道學'과 '自修', '恂慄'과 '威儀'를 가지고 '盛德'과 '至善'을 陪從하였고, 또다시 '盛德'을 가지고 '至善'을 陪從하였으니, '至善'은 바로 실제의 실제이니, 이 한 節의 주체이다.〔主言至善 而盛德只是帶說 蓋此節 以道學 自修恂慄威儀 陪盛德至善 又以盛德 陪至善 至善是實之實 而此一節之主也〕○ 新安吳氏(吳浩)가 말하였다. "理가 사물에 있으면 至善이 되고 이 理를 체행하여 얻은 바가 있으면 盛德이 되니, 明德은 사람이 품부 받은 초기에 얻은 것이요, 盛德은 실천한 뒤에 얻어지는 것이다.〔理在事物 則爲至善 體此理而有所得 則爲盛德 明德得於稟賦之初 盛德得於踐履之後〕"

··· 戲 감탄할 호 沒 없을 몰

'賢其賢'은 그(先王) 德業의 훌륭함을 仰慕하는 것이요, '親其親'은 그 覆育(비호해 주고 길러줌)의 은혜를 생각하는 것이다.《或問》

하였다. 艮齋는

'賢其賢'의 아래 '賢'자는 先王의 盛德을 가리켜 말한 것이고 '親其親'의 아래 '親'자는 先王의 遺恩을 가리켜 말한 것이니, 蔡氏(蔡淸)의 說[124]이 맞다.〔賢其賢下賢字 指先王盛德言 親其親下親字 指先王遺恩言 蔡說得之〕

하였다. 艮齋는

〈윗절의〉 '民不能忘'은 당시의 백성들이 그 德을 잊지 못한 것이고, 〈이 節의〉 '前王不忘'은 후세의 백성들이 그 은택을 잊지 못하는 것이다. 이것을 前人들이 구분하였으니, 마땅히 따라야 한다.〔民不能忘 是當時之民不忘其德 前王不忘 是後世之民不忘其澤 此有前人所分 當從之〕

하였다.

章句ㅣ 詩는 周頌烈文篇이라 於戲는 歎辭라 前王은 謂文武也라 君子는 謂其後賢後王[125]이요 小人은 謂後民也라 此는 言 前王所以新民者 止於至善하여 能使天下後世로 無一物不得其所하니 所以旣沒世而人思慕之하여 愈久而不忘也라 此兩節은 詠歎淫泆[126]하여 其味深長하니 當熟玩之니라

---

124 譯註 蔡氏(蔡淸)의 說:《四書蒙引》에 "'賢其賢'은 先王이 이 德業의 盛大함을 소유한 것이 그 어짊인데 내가 따라서 어질게 여기니, 이른바 '先王의 옛 법을 따른다.'는 것이고, '親其親'은 先王이 이 覆育의 은혜가 나의 몸에 있는 것이 그 親함이 있는 것인데 내가 따라서 친히 하는 것이니, 이른바 '子子孫孫이 변치 않고 이어간다.'는 것이다.〔賢其賢者 先王有是德業之盛 是其賢也 吾則從而賢之 所謂率由舊章者也 親其親者 先王有是覆育之恩 在我之身 是其親之所在也 吾則從而親之 所謂子子孫孫勿替引之者也〕"라고 보인다.

125 〔詳說〕 君子 謂其後賢後王:本文의 賢·親의 순서를 따라서 먼저 後賢을 말하였다.〔依本文賢親之序而先言後賢〕 ○ 新安陳氏(陳櫟)가 말하였다. "後賢은 前王의 어짊을 어질게 여기고(존경하고) 後王은 前王의 친함을 친하게 여기니, 〈'賢其賢而親其親'에서〉 아래의 '賢·親' 두 글자는 前王 자신을 가리킨다.〔後賢賢其賢 後王親其親 下賢親二字 指前王之身〕"

126 譯註 詠歎淫泆:'詠歎'은 詩를 읊조리고 감탄하는 것이고, '淫泆'은 원래 음탕함에 빠짐을 이르는바 '淫液'의 誤記라 한다. 이 내용은 《禮記》〈樂記〉에 보이는데, 이에 대하여 雙峰饒氏(饒魯)는 "'詠歎'은 그 歌詞를 말한 것이고, '淫泆'은 그 의미가 言詞의 밖에 넘침을 말한 것이다.〔詠歎言其詞 淫泆言其意味溢乎言詞之外也〕" 하였다. 艮齋는 《記疑》에서 "'淫泆'의 泆은 마땅히 《樂記》를 따라 液으로 써야

··· 歎 탄식할탄 詠 읊을영 淫 넘칠음 泆 빠질일 玩 구경할완

詩는 〈周頌 烈文〉篇이다. '於戲'는 감탄하는 말이다. '前王'은 文王・武王을 이른다. '君
子'는 後賢과 後王을 이르고, '小人'은 後民을 이른다. 이는 前王이 백성을 새롭게 한 것이
至善에 그쳐서 능히 天下와 後世로 하여금 한 물건도 제 자리를 얻지 못함이 없게 하였으
니, 이 때문에 이미 〈돌아가시어〉 세상에 없는데도 사람들이 그를 思慕하여 더욱 오래도록
잊지 못함을 말한 것이다.

이 두 節은 詠歎하고 淫泆하여 그 맛이 깊고 기니, 마땅히 익숙히 보아야 한다.

右는 傳之三章이니 釋止於至善[127]하니라

이상은 傳文의 3章이니, 止於至善을 해석하였다.

此章內에 自引淇澳詩以下는 舊本에 誤在誠意章下하니라

이 章 안에 〈淇澳〉詩(3章 4節)를 인용한 데서부터 이하는, 舊本에 잘못되어 誠意章(6章)
아래에 있었다.

하니, 일찍이 肅齋(趙秉悳)가 이와 같이 말씀한 것을 보았다. 《樂記》의 註에 '詠歎은 소리를 길게 하
여 감탄하는 것이고, 淫液은 소리가 이어져 흐르는 맥이 끊어지지 않는 모양이다.' 하였고, 字典에 淫과
泆은 모두 溢로 訓하였다. '詠歎淫泆'은 朱子 스스로 지어낸 말씀인지는 알지 못하겠으나, 반드시 《樂
記》의 글을 인용함은 아닌 듯하다.〔淫泆泆 當依樂記作液 嘗見肅齋 如此說 蓋樂記註 詠歎 長聲而歎
也 淫液 聲音連延 流液不絶之貌 字典淫泆皆訓溢 未審是朱子自造語 非必引樂記文耶〕" 하였다.

127 〔詳說〕右⋯⋯釋止於至善 : 朱子가 말씀하였다. "앞의 세 節은 그침을 말하였고, 가운데 한 節(4節)은
至善을 말하였고, 〈烈文〉詩(5節)는 또 至善의 뜻을 詠歎하였다.〔前三節說止 中一節說至善 烈文又
詠歎至善之意〕○ 살펴보건대, 이 章은 열 개의 '止'자와 한 개의 '至善'이라는 글자를 또한 합하여 보
아야 그 뜻이 비로소 구비된다.〔按此節十止字 一至善字 亦合而觀之 其義方備〕○ 王溪盧氏(盧孝
孫)가 말하였다. "첫 번째 節은 물건이 각각 마땅히 그쳐야 할 바의 곳이 있음을 말하였고, 두 번째 節
은 그칠 줄을 아는 일을 가지고 말하였고, 세 번째 節은 그칠 바를 얻은 일을 가지고 말하였고, 네 번째
節은 至善의 體가 확립하는 바를 말하였고, 다섯 번째 節은 至善의 用이 행해지는 바를 말하였다.〔一
節 言物各有所當止之處 二節 以知止之事言 三節 以得所止之事言 四節 言至善之體所以立 五節
言至善之用所以行〕

|傳4章 本末章(聽訟章)|

4. 子曰 聽訟이 吾猶人也나 必也使無訟乎인저하시니 無情者 不得盡其辭는 大畏民志니 此謂知本이니라

孔子께서 말씀하시기를 "爭訟을 다스림은 내 남과 같으나 반드시 백성들로 하여금 爭訟함이 없게 하겠다." 하셨으니, 實情이 없는 자가 그 거짓말을 다하지 못하는 것은 〈爲政者가〉 백성들의 마음을 크게 두렵게 하기 때문이니, 이것을 일러 '근본을 안다.'고 하는 것이다.

按說 | '子曰……必也使無訟乎'는 《論語》〈顏淵〉 13章에도 보이는데, 《集註》에

訟事를 다스림은 그 지엽을 다스리고 그 말류를 막는 것이니, 그 근본을 바로잡고 그 근원을 맑게 한다면 爭訟이 없어질 것이다.〔聽訟者 治其末 塞其流也 正其本 淸其源 則無訟矣〕

하였다.

章句 | 猶人은 不異於人也[128]라 情은 實也라 引夫子之言하여 而言 聖人이 能使無實之人으로 不敢盡其虛誕之辭[129]는 蓋我之明德이 旣明[130]하여 自然有以畏服民之心志[131]라 故로 訟不待聽而自無也라 觀於此言이면 可以知本末之先後矣[132]리라

---

128 譯註 猶人 不異於人也 : 《論語》〈述而〉 32章 '文莫吾猶人也'의 註에 "'猶人'은 남보다 낫지는 못하나 오히려(그래도) 남에게 미칠 수 있음을 말한 것이다.〔猶人 言不能過人而尙可以及人〕" 하였다.

129 〔詳說〕能使無實之人 不敢盡其虛誕之辭 : 이치가 아니면서 쟁송하기를 좋아하는 자가 남을 속이는 간사한 계책을 쓰지 못하는 것이니, 그 말을 다하기를 기다리지 않고 그 간사함을 깨닫는 것이다.〔非理健訟者 不能售其欺誣之姦計 蓋不待其盡言而覺其姦〕

130 〔詳說〕蓋我之明德 旣明 : 《大全》에 말하였다. "이는 근본을 미루어 말해서 明德을 밝히는 것을 근본으로 삼았으니, 바로 傳文을 지은 자의 말 밖의 뜻이다.〔此推本言之 明明德爲本 乃傳者言外之意〕"

131 〔詳說〕自然有以畏服民之心志 : 《大全》에 말하였다. "이것은 바로 新民이다.〔此卽新民〕"

132 〔詳說〕可以知本末之先後矣 : 本은 마땅히 먼저 해야 하고 末은 마땅히 뒤에 해야 한다.〔本當先而末當後〕○ '聽訟'과 '使無訟'의 本과 末을 가지고 '明明德'과 '新民'의 本과 末을 밝혔는데, 傳文은 중한 것을 들어서 가벼운 것을 포함하였다. 그러므로 '末'자를 말하지 않은 것이다.〔以無訟使無訟之本末明明明德新民之本末 而傳文擧重以該輕 故不言末字〕○ 農巖이 말씀하였다. "聽訟과 無訟은 모두 新民의 일인데, 다만 聽訟은 그 근본이 없으면서 末에 종사하는 것이요, 無訟은 그 근본이 이미 확립된 다음 末이 뒤따르는 것이니, 이것을 가지고 보면 本과 末의 뜻이 분명하다. 《章句》를 세세히 살펴보면 이 뜻이 분명하니, 小註의 朱子의 說과 같은 것은 끝내 부합하지 않는 바가 있다. 傳文은 經文을 해

••• 訟 송사송 猶 같을유 誕 허탄할탄 待 기다릴대 聽 들을청

'猶人'은 남과 다르지 않은 것이다. '情'은 실제이다. 夫子의 말씀을 인용하여, 聖人이 능히 實情이 없는 사람으로 하여금 감히 그 虛誕한 말(거짓말)을 다하지 못하게 하는 것은 나의 明德이 이미 밝아져서 자연히 백성들의 心志를 두렵게 하고 복종시킴이 있으므로 쟁송을 다스릴 필요 없이 쟁송이 저절로 없어짐을 말씀한 것이다. 이 말씀을 본다면 本末의 先後를 알 수 있을 것이다.

右는 傳之四章[133]이니 釋本末하니라

이상은 傳文의 4章이니, 本末을 해석하였다.

此章은 舊本에 誤在止於信下[134]하니라

석한 것이니, 어찌 經文과 傳文에서 말한 바의 本과 末이 그 뜻이 각기 다를 이치가 있겠는가.〔聽訟與無訟 皆新民之事 但聽訟 是無其本而從事於末者也 無訟 是其本旣立而末從之者也 以此觀之 本末之意明矣 細玩章句 此意了然 若小註朱子說 終有所未合矣 傳 所以釋經也 豈有經傳所言本末其義各異之理乎〕○ 살펴보건대, '物有本末'의 註에 분명 明德을 근본이라 하였고, 新民을 末이라고 하였다. 그러므로 農巖이 이렇게 말씀한 것이다.〔按物有本末註 分明以明德爲本新民爲末言之 故農巖云然耳〕

〔記疑〕 聽訟章을 《章句》와 《或問》에 모두 明과 新을 가지고 本과 末을 나누었으니,[1] 小註에 朱子의 聽訟이 末이 된다는 말씀은 잘못 기록한 듯하다. 聽訟 句는 원래 附帶하여 말한 것이니, 무겁게 보아서는 안 된다.〔聽訟章 章句或問皆以明新分本末 小註朱子聽訟爲末之說 疑是記誤 蓋聽訟句 原是帶說 不宜重看〕

譯註 1. 《或問》에……나누었으니: 《或問》에 "자신의 德이 이미 밝아져서 백성들이 스스로 새로워진다면 그 근본을 얻은 것의 분명한 효험이다. 혹 이렇게 하지 못하고서 分爭하고 辯訟하는 사이에 區區(급급)하여 백성을 새롭게 하는 효험을 바란다면 이 또한 末이다.〔蓋已德旣明 而民德自新 則得其本之明效也 或不能然 而欲區區於分爭辯訟之間 以求新民之效 其亦末矣〕"라고 보인다.

133 〔詳說〕 右 傳之四章: 살펴보건대, 이로부터 이하는 여러 傳文의 끝에 모두 '此謂' 두 글자로써 끝을 맺었다.〔按自此以下 諸傳之末 皆以此謂二字結之〕

134 〔詳說〕 舊本 誤在止於信下: 栗谷(李珥)이 말씀하였다. "晦齋(李彦迪)는 聽訟章을 經文의 끝(其本亂而末治者 否矣 其所厚者薄而其所薄者厚 未之有也)에 옮겨 놓고서 '聽訟 한 章은 별도로 本末을 해석한 것(지금처럼 傳文 4章의 맨 끝)으로 옮겨 놓았는데, 나는 평소 이것이 지극히 합당함을 알지 못하겠다. 〈晦齋의 말씀처럼〉 經文의 끝에 놓는 것이 마땅함을 얻을 듯하다. 다만 經文 1章을 朱子는 孔子의 말씀이라고 하셨는데 晦齋는 曾子의 말씀이라고 하였으니, 무엇을 근거해야 할지(晦齋를 따라야 할지, 朱子를 따라야 할지) 모르겠다. 만약 曾子의 말씀이라면 '子曰'로써 맺은 것이 당연할 것이요, 만약 孔子의 말씀이라면 다시 '子曰'을 칭할 수가 없는 것이다.〔晦齋 以聽訟章移置經文之末 聽訟一章之別爲釋本末 尋常未知其極當 置之經文之末 恐爲得宜 但經一章 朱子則以爲孔子之言 晦齋則以爲曾子之言 未知何據 若是曾子之言 則以子曰結之 宜矣 若是孔子之言 不應更稱子曰也〕"○ 살펴보건대, 經文의 끝으로 옮겨 놓는 것은 伊川의 本도 이미 이와 같은데, 다만 아래 글 '此謂知之至

이 章은, 舊本에 잘못되어 '止於信'(3章 3節) 아래에 있었다.

(此謂知本)

章句│程子曰 衍文也라

程子(伊川)가 말씀하였다. "衍文(쓸데없이 들어간 글)이다."

|傳5章 格致章|

5. 此謂知之至也니라

이것을 일러 '지식이 지극하다.'고 한다.

章句│此句之上에 別有闕文이요 此特其結語耳라

이 句의 위에 별도로 빠진 글이 있고, 이것은 다만 그 맺음말일 뿐이다.

右는 傳之五章이니 蓋釋格物致知之義而今亡矣니라

이상은 傳文의 5章이니, 格物 · 致知의 뜻을 해석하였는데 지금은 없어졌다.

此章은 舊本에 通下章하여 誤在經文之下하니라

也'의 여섯 글자가 함께 있는 것이 다를 뿐이다. 傳文에 '曾子曰'이 있는 것을 가지고 미루어 보면 經文에 '子曰'이 있는 것도 또한 그 한 예이니, 혹《論語》를 인용하면서 구별한 것인 듯하다. 그러나 三綱領 · 八條目 사이에 또 本末 한 傳을 두는 것은 이미 經文에 어긋남이 없고 배우는 자들에게 유익함이 있으니, 굳이 이 아래로 옮겨놓을 필요가 없을 듯하다.〔按移置經文之末 伊川本已如是 但幷有下文此謂知之至也六字者 爲異耳 蓋以傳文之有曾子曰者 推之 經文之有子曰 亦其例也 或是引用論語 而別之耳 雖然 三八之間 又置本末一傳 旣無悖於經文 而有益於學者 恐不必移置耳〕

··· 衍 남을 연 闕 빠트릴 궐 特 특별할 특

이 章은, 舊本에 아랫장과 함께 잘못 經文의 아래에 있었다.

|補亡章|

間[135]嘗竊取程子之意[136]하여 以補之[137]하니 曰 所謂致知在格物者는 言 欲致吾之
知인댄 在卽物而窮其理也라 蓋人心之靈이 莫不有知요 而天下之物이 莫不有理언
마는 惟於理에 有未窮이라 故로 其知有不盡也니 是以로 大學始敎에 必使學者로 卽
凡天下之物하여 莫不因其已知之理而益窮之[138]하여 以求至乎其極하나니 至於用

---

135 〔詳說〕間 : 沙溪(金長生)가 말씀하였다. "《韻會》에 '間은 時日이다.'하였으니, '中間'의 '間'자와는 똑
같지 않다(다르다).〔韻會 時日也 與中間之間不類〕○ 살펴보건대, '間'은 近日이라는 말과 같으니, 〈大
學章句序〉의 '間亦'의 '間'자와 마땅히 참고해서 보아야 할 것이다.〔按 間猶近日也 與序文間亦之間 當
參看〕

136 〔詳說〕取程子之意 : 朱子가 말씀하였다. "程子가 말씀하시기를 '배움은 致知보다 앞서는 것이 없다.'
하셨고, 또 말씀하시기를 '大學의 순서는 致知를 먼저 하고 誠意를 뒤에 한다.' 하셨으니, 이는 모두 格
物·致知를 마땅히 먼저 해야 하고 뒤에 해서는 안 되는 뜻을 말씀하신 것이다. 여기에서 보충한 것은
비록 程子의 말씀을 다 사용하지는 않았으나, 그 指趣의 要歸는 부합하지 않는 것이 드물다.〔程子曰
學莫先於致知 又曰 大學之序 先致知而後誠意 皆言格物致知當先而不可後之意 此所補 雖不盡
用程子之言 然其指趣要歸 則不合者鮮矣〕"

137 〔詳說〕間嘗竊取程子之意 以補之 : 朱子가 말씀하였다. "여기서 보충한 제5章은 내 또한 일찍이 《大
學》의 文體를 본받아서 지었으나 끝내 이루지 못하였다.〔所補第五章 亦嘗效其文體而爲之 竟不能
成〕○ 尤菴이 말씀하였다. "능하지 못한 것이 아니요 아마도 하지 않으신 것일 것이니, 만약 朱子가
본연의 이치가 분명하고 뜻이 올바른 문장을 버리고 억지로 옛글을 본받았다면, 어찌 孫叔敖를 흉내낸
優孟[1]이 되지 않겠는가.〔非不能也 蓋不爲也 若使朱子捨本然理明義正之文章 而强效之 則豈不爲
叔敖之優孟耶〕○ 내가 살펴보건대, 문장은 古今과 風氣의 차이가 있어서 억지로 본받기 어려움이
있다. 그러므로 起와 結은 傳文의 本體와 본래 말을 사용하였고, 중간은 註體(註의 문체)를 사용하였
으니, 註體를 사용한 뒤에야 말이 다할 수 있어서 사람들이 깨닫기 쉽다. 만일 예스럽고 심오한 것을 억
지로 본받고, 또 따라서 그 아래에다 스스로 註를 단다면, 어찌 이것이 聖人의 진실한 마음과 정직한 道
라고 말할 수 있겠는가.〔按文有古今風氣之殊 有難强效 故起結則用傳文本體與本語 中間則用註體
蓋用註體 然後言可盡而人易曉 使其强效古奧 又從而自註其下 則豈可曰聖人之誠心與直道哉〕

　　譯註 1. 優孟 : 優孟은 춘추 시대 楚의 樂工이고 孫叔敖는 蔿敖(위오)를 가리킨다. 優孟은 해학과
　　기지가 뛰어났는데, 재상 蔿敖가 죽고 그의 아들이 매우 곤궁하게 살자 蔿敖의 생시 복장을 하고
　　1년 이상이나 蔿敖의 거동과 모습을 익힌 다음 莊王을 찾아가 노래로써 왕을 감동시켰다고 한다. 가
　　짜는 아무래도 진짜만은 못함을 비유하는 말로 쓰인다.《史記 滑稽列傳》

138 〔詳說〕人心之靈……莫不因其已知之理而益窮之 : 《大全》에 말하였다. "'已知'는 바로 윗글 '人心의
영특함은 앎이 있지 않음이 없다'는 그 '知'자이다.〔已知 卽上文人心之靈莫不有知之知〕○ 尤菴이
말씀하였다. "'莫不有知'는 바로 人心 가운데 知覺의 '知'자이고, '已知'는 바로 格物하여 이미 안 '知'
자이니, 두 '知'자는 가리킨 바가 똑같지 않다.〔莫不有知 卽人心中知覺之知也 已知 卽格物已知之知
也 兩知字 所指不同〕○ 農巖이 말씀하였다. "두 '知'자는 그 차이가 있음을 발견하지 못하겠다.〔兩知

··· 竊 몰래 절, 훔칠 절 卽 곧 즉, 나아갈 즉

力之久而一旦豁(활)然貫通焉이면 則衆物之表裏精粗[139] 無不到하고 而吾心之全體大用[140]이 無不明矣[141]리니 此謂物格이며 此謂知之至也니라

근간에 내 일찍이 程子의 뜻을 남몰래 취하여 빠진 부분을 다음과 같이 보충하였다.

字 未見其有異]"

139 〔詳說〕衆物之表裏精粗 : 朱子가 말씀하였다. "'表'라는 것은 사람과 물건이 함께 행하는 바이고, '裏'라는 것은 내 마음에 홀로 얻은 것이다.〔表者 人物所共由 裏者 吾心所獨得]" ○ 또 말씀하였다. "博文은 바로 表이고, 約禮는 바로 裏이다.〔博文是表 約禮是裏]" ○ 玉溪盧氏(盧孝孫)가 말하였다. "表와 粗는 理의 用이고, 裏와 精은 理의 體이다.〔表也粗也 理之用也 裏也精也 理之體也]" ○ 栗谷이 말씀하였다. "玉溪의 말이 잘못되었다. 禽獸와 糞壤(거름)에 있는 이치는 表도 거칠고 裏 또한 거치니, 모든 물건을 表와 裏, 精과 粗를 가지고 體와 用을 나누어 둘로 만들어서는 안 된다.〔玉溪說誤 在禽獸糞壤之理 則表亦粗 裏亦粗 凡物 不可以表裏精粗分體用而二之也]" ○ 沙溪가 말씀하였다. "先賢의 '理에는 精과 粗가 없다.'는 말씀은 본래 精粗에 관계없이 모두 理가 있음을 말씀한 것이요, 栗谷의 뜻은 理가 精한 곳에 있으면 表와 裏가 다 精하고, 粗한 곳에 있으면 表와 裏가 다 粗함을 말씀하였으니, 말이 각각 해당되는 곳이 있다.〔先賢理無精粗之說 本謂無精無粗皆有理也 栗谷之意 則以爲理在精則表裏皆精 在粗則表裏皆粗 言各有當]"
〔記疑〕'衆物之表裏精粗'에 대하여 金而精(金就礪)이 "表와 裏, 精과 粗에 모두 理가 있습니까? 理 또한 表裏와 精粗가 있어서 氣의 粹濁과 物의 皮骨과 같이 말할 수 있습니까?"하고 물으니, 退翁(李滉)이 답하시기를 "앞의 말이 옳고 뒷말이 옳지 않다." 하셨다. 내 일찍이 이와 같이 보았는데, 근래에 老洲(吳熙常)가 吳士遠(吳致寧)에게 답한 편지를 보니, 말씀하기를 "所當然은 理의 表와 粗이고 所以然은 理의 裏와 精이다. 朱子가 '理에 精과 粗가 없다.'고 하신 것은, 형질을 이룬 物은 精·粗를 가지고 말할 수 있으나, 자취가 없는 理는 精·粗를 가지고 말할 수 없다.' 하신 것이어서 이와 똑같지 않은 것이니, 각각 나아간 바에 따라 體究해야 한다." 하였으니, 이 말씀이 옳을 듯하다.〔衆物之表裏精粗 金而精問 表與裏 精與粗處 皆有理云乎 理亦有表裏精粗 如氣之粹濁 物之皮骨而言乎 退翁答云 前說是 後說非是 愚嘗如是看 比見老洲答吳士遠書云 所當然 理之表也粗也 所以然 理之裏也精也 朱子謂理無精粗者 蓋曰 物之成質者 可以精粗言 理之無迹者 不可以精粗言云爾 與此不同 當各就所指而體究 此說恐是]

140 〔詳說〕吾心之全體大用 : 新安陳氏(陳櫟)가 말하였다. "'全體'는 바로 '具衆理(여러 가지 理를 갖추고 있음)'이고, '大用'은 바로 '應萬事(만 가지 일에 응하는 것)'이다.〔全體卽具衆理者 大用卽應萬事者]" ○ 윗글에 尤菴이 논한 두 '知'자를 살펴보면 여기에도 體·用의 뜻이 있다.〔按上文尤翁所論兩知字 亦有體用意]

141 〔詳說〕衆物之表裏精粗……無不明矣 : 이 두 句는 格物·致知의 功效를 말하였다.〔此二句 說格致之功效]
〔記疑〕몸은 檢束하지 않음이 있으므로 닦고, 心은 정직하지 않음이 있으므로 바루고, 意는 성실하지 않음이 있으므로 성실히 하고, 知는 극진하지 않음이 있으므로 지극히 하는 것이니, 이는 모두 병을 따라 치료하는 것이다. 그러나 理에 이르는 원래 지극하여 조그마한 흠결이 없으므로 다만 모름지기 궁구하여 이르는 것이니, 이는 理가 천하의 큰 근본이 되어 身·心·意·知가 견주어 똑같이 할 수 있는 것이 아님을 알 수 있다. 그러므로 聖學은 理를 궁구하고 天을 아는 것을 급선무로 삼는 것이다.〔身有不檢故修之 心有不直 故正之 意有不實 故誠之 知有不盡 故致之 此皆因病而藥之 至於理 則原自極至 無些子欠缺 故但須窮而至之 此見理爲天下之大本 非身心意知之所可比而同之 故聖學以窮理知天爲先務]

··· 旦 아침 단 豁 넓을 활 貫 꿸 관 粗 거칠 조(추)

"이른바 '지식을 지극히 함이 사물의 이치를 궁구함에 있다.'는 것은 나의 지식을 지극히 하고자 한다면 사물에 나아가 그 이치를 궁구함에 있음을 말한 것이다. 人心의 영특함은 앎(지식)이 있지 않음이 없고 천하의 사물은 이치가 있지 않음이 없건마는 다만 이치에 대하여 궁구하지 않음이 있기 때문에 그 앎이 다하지 못함이 있는 것이다. 이 때문에 大學에서 처음 가르칠 적에 반드시 배우는 자들로 하여금 모든 천하의 사물에 나아가서 이미 알고 있는 이치를 인하여 더욱 궁구해서 그 極에 이름을 구하지 않음이 없게 한 것이다. 그리하여 힘쓰기를 오래해서 하루아침에 豁然히 관통함에 이르면 모든 사물의 表裏와 精粗가 이르지 않음이 없고, 내 마음의 全體와 大用이 밝지 않음이 없을 것이니, 이것을 일러 '物格'이라 하며 이것을 일러 '知之至(지식이 지극해진다)'라 한다."

|傳6章 誠意章|

6-1. 所謂誠其意者는 毋自欺也니 如惡(오)惡臭하며 如好好色이 此之謂自謙(겸)이니 故로 君子는 必愼其獨也니라

이른바 '그 뜻을 성실히 한다.'는 것은 스스로 속이지 않는 것이니, 〈惡을 미워하기를〉 惡臭를 미워하는 것과 같이 하며, 〈善을 좋아하기를〉 好色(아름다운 여색)을 좋아하는 것과 같이 하여야 하니, 이것을 '自謙'이라 이른다. 그러므로 君子는 반드시 그 홀로를 삼가는 것이다.

按說 | '所謂誠其意者'에 대하여, 壺山은

'所謂' 두 글자는 經文과 조응되니, 뒤도 이와 같다. 傳文 첫 머리의 '所謂'와 傳文 끝의 '此謂'는 그 예가 똑같다.〔所謂二字 照應經文 後放此 蓋傳首之所謂 傳末之此謂 其例 一也〕

하였다. 同春(宋浚吉)은

孤青(徐起)은 "意는 善과 惡의 뜻이다." 하였고, 沙溪는 "好·惡의 뜻이다." 하셨으니, 沙溪

••• 毋 말 무 臭 냄새 취 好 좋아할 호, 아름다울 호 謙 만족해할 겸(慊通) 愼 삼갈 신

의 말씀이 옳다.〔孤靑曰 善惡之意 沙溪曰 好惡之意 沙溪說爲是〕《詳說》

하였다. 雲峰胡氏(胡炳文)는

'毋自欺' 세 글자는 誠意 두 글자를 해석한 것이니, '自'자는 '意'자와 相應하고 '欺'자는 '誠'자와 상반된다.〔毋自欺三字 釋誠意二字 自字與意字相應 欺字與誠字相反〕《詳說》

하였다. 朱子는

'自欺'는 반쯤 알고 반쯤 모르는 사람이니, 不知不識(완전히 모름)은 다만 不知不識이라 말하고, 自欺라고 부르지는 않는다.〔自欺 是半知半不知底人 不知不識 只喚做不知不識 不喚做自欺〕《詳說》

하였다. 朱子는

誠意章은 두 개의 '自'자 위에 힘을 씀에 달려 있다. '自謙'과 '自欺'는 상대되니, 진실과 거짓이 나뉘는 바이다.〔誠意章 在兩箇自字上用功 自謙與自欺相對 誠僞之所由分也〕《詳說》

하였다. 朱子는

好色(아름다운 여색)을 좋아함은 참으로 자기의 눈에 쾌하고자 해서이고 애당초 남을 위해 좋아하는 것이 아니며, 악취를 싫어함은 참으로 자기의 코에 만족하고자 해서이고 애당초 남을 위해 싫어하는 것이 아니다.〔好好色 眞欲以快乎己之目 初非爲人而好之也 惡惡臭 眞欲以足乎己之鼻 初非爲人而惡之也〕《詳說》

하였다. 壺山은

살펴보건대, 눈은 子都를 보기를 바라고 코는 불결한 냄새를 맡으면 막는 것[142]이 바로 그 일이다.〔按目期於子都 鼻掩於不潔 卽其事也〕

하였다. 雙峰饒氏(饒魯)는

---

142 譯註 눈은⋯⋯것:子都는 옛날 미남자이고 西子은 미인으로《孟子》〈告子上〉 7章에 "子都의 아름다움을 알지 못하는 자는 눈이 없는 자이다.〔不知子都之姣者 無目者也〕"라고 보이고,《孟子》〈離婁下〉 25章에 "西子(西施)가 불결한 것을 뒤집어쓰고 있으면 사람들이 모두 코를 막고 〈그 앞을〉 지나갈 것이

이 章에서 힘써야 하는 요체는 謹獨에 있으니, 홀로 아는 곳에서 삼감을 지극히 해야 비로소 뜻을 성실히 할 수 있다.〔此章用功之要 在謹獨 能於獨處致謹 方是誠意〕《詳說》

하였다. 潛室陳氏(陳埴)는

〈中庸의〉戒懼와 謹獨은 두 가지 지점이니, 戒懼는 자신이 보지 않고 듣지 않는 때에 誠을 보존하여 性을 기르는 氣象이 이와 같은 것이고, 謹獨은 여러 사람이 듣지 않고 보지 않을 때에 誠을 보존하는 공부가 이와 같은 것이다. 《中庸》은 已發과 未發을 겸하여 말하였으므로 동하고 쉼에 모두 기름〔存養〕이 있고, 《大學》은 뜻이 발하는 바에 나아가 말하였으므로 저 물새는 틈새를 막은 것이다.〔戒懼與謹獨 是兩項地頭 戒懼 是自家不睹不聞之時 存誠養性氣象如此 謹獨 是衆人不聞不睹之際 存誠工夫如此 中庸兼已發未發說 故動息皆有養 大學只就意之所發說 故只防他罅漏〕《詳說》

하였다.

章句ㅣ誠其意者는 自修之首也[143]라 毋者는 禁止之辭라 自欺云者는 知爲善以去惡[144]이로되 而心之所發이 有未實也[145]라 謙[146]은 快也며 足也[147]라 獨者는 人所不知

─────────────

다.〔西子蒙不潔 則人皆掩鼻而過之〕"라고 보인다.

143 〔詳說〕 自修之首也:淇澳章(3章 4節)의 '自修'와 조응되니, 力行의 시작임을 이른다.〔照淇澳章自修 謂力行之始也〕

144 〔詳說〕 知爲善以去惡:南塘(韓元震)이 말씀하였다. "'以'자를 군이 집착하여 볼 것이 없다.〔以字不必泥看〕"

145 〔詳說〕 心之所發 有未實也:東陽許氏(許謙)가 말씀하였다. "誠意는 致知 이후의 일이다. 그러므로 '善을 하고 惡을 제거해야 함을 알지만 마음의 발하는 바가 성실하지 못함이 있다.'고 한 것이다.〔誠意是致知以後事 故曰 知爲善以去惡 而心之所發 有未實〕"

146 〔詳說〕 謙:朱子가 말씀하였다. "'謙'은 慊(겹)과 같이 읽는다.〔讀與慊同〕" ○ 살펴보건대, 諺解의 음이 잘못되었으니, 음훈을 상고할 만하다. 諺解를 할 적에 아랫절의 厭(암)자의 음훈을 살필 줄만 알고 이 謙(겹)의 음은 살필 줄 몰랐으니, 이상하다. 그러나 《孟子》浩然章의 음훈에는 또 '口와 簟의 反(겹)'을 앞에 두었으니, 다시 살펴보아야 한다.[1]〔按諺音誤 音訓可考 蓋諺解時 知察下節厭字音訓 而不知察此謙音 可異也 然孟子浩然章音訓 則又以口簟反居先 更在詳之耳〕
　　譯註 1. 諺解의……한다:官本諺解의 음은 판본에 따라 '겹'으로 된 것도 있고 '겸'으로 된 것도 있다. 《章句》의 음훈에 "謙은 慊으로 읽으니 苦劫反(겹)이다〔謙讀爲慊 苦劫反〕" 하였다. 《孟子》浩然章의 음훈에는 "慊은 口簟反(겹) 또는 口劫反(겹)이다.〔慊 口簟反 又口劫反〕" 하였다.

147 〔詳說〕 快也 足也:朱子가 말씀하였다. "《孟子》에 慊을 訓한 것[1]은 만족의 뜻이 많고, 《大學》의 訓은 快함의 뜻이 많다.〔孟子訓慊 滿足意多 大學訓 快意多〕"
　　譯註 1. 《孟子》에……訓한 것:《孟子》〈公孫丑上〉不動心章(2章)의 '行有不慊於心則餒矣'에 대한

··· 禁 금할금 快 쾌할쾌

而己所獨知之地也¹⁴⁸라 言 欲自修者 知爲善以去其惡이어든 則當實用其力하여
而禁止其自欺하여 使其惡惡則如惡惡臭하고 好善則如好好色하여 皆務決去而求
必得之하여 以自快足於己요 不可徒苟且以徇外而爲人也라 然이나 其實與不實은
蓋有他人所不及知而己獨知之者라 故로 必謹之於此¹⁴⁹하여 以審其幾焉¹⁵⁰이니라

'그 뜻을 성실히 하는 것'은 自修의 첫 번째이다. '毋'는 금지하는 말이다. '自欺'라는 것은
善을 하고 惡을 제거해야 함을 알지만 마음의 發하는 바가 성실하지 못함이 있는 것이다.
'謙'은 快함이며 만족함이다. '獨'은 남은 알지 못하고 자신만이 홀로 아는 곳이다. 스스로
닦고자 하는 자가 善을 하고 惡을 제거해야 함을 알았으면 마땅히 실제로 그 힘을 써서 自
欺함을 금지하여, 가령 惡을 미워함에는 惡臭를 미워하는 것과 같이 하고 善을 좋아함에는
好色을 좋아하는 것과 같이 하여, 모두 힘써 결단하여 버리고 구함에 반드시 얻어서 스스로
자신에게 만족하게 할 것이요, 한갓 구차히 外面을 따라 남을 위해서는 안되는 것이다. 그
러나 그 성실하고 성실하지 못함은 남은 미처 알지 못하고 자신만이 홀로 아는 데 있다. 그
러므로 반드시 이것(홀로)을 삼가 그 幾微를 살펴야 함을 말씀한 것이다.

集註에 '謙은 快也 足也'라고 풀이한 내용을 가리킨 것이다.

148 〔詳說〕獨者 人所不知而己所獨知之地也 : 新安陳氏가 말하였다. "'地'는 바로 곳〔處〕이다. 이 '獨'자
는 마음으로 홀로 알고 있는 바를 가리켜 말한 것이고, '몸이 홀로 거처하는 것'(아랫절의 '閒居')을 가
리켜 말한 것이 아니다.〔地卽處也 此獨字 指心所獨知而言 非指身所獨居而言〕○ 退溪가 말씀하
였다. "〈이 節과 아랫절의〉두 '獨'자를 지금 사람들이 陳氏의 說을 잘못 보아 몸과 마음의 구분이 있다
고 생각한다. 나 역시 예전에 그 說을 따랐었는데, 근래에 비로소 그 옳지 못함을 깨달았다.〔兩獨字 今
人誤看陳說 而有身心之分 某亦嘗從其說 近方覺其未然〕○ 尤菴이 말씀하였다. "아래 글에 '閒居
獨處'라는 말이 있다. 그러므로 여기에서 먼저 설명하여 두 '獨'자가 똑같지 않음을 밝힌 것이다.〔下文
有閒居獨處之言 故於此先爲此說 以明兩獨字之不同〕○ 살펴보건대, 傳文의 두 '獨'자는 모두 마
음을 가지고 말한 것이니, 陳氏의 이른바 '몸을 가리킨다'고 한 것은 다만 아랫절 주석의 앞부분에 있는
'閒居獨處'의 '獨'자를 가지고 말한 것이다.〔按傳文兩獨字 皆以心言 陳氏所謂指身 只以下節註首獨
字而言耳〕

149 譯註 必謹之於此 : 원문에는 '愼其獨'으로 되어 있으나 宋나라 孝宗의 이름이 眘인데, 眘은 愼의 古字
이므로 御諱를 피하여 '愼'자를 쓰지 않고 '謹'자로 代用한 것이다. 뒤의 10章에 보이는 '先愼乎德'을
《章句》에 '先謹乎德'으로 바꾼 것도 또한 똑같은 이유이다.

150 〔詳說〕謹之於此 以審其幾焉 : 徽菴程氏(程若庸)가 말하였다. "愼은 단지 謹으로 훈할 뿐만 아니라,
살피는 뜻도 겸하여 있다.〔不但訓謹 兼有審之意〕"
〔記疑〕'以審其幾'는 다른 곳의 '幾'자는 善·惡으로¹⁾ 말했으나 이곳은 성실과 성실하지 않음의 幾로
보아야 할 듯하다.〔以審其幾 佗處幾字 以善惡言 此處似當以實不實之幾看〕
　譯註 1. 幾자는 善·惡으로 :《語類》에 "幾者 動之微 動則有爲 而善惡形矣"라고 보인다.

… 徇 따를 순 審 살필 심 幾 기미 기

6-2. 小人閒居에 爲不善호되 無所不至하다가 見君子而后에 厭(암)然揜其不善하고 而著其善하나니 人之視己 如見其肺肝然이니 則何益矣리오 此謂 誠於中이면 形於外라 故로 君子는 必愼其獨也니라

小人이 한가로이(홀로) 거처할 적에 不善한 짓을 하되 이르지 못하는 바가(짓이) 없다가 君子를 본 뒤에 겸연쩍게 그 不善함을 가리우고 善함을 드러내나니, 남들이 자기를 보기를 자신의 肺肝을 보듯이 할 것이니, 그렇다면 무슨 유익함이 있겠는가. 이것을 일러 '中心에 성실하면 外面에 나타난다.'고 하는 것이다. 그러므로 君子는 반드시 그 홀로를 삼가는 것이다.

按說 | '如見其肺肝然'에 대하여, 牛溪(成渾)는

사람들이 소인을 볼 적에 단지 그 외면으로 거짓을 함을 볼 뿐만이 아니요, 속에 있는 폐와 간까지도 보는 것이다.〔人之視小人 不但視其外面作僞而已 亦看得在內之肺肝〕《詳說》

하였는데, 栗谷은

사람들이 스스로 자기의 폐와 간을 보는 것이다.〔人之自視其肺肝〕《詳說》

하였다. 壺山은

살펴보건대, 牛溪의 말씀이 끝내 평탄하고 순한 듯하다. 또 윗글에 두 개의 '其'자와 한 개의 '己'자는 모두 다른 사람의 입장에서 小人을 지목한 말이니, 다르게 보아서는 안 될 듯하다.〔按牛溪說 終似平順 且上文二其一己字 皆自他人而目小人之辭 恐不可異同看〕

하였다. 雲峰胡氏는

앞章에서는 君子와 小人을 구분하지 않았고, 이章에서는 君子와 小人을 구분한 것이 매우 엄격하다. 誠意는 善·惡의 관문이 되니, 이 관문을 통과하여야 君子이고 이 관문을 통과하지 못하면 그대로 小人이니, 훗날 국가의 폐해가 될 것이 분명하다. 마지막章(傳文 10章)의 '小人'은 바로 이 小人이다.〔前章未分君子小人 此章分別君子小人 甚嚴 蓋誠意爲善惡關 過得此關 方是君子 過不得此關 猶是小人 他日爲國家害 必矣 末章小人 卽此小人也〕《詳說》

••• 閒 한가할 한 厭 겸연쩍을 암(안) 揜 가릴 엄 肺 허파 폐 肝 간 간 形 드러날 형

하였다. 艮齋는

'誠於中' 이 句를 先賢들이 善과 惡을 겸하여 보면서도 중점이 惡에 있었으나, 내 생각건대 다만 마땅히 惡으로 말해야 할 것이다. 朱子가 《中庸》 20章의 《或問》에 "그 惡을 함이 어떠한 진실함이 이와 같겠는가. 어찌하여 이것을 誠이라 말하지 않을 수 있겠는가."라고 분명히 말씀하셨고, 小註에 또 "이것은 바로 惡의 眞實無妄이다."라고 분명히 말씀하였으니, 이러한 부분은 모름지기 그 글을 쓴 大意를 알아야 하고, 글자의 뜻에 구애되어서는 안 된다.〔誠於中此句 先賢有兼善惡看而重在惡邊 竊意但當以惡言 朱子於中庸二十章或問 明言其爲惡也何實如之 而安得不謂之誠 小註又明言此是惡底眞實無妄 此等須領取其立言大意 不可拘於字義也〕

하였다.

章句 | 閒居는 獨處也라 厭[151]然은 消沮閉藏之貌라 此는 言 小人이 陰爲不善하고 而陽欲揜之[152]하니 則是非不知善之當爲와 與惡之當去也로되 但不能實用其力以至此耳[153]라 然이나 欲揜其惡而卒不可揜하고 欲詐爲善而卒不可詐하니 則亦何益之有哉리오 此는 君子所以重以爲戒而必謹其獨也니라

'閒居'는 홀로 거처하는 것이다. '厭然'은 消沮(意氣가 꺾여 위축됨)하여 은폐하고 감추는 모양이다. 이는 小人이 속으로 不善을 하고 겉으로 이것을 감추고자 하는 것이니, 그렇다면 善을 마땅히 해야 함과 惡을 마땅히 제거해야 함을 알지 못하는 것이 아니나, 다만 실제로 그 힘을 쓰지 못하여 이에 이른 것이다. 그러나 그 惡을 가리고자 해도 끝내 가리지 못하고 거짓으로 善을 하고자 해도 끝내 속일 수가 없으니, 그렇다면 또한 무슨 유익함이 있겠는가. 이는 君子가 거듭 경계하여 반드시 그 홀로를 삼가는 까닭을 말씀한 것이다.

---

151 〔詳說〕厭 : 살펴보건대, 《大全》에 '於簡反(안)' 세 글자를 음훈의 끝에 두었으니, 官本諺解의 음이 이 때문에 〈'안'으로〉 잘못되었는바, '簡'은 혹 闕이나 减의 잘못일 것이다.〔按大全本 有於簡反三字於音訓末 諺音因以致誤 簡 或闕與减之訛〕

152 〔詳說〕陰爲不善 而陽欲揜之 : 《大全》에 말하였다. "한가로이 거처할 때는 陰(속으로 남몰래 惡을 하는 것)이 되고, 君子를 만났을 때는 陽(겉으로 善을 하는 것)이 된다.〔閒居爲陰 見君子爲陽〕"

153 〔詳說〕以至此耳 : '此'자는 속으로 행하고 겉으로 가리는 것을 가리킨다.〔此字 指陰爲陽揜〕 ○ 新安陳氏(陳櫟)가 말하였다. "윗 節의 '毋自欺'와 '必自謙'의 공부가 없으면 흐르는 병폐의 지극함이 반드시 장차 여기에 이르게 된다.〔無上節毋自欺必自謙之工夫 則流弊之極 必將至此〕"

··· 消 사라질 소 沮 막힐 저 閉 닫을 폐 藏 감출 장 陰 그늘 음, 속으로 음 詐 거짓 사

6-3. 曾子曰 十目所視며 十手所指니 其嚴乎인저

曾子께서 말씀하셨다. "열 눈이 보는 바이며 열 손가락이 가리키는 바이니, 그 무섭구나."

按說 | 雲峰胡氏는

《中庸》에 '숨겨진 것보다 더 드러남이 없으며 작은(드러나지 않는) 일보다 더 나타남이 없다 〔莫見乎隱 莫顯乎微〕'는 것은 여기에서 근본한 듯하다.〔中庸莫見乎隱 莫顯乎微 蓋本諸 此〕《詳說》

하였다.

章句 | 引此以明上文之意[154]라 言 雖幽獨之中이라도 而其善惡之不可揜이 如此하 니 可畏之甚也라

이것을 인용하여 윗글의 뜻을 밝힌 것이다. 비록 幽獨(어둡게 홀로 있음)의 가운데라도 그 善·惡의 가릴 수 없음이 이와 같으니, 두려울 만함이 심함을 말씀한 것이다.

6-4. 富潤屋이요 德潤身이라 心廣體胖하나니 故로 君子는 必誠其意니라

富는 집을 윤택하게 하고 德은 몸을 윤택하게 하니, 〈德이 있으면〉 마음이 넓어지고(여 유롭고) 몸이 펴진다. 그러므로 君子는 반드시 그 뜻을 성실히 하는 것이다.

---

154 〔詳說〕引此以明上文之意:尤菴이 말씀하였다. "傳文 10章은 모두 曾子가 經文을 해석한 말씀인데, 이 한 節은 經文을 해석한 것이 아니고, 다만 〈曾子께서〉 일찍이 말씀하고 외워 門人을 경계하신 것이 다. 그러므로 문인이 이 傳文 10章을 기록할 적에 인하여 曾子의 말씀을 삽입하고 '曾子曰'을 더하였 으니, 이《章句》의 '引'字를 보면 알 수 있다. 退溪는 曾子가 傳文 가운데 특별히 이 말씀을 외워서 문 인에게 경계하셨기 때문에 문인이 특별히 '曾子曰'을 더했다고 하셨는데, 引字의 뜻과 어긋나는 듯하 다.〔傳十章 皆曾子釋經之辭 而此一節 非所以釋經 特嘗稱誦以戒門人者 故門人記此十傳時 因以 挿入 而加曾子字 觀此註引字 可知矣 退溪以爲曾子於傳文中 特誦此說以戒門人 故門人特加曾子 曰 恐與引字意相違"〕○ 살펴보건대, 傳文 10章은 曾子의 뜻을 문인이 기록한 것이니, 이미 그(曾子) 뜻이라고 말했으면 傳文 10章의 글이 반드시 다 曾子의 말씀이 되지는 않는 것이요, 오직 이 한 節은 曾子가 평소에 반드시 이루어 놓은 말씀이 있었기 때문에 특별히 '曾子曰'이라고 칭한 것이리라.〔按傳 十章 曾子之意而門人記之 旣曰其意 則十傳之文 未必皆爲曾子之言 惟此一節 曾子平日必有成言 故特稱曾子曰耳〕

••• 幽 그윽할유 潤 윤택할윤 屋 집옥 胖 펴질반

按說 | 新安陳氏는

부유함이 집을 윤택하게 함을 빌어서 德이 몸을 윤택하게 함을 일으켰으니, 德은 《孟子》의 '仁義禮智가 마음에 근본했다.〔仁義禮智根於心〕'는 것과 같은 것이고, 몸을 윤택하게 함은 '氣色이 발현됨이 얼굴이 깨끗하고 덕스러운 기운이 등 뒤까지 흘러넘친다.〔生色睟面盎背〕'는 것과 같은 것이다.[155] 아랫글에 '마음이 넓어지고 몸이 펴진다'는 것은 바로 이것을 거듭 말씀한 것이다.〔借富潤屋 以起德潤身 德 如孟子仁義禮智根於心 潤身 如生色睟面盎背也 下文心廣體胖 乃申言之〕《詳說》

하였다.

章句 | 胖은 安舒也라 言 富則能潤屋矣요 德則能潤身矣[156]라 故로 心無愧怍이면 則廣大寬平하여 而體常舒泰[157]하니 德之潤身者然也라 蓋善之實於中而形於外者如此[158]라 故로 又言此以結之하니라

'胖'은 편안하고 펴짐이다. 富하면 능히 집을 윤택하게 하고 德이 있으면 능히 몸을 윤택하게 한다. 그러므로 〈잘못한 일이 없어〉 마음에 부끄러움이 없으면 廣大하고 寬平하여 몸이 항상 펴지고 편안하니, 德이 몸을 윤택하게 함이 그러함을 말한 것이다. 善이 中心에 성실하여 外面에 나타남이 이와 같다. 그러므로 또 이것을 말씀하여 맺은 것이다.

---

155 譯註 《孟子》에……것이다:〈盡心上〉21章에 "君子의 本性은 仁義禮智가 마음속에 뿌리하여, 그 氣色이 발현됨이 睟然히 얼굴에 드러나며 등에 가득하며 四體에 베풀어져서 四體가 굳이 말하지 않아도 저절로 깨달아 올바르게 된다.〔君子所性 仁義禮智根於心 其生色也 睟然見於面 盎於背 施於四體 四體不言而喩〕"라고 보인다.

156 〔詳說〕富則能潤屋矣 德則能潤身矣:三山陳氏(陳孔碩)가 말하였다. "潤'은 華澤과 같다.〔潤 猶華澤也〕"

157 〔詳說〕則廣大寬平 而體常舒泰:'則'과 '而' 두 글자를 만약 서로 바꾼다면 본문의 뜻이 더욱 분명하니,[1) 혹 傳寫의 잘못인가 보다.〔則而二字 若互換 則本文之義 當尤明切 或傳寫之錯歟〕
　　譯註 1. 則과……분명하니:'心無愧怍하여 而廣大寬平하면 則體常舒泰하니(마음에 부끄러움이 없어서 廣大하고 寬平하면 몸이 항상 펴지고 편안하니)'로 하는 것이 本文의 뜻에 더욱 분명하고 간절함을 말한 것이다.

158 〔詳說〕善之實於中而形於外者 如此:朱子가 말씀하였다. "'小人閒居' 이하는 自欺의 정황을 형상한 것이고, '心廣體胖'은 自慊의 뜻을 형용한 것이다.〔小人閒居以下 形容自欺之情狀 心廣體胖 形容自慊之意〕

··· 舒 펼 서 愧 부끄러울 괴 怍 부끄러울 작 寬 너그러울 관

右는 傳之六章이니 釋誠意하니라

이상은 傳文의 6章이니, 誠意를 해석하였다.

章下註 ┃ 經曰 欲誠其意인댄 先致其知라하고 又曰 知至而后意誠이라하니 蓋心體之
明이 有所未盡이면 則其所發이 必有不能實用其力하여 而苟焉以自欺者[159]라 然이
나 或已明而不謹乎此하면 則其所明이 又非己有하여 而無以爲進德之基[160]라 故로
此章之指를 必承上章而通考之[161]然後에 有以見其用力之始終이니 其序不可亂
而功不可闕이 如此云이라

經文에 이르기를 "그 뜻을 성실히 하고자 할진댄 먼저 그 지식을 지극히 하라." 하였고, 또
말하기를 "지식이 지극한 뒤에 뜻이 성실해진다." 하였으니, 心體의 밝음(지식)이 미진한
바가 있으면 그 발하는 바(뜻, 생각)가 반드시 실제로 그 힘을 쓰지 못하여 구차하게 스스로
속임이 있게 된다. 그러나 혹 이미 밝게 알았다 하더라도 이것(홀로)을 삼가지 않으면 그 밝

---

159 〔詳說〕 經曰……而苟焉以自欺者:이상은 중점이 致知에 있으니, 經文의 '그 뜻을 성실히 하고자 할
진댄 먼저 그 지식을 지극히 해야 한다.〔欲誠其意 先致其知〕'는 뜻을 해석한 것이다.〔以上 重在致知上
所以釋經文欲誠其意先致其知之義也〕

160 〔詳說〕 然或已明而不謹乎此……而無以爲進德之基:이상은 중점이 誠意에 있으니, 經文의 '지식이
지극해진 뒤에 뜻이 성실해진다.〔知至而后意誠〕'는 뜻을 해석한 것이다. '然'자는 上下의 글을 나눈 것
이다.〔以上 重在誠意上 所以釋經文知至而后意誠之義也 然字 所以界上下之文也〕

161 譯註 必承上章而通考之:이 章下註를 南塘(韓元震)은 "誠意章은 '承上起下'의 준례를 쓰지 않았
다. 그러므로 朱子가 誠意와 正心 두 章의 아래에 특별히 말씀을 하여 '承上起下'의 뜻을 밝히신 것이
다.〔誠意章不用承上起下之例 故朱子於誠正兩章下 特爲立說 以明承起之意〕"라고 하였으며,《詳
說》壺山 역시 南塘의 說을 지지하여 "살펴보건대, 序文에서 이른바 '그 闕略을 보충했다'는 것은 바
로 이것이다. 誠意章의 章下註는 '誠意가 致知에 달려있다'고 말한 것과 같으니, 이것은 致知와 誠意
한 傳文의 闕略을 보충한 것이고, 正心章의 章下註는 '正心은 誠意에 달려있다'고 말한 것과 같으니,
이것은 誠意와 正心 한 傳文의 闕略을 보충한 것이다.〔按序所云補其闕略 卽此也 誠意章下註 猶曰
誠意在致知也 所以補釋致知誠意一傳之闕也 正心章下註 猶曰正心在誠意也 所以補釋誠意正心
一傳之闕也〕"하였다. 南塘과 壺山은 序文의 '采而輯之'를 補亡章으로 보고, '間亦竊附己意 補其
闕略'을 이 誠意章의 章下註와 正心章의 章下註로 보아 이렇게 말한 것이다. 그러나 渼湖(金元行)는
"만약 南塘의 說과 같다면《大學》한 편은 곧 완성되지 못한 책이니, 옳겠는가? 格物致知章과 誠意章
에 '承上起下'의 준례를 쓰지 않은 것은 格物·致知를 善을 밝히는 요체로 삼고, 誠意·修身을 自修
하는 시작으로 삼았기 때문에 특별히 한 傳文을 세워서 표출한 것이다.〔若如塘說 則大學一篇 是合下
未成書也 可乎哉 格致誠意兩章 不用承上起下之例者 以格致爲明善之要 誠身爲自修之首 故特
立爲一傳 以表出之耳〕"라고 비판하였다.《詳說》'采而輯之'는 여러 說을 채집하여 章句를 단 것이고
'間亦竊附己意 補其闕略'은 補亡章으로 보는 것이 諸儒들의 定說이다.

••• 苟 구차할구

힌 것이 또 자신의 소유가 아니어서 德에 나아가는 기초로 삼을 수 없다. 그러므로 이 章의 뜻을 반드시 윗장을 이어서 통하여 상고한 뒤에야 힘을 쓰는 처음과 끝을 볼 수 있으니, 그 순서를 어지럽힐 수 없고 공부를 빠뜨릴 수 없음이 이와 같다.

|傳7章 正心修身章(正心章)|

7-1. 所謂修身이 在正其心者는 (身)〔心〕有所忿懥(치)면 則不得其正하며 有所恐懼면 則不得其正하며 有所好樂(요)면 則不得其正하며 有所憂患이면 則不得其正이니라

이른바 '몸을 닦음이 그 마음을 바룸에 있다.'는 것은 마음에 忿懥하는 바를 두면 그 바름을 얻지 못하며, 恐懼하는 바를 두면 그 바름을 얻지 못하며, 좋아하는 바를 두면 그 바름을 얻지 못하며, 憂患하는 바를 두면 그 바름을 얻지 못한다.

按說 | 壺山은

經文에는 본래 '欲修其身 先正其心'으로 되어 있는데, 여기에서 '修身在正其心者'라고 말한 것은 아마도 經文의 끝에 '致知在格物'의 文勢를 인습한 듯하다. 뒤의 세 章도 이와 같다.〔經文本作欲修其身先正其心 而此云修身在正其心者 蓋因乎經文末致知在格物之文勢耳 後三章放此〕

하였다.

西山眞氏(眞德秀)는

《大學》의 '恐懼'는 바로 세속에서 말하는 '공포'라는 따위이니, 《中庸》의 '恐懼'와는 같지 않다.〔大學之恐懼 卽是俗語恐怖之類 與中庸恐懼不同〕《詳說》

하였다. 《中庸》 1章 2節에 "君子는 그 보지 않는 바에도 戒愼하며 그 듣지 않는 바에도 恐懼한다.〔君子戒愼乎其所不睹 恐懼乎其所不聞〕"라고 보이는바, 《大學》의 '恐懼'는 마음에 두려움(공포)을 품고 있는 것으로 좋지 못함이 되고, 《中庸》의 '恐懼'는 조심하는 마음으

… 忿 성낼 분 懥 성낼 치 恐 두려울 공 樂 좋아할 요 憂 근심 우 患 근심 환

로 훌륭한 工夫가 된다. 雲峰胡氏는

> 혹자는 《中庸》의 首章에서는 存養과 省察을 말하였는데, 《大學》의 誠意章에서는 省察
> 만 말하고 存養은 빠졌다고 의심한다. 이는 이 章(正心章)이 바로 본래 存養과 省察의 공
> 부가 있음을 전혀 알지 못한 것이니, 마땅히 《章句》의 두 '察'자와 네 '存'자를 자세히 살펴보
> 아야 한다.〔或疑中庸首章言存養省察 大學誠意言省察而欠存養 殊不知此章正自有
> 存養省察工夫 宜子細看章句之二察字, 四存字〕《詳說》

하였는데, 愚伏(鄭經世)은

> 雲峰胡氏의 말이 비록 朱子의 說과 조금 다르나 또한 본래 좋으니, 깊이 배척할 필요가 없
> 다.〔雲峰說 雖與朱子說微有不同 亦自好 不必深排〕《詳說》

하였다.

章句 | 程子曰 身有之身은 當作心[162]이라

　　○ 忿懥는 怒也라 蓋是四者는 皆心之用而人所不能無者[163]라 然이나 一有之[164]

---

162 〔詳說〕身有之身 當作心 : 이것은 본래 音訓인 '忿 弗粉反'의 위에 있어야 하는데, 이제 우선 《大全》
本을 따라서 여기에 옮겨 놓았다.〔此本在音訓忿弗之上 而今姑依大全本 移置于此〕

163 〔詳說〕皆心之用而人所不能無者 : 尤菴이 말씀하였다. "退溪는 '없을 수 없는 것〔所不能無者〕'을 天
理의 바름이라고 하셨으니, 이 말씀은 병폐가 있다. 그 중에 天理에 부합하는 것이 곧 바름이니, 만약
모두 天理의 바름이 된다면 《章句》에 어찌 살피지 않는다는 경계가 있겠는가.〔退溪以所不能無者 爲
天理之正 此語有病 其合於天理者則正也 若皆爲天理之正 則章句何以有不察之戒耶〕"
〔記疑〕前儒들이 말하기를 "《大學》의 네 가지 情(忿懥·恐懼·好樂·憂患)은 善과 惡을 겸한다." 하였
으니, 이 말은 다시 헤아려보아야 한다. 지금 패륜한 무리가 어버이를 배반하고 賊臣이 나라를 팔아먹는
것을 보면 마음에 忿懥가 일고, 도적이 방에 들어오고 豺狼이 길을 가로막고 있는 것을 보면 마음에 恐
懼가 일고, 書籍이 좋은 것과 山水가 아름다운 곳을 보면 마음에 好樂가 일고, 至親이 질병으로 고통
받는 것과 生民들이 굶주리고 곤궁한 것을 보면 마음에 憂患이 일어나니, 이는 모두 性에서 나와 聖人
과 凡人이 똑같은 것이다. 나는 이 때문에 "이러한 情이 없는 자는 사람이 아니다."라고 한 것이니, 다만
이것을 응함에 잘 헤아려서 마땅함에 부합하여 마음이 그 바름을 얻어야 한다.〔前儒有言 大學四者之
情 兼善惡 此說更合商量 今見有悖類犯親 賊臣賣國 則心有忿懥 見有盜賊入室 豺狼當塗 則心
有恐懼 見有書籍好者 山水佳處 則心有好樂 見有至親疾苦 生靈飢困 則心有憂患 此皆出於性而
聖凡所同 吾故曰 無此情者 非人也 但得應之料量合宜 心得其正矣〕

164 〔詳說〕一有之 : 沙溪가 말씀하였다. "'一有'라는 것은 조금 있는 것이니, '有之'는 곧 '有所'의 뜻을 해
석한 것이다.〔一有者 少有也 有之 卽訓有所之義也〕" ○ 尤菴이 말씀하였다. "'一'은 바로 적다는 뜻이
다.〔一是些少之意〕" ○ 退溪가 말씀하였다. "'一有'의 一은 곧 네 가지 중 하나이고, '專一'과 '主一'의
뜻이 아니다. '有'는 바로 사물이 올 적에 기뻐할 만한 것과 노여워할 만한 것이 있는 것이니, '有之' 두

··· 作 될 작

而不能察하면 則欲動情勝하여 而其用之所行이 或不能不失其正矣¹⁶⁵리라

글자는 '有所'의 뜻을 해석한 것이 아니다.〔一有之一 卽四者之一也 非專一主一之義也 有卽事物之來 有可喜可怒者也 有之二字 非訓有所之義也〕○ 살펴보건대 '有之'의 '之'자는 虛字가 아니고 바로 '有'자를 모신 것이니, 그렇다면 '有所'를 해석했다고 말한 것이 분명하다. 만약 退溪의 뜻과 같다면 본문에 마땅히 '有一'이라고 써야 하고, 또 '之'자는 남는 것이 되어야 한다.(없어도 된다) '之'자가 있기 때문에 이 '一有'는 序文의 '一有'와는 같지 않고, 다만 '一'자만 같을 뿐이다. '有'자를 만약 退溪와 같이 본다면 위 句의 '不能無' 세 글자와 어긋나는 혐의가 있으니, 諺解에 '有'자를 해석한 것이¹⁾ 매우 옳다.〔按有之之之 非虛字 乃所以陪他有字也 則其謂釋有所 審矣 若如退溪意 則本文當作有一 且之字可衍也 以其有之字 故此一有 與序文之一有 不同 但一字則同耳 有字 若如退溪看 則與其上句 不能無三字 有齟齬之嫌 諺釋有字 甚是〕

　譯註 1. 諺解에……것이:官本諺解에 '有所'를 'ᄒ논 바를 두면'으로 해석하였다.

〔記疑〕'一有'의 '一'자를 退翁(李滉)은 네 가지 중의 하나라고 하였으나, 이는 조금〔少〕, 겨우〔纔〕, 혹은 잠시〔暫〕의 뜻이다.〔一有一字 退翁以爲四者之一 然此是少纔或暫之意〕

165 〔詳說〕其用之所行 或不能不失其正矣:用은 行의 시작이고 行은 用의 완성이다.〔用者 行之始 行者 用之成〕○ 農巖이 말씀하였다. "正心은 다만 바로 動處의 공부이다.〔正心只是動處工夫〕"○ 尤菴이 말씀하였다. "正心은 經文과 傳文의 본래 뜻에 모두 用을 주장하였고, 《章句》에서도 분명 用을 가리켜 말하였는데, 〈經筵講義〉와 《或問》에서는 體를 가리킨 듯하니, 아마도 이것은 근본을 미룬 말씀인 듯하다.〔正心 經傳本義 皆主於用 章句分明指用言 而講義或問似指體 恐是推本之言也〕"○ 沙溪가 말씀하였다. "옛 사람들이 마음을 논할 적에 대부분 用處를 따라 설명하였다. 그 마음을 바르게 한다는 것은 그 마음의 用을 바르게 하는 것이니, 用이 바름을 얻으면 마음의 體가 또한 따라서 바르게 된다. 雲峰은 '正其'와 '其正'을 가지고 體와 用에 나누어 소속시켜서¹⁾《章句》와 똑같지 않다.〔古人論心 多從用處說 正其心者 正其心之用也 用得其正 則心之體亦隨而正 雲峰以正其 其正 分屬體用 與章句不同〕"

　譯註 1. 雲峰은……소속시켜서:雲峰胡氏는 "'在正其心'의 이 '正'자는 바르게 하는 공부를 말한 것이니, 마음의 用에 혹 바르지 못함이 있으면 바르게 하지 않을 수 없음을 말한 것이다. '不得其正'의 이 '正'자는 마음의 體가 본래 바르지 않음이 없는데 사람이 스스로 바름을 잃음을 말한 것이다. '正其'라 하고 '其正'이라 한 것은 각각 用과 體로 나누어진다.〔在正其心此正字 是說正之之工夫 蓋謂心之用或有不正 不可不正之也 不得其正此正字 是說心之體本無不正而人自失之者也 曰正其 曰其正 自分體用〕" 하였다.《大全》

譯註 梅山 洪直弼이 潁西 任魯에게 올린 편지에 "正心章의 體用으로 말하면 저는 일찍이 '이 章에서 공부는 마땅히 動用의 자리에 있고, 그 효과를 거둠에 이르러서는 體도 바름을 얻을 수 있다.'고 생각했습니다. 모든 經傳 중에 마음을 말한 것은 대부분 用處에서 말하였으니, 《大學》의 正心도 孔子와 曾子가 立言하실 적에 또한 用의 측면에서 말씀하셨습니다. 그러므로 《章句》에 '用之所行'으로 해석하였으니, 《或問》과 〈經筵講義〉에서 근본을 미루어 體를 말한 것은 본디의 바른 뜻은 아닐 듯합니다.〔至若正心章體用 嘗謂此章下工 當在於動用之地 及其收功則體亦可以得正矣 凡經傳中言心 擧從用處說 而大學正心 孔曾立言 亦做用上說 故章句以用之所行釋之 或問講義則推本而說體 恐非正義也〕" 하였다.《梅山集》〈上潁西任丈〉 이는 正心에서 바르게 하는 대상이 마음의 體인지 用인지를 두고 한 말이다. 朱子는 《章句》에서 마음의 用을 바르게 하는 것으로 보았으나, 《或問》과 〈經筵講義〉에서는 體와 用을 겸하여 논하였다.

〔記疑〕《章句》의 '或'자를 先賢들이 많이 의심하였다. 내 일찍이 先師인 全齋(任憲晦)의 말씀을 들으니, "욕심이 동하고 情이 이기는 자는 반드시 바름을 잃으나, '능히 없지 못한 것〔不能無〕'을 가지고 말했으므로 '或失'이라 말한 것이다. 그러나 일찍이 반드시 잃지 않지는 못한다." 하였으니, 이 해석이 분명하다. 내 생각건대 '或'字는 '人所不能無'를 기준하여 말한 것이고 '不能不失'은 '有之不察'을 기준하

程子(伊川)가 말씀하였다. "'身有'의 身은 마땅히 心이 되어야 한다."

○ '忿懥'는 怒함이다. 이 네 가지는 모두 마음의 用이니, 사람이 능히 없지 못한 것이다. 그러나 하나(조금이)라도 이것을 가지고 있으면서 살피지 못하면 욕심이 動하고 情이 치우쳐서 그 用의 행하는 바가 혹 올바름을 잃지 않을 수 없을 것이다.

7-2. 心不在焉이면 視而不見하며 聽而不聞하며 食而不知其味니라

마음이 있지 않으면 보아도 보이지 않으며, 들어도 들리지 않으며, 먹어도 그 맛을 알지 못한다.

章句ㅣ 心有不存[166]이면 則無以檢其身[167]이라 是以로 君子必察乎此[168]하여 而敬以直

여 말한 것이니, '或不能不' 네 글자에 한 글자만 없어도 안 되는바, 筆法이 지극히 정밀하다. 尤翁이 "가볍게 가볍게 보아야 한다."고 하신 것은 미처 세밀하게 보시지 못하신 듯하니, 農巖이 논한 것이 가장 정밀하고 분명하다.〔章句或字 先賢多疑之 曾聞全齋先師言 欲動情勝者 必皆失正 而由不能無者言 故謂之或失 然未嘗不必失也 此解分曉 愚竊謂或字 頂人所不能無而言 不能不失 頂有之不察而言 則或不能不四字 少一字不得 筆法極精密 尤翁之謂輕輕看過者 似未及細勘 農巖所論 最精明〕 ○《聖學輯要》의 正心章에 이 註를 실으면서 '或'자를 삭제하였으니, 아마도 온당치 못함을 깊이 의심하여 그랬을 것이다. 그러나 이 章의 栗谷의 按說에 "이 마음의 本體가 虛明해서 사물에 느껴 동하니 이는 바로 이 마음의 用인데, 오직 기질에 구애되고 욕심에 가려져서 本體가 확립되지 못하므로 그 用이 혹 바름을 잃기도 한다." 하였으니, 이는 本然의 用을 상대하여 말씀한 것이다. 그러므로 그 글을 씀이 이와 같은 것이다. 어찌 기질이 구애하고 욕심이 가린 뒤에 그 用이 혹 잃고(잘못되고) 혹 얻음(잘함)이 있음을 말씀하셨겠는가. 이것을 가지고 보면 栗谷이《章句》안에 '或'자를 삭제한 것은 분명히 이것을 미처 보시지 못한 것일 것이다.〔輯要正心章 載此註而或字删出 蓋深疑其未安而然也 然此章按說云 此心本體虛明 而感物而動 此是心之用 惟其氣拘欲蔽 本體不立 故其用或失其正 此對本然之用而言 故其立文如是耳 豈謂氣拘欲蔽之後 其用有或失或得云耶 以此觀之 删出章句中或字 決是未及照管處〕

166 〔詳說〕 心有不存 : 朱子가 말씀하였다. "한 몸에 主宰가 없는 것이다.〔一身無主宰〕" ○ 退溪가 말씀하였다. "마음이 보존되어 있어야 하니, 혹자는 '軀殼(몸통) 안에 있어야 한다.' 하고, 혹자는 '視聽上에 있어야 한다.' 하니, 두 가지를 마땅히 통틀어서 보아야 한다.〔心在 或云在軀殼內 或云在視聽上 當通看〕"

167 〔詳說〕 心有不存 則無以檢其身 : 農巖은 《或問》에 인용한 杜詩[1]의 '얼굴을 들어 날아가는 새를 본다.〔仰面貪看鳥〕'는 것은 네 가지 '有所'[2]의 비유이고, '머리를 돌려 사람을 대응하는 것을 잘못한다.〔回頭錯應人〕'는 것은 '三不'[3]의 비유이니, '有所'와 '不在'는 서로 인하여서 두 가지 일이 아니다. 나누어 끊기를 方氏의 說[4]과 같이 해서는 안 된다.〔或問所引 杜詩仰面貪看鳥 四有之譬也 回頭錯應人 三不之譬也 蓋有所與不在 相因而非二事 不容分截如方氏說也〕" 하였다.

　譯註 1.《或問》에……杜詩 :《或問》에 "오직 이 마음의 신령스러움이 이미 '한 몸의 主宰'라고 하였으

··· 視 볼 시　味 맛 미　檢 검속할 검　直 곧을 직

之¹⁶⁹하니 然後에 此心常存하여 而身無不修也¹⁷⁰라

니, 마음이 진실로 그 바름을 얻어 여기에 있지 않음이 없으면 耳·目·口·鼻와 四肢와 百骸(온갖 몸)
가 모두 명령을 들어 그 일에 바치는 바가 있어서 動靜·語黙과 出入·起居가 오직 내(本心)가 시키
는 대로 하여 道理에 부합하지 않음이 없을 것이요, 만일 그렇지 못하면 몸이 이곳에 있어도 마음이
저곳으로 달려가서 血肉의 몸이 管攝받는 바가 없으니, 그 '얼굴을 들어 날아가는 새를 보거나 머리
를 돌려 사람을 대응하는 것을 잘못 하지 않는 자'가 별로 없을 것이다.〔惟是此心之靈 旣曰一身之
主 苟得其正 而無不在是 則耳目口鼻 四肢百骸 莫不有所聽命以供其事 而其動靜語黙 出入
起居 惟吾所使 而無不合於理 如其不然 則身在於此 而心馳於彼 血肉之軀 無所管攝 其不爲
仰面貪看鳥回頭錯應人者 幾希矣〕라고 보인다.

譯註 2. 네 가지 有所:有所忿懥, 有所恐懼, 有所好樂, 有所憂患을 가리킨다.

譯註 3. 三不:視而不見, 聽而不聞, 食而不知其味를 가리킨다.

譯註 4. 方氏의 說:蛟峰方氏(方逢辰)가 말하였다. "위 1節은 마음이 있는 자의 병통을 말하였고,
'心不在焉'은 마음이 없는 자의 병통을 말하였다. 윗절은 마음에 치우쳐 주장함이 있어서는 안 됨을
말하였고, 이 節은 마음에 보전하여 주장함이 없어서는 안 됨을 말하였다. 있으면 안 되는 것은 사사
로운 주장이고, 없으면 안 되는 것은 主宰의 주장이다.〔上一節 說有心者之病 心不在焉 說無心者
之病 上節 說心不可有所偏主 此節 說心不可無所存主 不可有者 私主也 不可無者 主宰之主
也〕"《大全》

〔詳說〕살펴보건대 傳文의 起와 結이 모두 몸과 마음을 겸하여 들었으나 章 안에 '身'자는 언급하지
않았다. 그러므로 '三不'의 註에 곧바로 '身不修'로 해석하여, 傳文의 부족한 뜻을 보충하였다. '無以檢
其身' 한 句는 '三不'의 뜻을 해석한 것이 이미 충분하고, '是以' 이하는 또 그 병폐를 구원하는 일을 논
하였으니, 이것은 병을 다스리는 약이다.〔按傳文起結 皆兼擧身心 而章中不及身字 故三不註 直以
身不修釋之 以補傳文未足之意 無以檢其身一句 釋三不義 已足 是以以下 又論其救弊之事 此
其治病之藥也〕

〔記疑〕《四書蒙引》에 "'檢'자는 修자를 당할 수 없다." 하였으니, 이 말이 매우 정밀하다.〔蒙引檢字 當
不得修字 此語甚精〕

168 〔詳說〕必察乎此:退溪가 말씀하였다. "'此'는 마음이 있지 않은 병통을 가리킨 것이다.〔指不在之病處〕"

169 譯註 敬以直之:《周易》《坤卦 文言》에 '直은 바름이고 方은 義로움이니, 君子가 敬하여 안(마음)을 곧
게 하고 義로워 밖을 方正하게 해서, 敬과 義가 확립되면 德이 외롭지 않다.〔直其正也 方其義也 君子
敬以直內 義以方外 敬義立而德不孤〕'라 하였는바,《章句》에서는 '內'를 바꾸어 '之'라고 하였다.

〔記疑〕南塘이《章句》의 '敬以直之'를 근거하여〈正心을〉 "靜時의 功夫이다." 하였으니, 이는 또 굽은
것을 바로잡다가 너무 지나치게 곧게 한 듯하다. 또 "妄動을 버리고 本體를 보존한다." 하여, 이로 인해
서〈正心을〉 오로지 存養에 소속시켜서 省察과 상대로 만들었는데, 近齋(朴胤源)가 이 說을 취하였으
나 老洲(吳熙常)는 옳게 여기지 않고, 매양 "《大學》의 正心은 體·用을 겸하였는데 用을 주장하고,《中
庸》의 戒懼는 動·靜을 통합하였는데 靜을 주장했다." 하고, 南塘의 說을 傳文의 本旨가 아니라고 하
였다.〔南塘據章句敬以直之 爲靜時功夫 此又似矯枉而過直也 又云 去妄動 存本體 因此專屬之存
養 與省察作對 近齋取此說 而老洲不以爲然 每曰 大學正心 兼體用而主用 中庸戒懼 統動靜而主
靜 以南塘說 爲非傳文本旨〕

170 〔詳說〕此心常存 而身無不修:尤菴이 말씀하였다. "이 章은 다만 그 병통만을 말하고, 병을 치료하
는 약을 말하지 않았다. 朱子가 일찍이 말씀하시기를, '사람이 자기 마음이 보존되어 있지 않음을 알면
마음이 이미 보존되게 되니, 능히 그 병을 아는 것이 바로 병을 치료하는 약이다.'라고 하셨다. 雙峰饒氏
(饒魯)가 말하기를, '誠意章에 이미 갖추어져 있기 때문에 말하지 않았다.'라고 한 것은 渾全을 좋아하
고 분석을 싫어하는 병통이 약간 있는 것이다.〔此章 只言其病 不言治病之藥 朱子嘗曰 人能知其心

마음이 보전되지 못함이 있으면 그 몸을 檢束할 수가 없다. 이 때문에 君子가 반드시 이를 살펴서 敬하여 마음을 곧게 하니, 그런 뒤에야 이 마음이 항상 보존되어 몸이 닦이지 않음이 없는 것이다.

7-3. 此謂修身이 在正其心이니라

이것을 일러 '몸을 닦음이 그 마음을 바룸에 있다.'고 하는 것이다.

右는 傳之七章이니 釋正心修身[171]하니라

이상은 傳文의 7章이니, 正心·修身을 해석하였다.

章下註ㅣ此亦承上章하여 以起下章[172]이라 蓋意誠이면 則眞無惡而實有善矣니 所以能存是心以檢其身[173]이라 然이나 或但知誠意하고 而不能密察此心之存否면 則

不在 則心已在 能知其病 此治病之藥也 饒氏謂已具於誠意章 故不言云者 微有樂渾全惡(오)剖析之病也〕"

171 〔詳說〕右……釋正心修身:이것은 비록 正心과 修身을 함께 해석하였으나 주된 생각은 항상 正心에 있으니, 뒤의 세 章도 이와 같다.〔此雖夾釋正心修身 而其主意則常在於正心 後三章放此〕○ 무릇 章 머리의 '所謂'와 章 끝의 '此謂'는 바로 호응하는 말인데, 誠意章에서 '故'자를 사용한 것은 그 시작한 말이 딴 例와 다르기 때문이다. 그러므로 結語에 또한 여기에 걸맞게 한 것이다. 齊家章(9章)에서 '故'와 '此謂'를 아울러 쓴 것은 거듭 맺었기 때문이요, 마지막 章(10章)에 부름(呼, 所謂)만 있고 응답(應, 此謂)이 없는 것은 아마도 책의 끝이기 때문에 그 예를 바꾼 듯하다.〔凡章首之所謂, 章末之此謂 是呼應之辭也 而誠意章之用故字 以其起語之異於他例 故結語亦與稱之 齊家章之幷用故與此謂者 以其重結也 卒章之有呼無應 蓋以書末而變其例也〕

172 〔詳說〕此亦承上章 以起下章:윗장의 章下註에 조응하여 '亦'자를 놓았다. 註의 머리에 마땅히 "經文에 '그 마음을 바로잡고자 한다면 먼저 그 뜻을 성실하게 해야 한다.' 하였고, 또 말하기를 '뜻이 성실한 뒤에 마음이 바루어진다.' 하였다."라고 말한 것이 있어야 하는데, 없는 것은 아마도 윗장의 註를 이어서 생략한 듯하다. 그러나 그 뜻은 이미 '亦承上章' 네 글자 안에 다 포함되어 있다.〔照上章章下註 而著亦字 註首當有云經曰 欲正其心 先誠其意 又曰 意誠而后心正 而無者 蓋蒙上章註而省之 然其意則已該於亦承上章四字中耳〕

173 〔詳說〕蓋意誠……所以能存是心以檢其身:이상은 중점이 誠意에 있으니, 經文에 '그 마음을 바르게 하고자 한다면 먼저 그 뜻을 성실하게 해야 한다.'는 뜻을 해석한 것이다.〔以上 重在誠意上 所以釋經文欲正其心先誠其意之義也〕

又無以直內而修身也¹⁷⁴라 自此以下는 竝以舊文爲正하노라

이 또한 윗장을 이어서 아랫장을 일으킨 것이다. 뜻이 성실해지면 참으로 惡이 없고 진실로 善이 있을 것이니, 이 때문에 능히 마음을 보존하여 그 몸을 檢束하는 것이다. 그러나 혹 다만 誠意만을 알고 이 마음의 보존되고 보존되지 않음을 치밀히 살피지 못한다면 또 안을 곧게 하여 몸을 닦을 수가 없다.

이로부터 이하는 모두 옛글(古本大學)을 옳은 것으로 삼는다.

|傳8章 修身齊家章(修身章)|

8-1. 所謂齊其家 在修其身者는 人이 之其所親愛而辟(僻)焉하며 之其所賤惡(오)而辟焉하며 之其所畏敬而辟焉하며 之其所哀矜而辟焉하며 之其所敖惰而辟焉하나니 故로 好而知其惡(악)하며 惡(오)而知其美者 天下에 鮮矣니라

이른바 '그 집안을 가지런히 함이 몸을 닦음에 있다.'는 것은, 사람은 親히 하고 사랑하는 바에 편벽되며, 천히 여기고 미워하는 바에 편벽되며, 두려워하고 존경하는 바에 편벽되며, 가엽게 여기고 불쌍히 여기는 바에 편벽되며, 오만하고 태만히 하는 바에 편벽되는 것이다. 그러므로 좋아하면서도 그의 나쁨을 알며 미워하면서도 그의 아름다움을 알 자가 천하에 적은 것이다.

章句ㅣ 人은 謂衆人¹⁷⁵이라 之는 猶於也¹⁷⁶요 辟은 猶偏也라 五者在人에 本有當然之

---

174 〔詳說〕然或但知誠意……則又無以直內而修身也 : 이상은 중점이 正心에 있으니, 經文의 '뜻이 성실해진 뒤에 마음이 바루어진다.'라는 뜻을 해석한 것이다.〔以上重在正心上 所以釋經文意誠而后心正之意也〕

175 〔詳說〕人 謂衆人 : 아랫절의 '人'자도 같다.〔下節人字同〕○ 이 章 머리의 '人'자는 윗장의 머리(心有所忿懥)와 다음(心不在焉)에 있는 '心'자와 똑같은 例이니, '身'을 바꾸어 '人'이라고 말한 것은 그 일을 넓힌 것이다.〔此章之首人字 與上章之首次心字同例 其變身言人者 所以廣其事也〕

••• 辟 편벽될 벽 矜 불쌍할 긍 敖 거만할 오 惰 게으를 타 鮮 고울 선, 드물 선 偏 치우칠 편

則¹⁷⁷이라 然이나 常人¹⁷⁸之情은 惟其所向¹⁷⁹而不加察焉하니 則必陷於一偏하여 而
身不修矣니라

---

176 〔詳說〕之 猶於也:文勢를 가지고 말하면 '於'와 같고, 글 뜻을 가지고 본다면 '往(감)'과 같다. 그러므
로 《語類》에는 또 '之'는 '往'과 같다고 말한 것이다.〔以文勢則猶於也 以文意則猶往也 故語類又云
之猶往也〕

177 〔詳說〕五者在人 本有當然之則:여기의 '人'자는 衆人과 君子를 통틀어서 말한 것이다.〔此人字 通衆
人君子言〕○ 朱子가 말씀하였다. "'敖惰'는 다만 넓게 대략 보아 지나가야 하니, 상대방이 오만하게 대
해도 될 만한 것을 인하여 오만하게 그를 대한다면 이것도 사리에 당연한 것이다. 상대방의 德이 아직
공경할 만한 정도에 이르지 못하고, 악함이 아직 천하게 여길 만한 정도에 이르지 않았다면 그를 보기를
범연히 하여 길가는 사람과 같이 대할 뿐이다. 또 이보다 낮은 자는 夫子(孔子)가 비파를 취하여 노래
한 자¹⁾와 孟子가 안석에 기대어 누운 자²⁾들이니, 그 自取함을 인하여 그를 오만하게 대한 것이니, 어찌
이것을 凶德이라고 말할 수 있겠는가.〔敖惰 只是闊略過去 因人之可敖而敖之 則是事理之當然也 德
未至於可敬 惡未至於可賤 則視之汎然如塗人而已 又其下者 則夫子之取瑟而歌 孟子之隱几而臥
因其自取而敖之 安得謂之凶德哉〕○ 退溪가 말씀하였다. "雲峰胡氏의 말³⁾이 옳다. 그러나 衆人의
病處(병통)를 말한 것은 바로 君子를 깨우쳐서 그로 하여금 衆人의 병통을 알아 편벽됨을 바로잡게 한
것이다.〔雲峰說是也 然其說衆人病處 正所以曉君子 使之知病矯偏也〕○ 沙溪가 말씀하였다. "雲
峰胡氏의 說은 傳文의 본의에 전혀 부합하지 않는다. '敖惰' 또한 사람의 떳떳한 情에 있는 것이다. 이
것은 바로 마음의 用으로서 본래 당연한 법칙이 있는 것이니, 아래 글의 사랑에 빠지고 얻기를 탐하는
사람과는 크게 다르다.〔胡氏說 全不合傳文本義 敖惰亦人之常情所有也 乃心之用而本有當然之則
與下文溺愛貪得之人 大不同矣〕"

譯註 1. 夫子(孔子)가……노래한 자:《論語》〈陽貨〉20章에 "孺悲가 孔子를 뵙고자 하였는데, 孔子
께서는 병이 있다고 사양하시고 명령을 전달하는 자가 문밖으로 나가자, 비파를 가져다가 타면서 노
래를 부르시어 그로 하여금 듣게 하셨다.〔孺悲欲見孔子 孔子辭以疾 將命者出戶 取瑟而歌 使之
聞之〕"라고 보인다.
譯註 2. 孟子가……누운 자:《孟子》〈公孫丑下〉11章에 "孟子께서 齊나라를 떠나실 적에 晝땅에
유숙하셨는데, 王을 위해 〈孟子의〉 떠나감을 만류하고자 하는 자가 앉아서 말하였으나, 〈孟子께서〉
응하지 않으시고 几(안석)에 기대어 누우셨다.〔孟子去齊 宿於晝 有欲爲王留行者 坐而言 不應 隱
几而臥〕"라고 보인다.
譯註 3. 雲峰胡氏의 말:《大全》에 "혹자가 '敖惰'는 있어서는 안 된다고 의심하였는데, 이는 본문의
'人'자가 君子를 위하여 말한 것이 아니고 衆人을 위하여 말한 것임을 모른 것이다. 《章句》에서 '衆人'
이라 하고 또 '常人'이라 한 것이 바로 이것이다.〔或疑敖惰不當有 殊不知本文人字 非爲君子言 乃
爲衆人言 章句曰衆人 又曰常人 是也〕" 하였다.
〔詳說〕勿軒熊氏(熊禾)가 말하였다. "'親愛'와 '畏敬'과 '哀矜'은 사랑하는 사람에 이 세 등급이 있음
을 가리킨 것이요, '賤惡'와 '敖惰'는 미워하는 사람에 이 두 등급이 있음을 가리킨 것이니, 위아래의 문
장이 서로 조응하는 것이 이와 같다.〔親愛畏敬哀矜 指所愛之人有此三等 賤惡敖惰 指所惡之人有
此二等 上下文相照應如此〕"

178 〔詳說〕常人:'常人'은 곧 위의 衆人이다.〔卽上衆人〕

179 〔詳說〕惟其所向:살펴보건대 《或問》에 이르기를, "이 다섯 가지에 한 가지라도 향하는 바가 있다."고
하여, 〈之其所의 之에〉 이미 '於'의 뜻을 취하였고 또 '往(행해 감)'의 뜻을 취하였는데, 이 註에서는 이
미 '於'로 '之'를 훈하였고 또 '向'으로 '之'를 해석하였으니, 또한 두 가지를 모두 취한 것이 《或問》에서
말한 것과 같다.〔按或問云 於此五者一有所向 旣取於義 又取往義 而此註則旣以於訓之 又以向釋
之 蓋亦兩取 如或問云〕

••• 陷 빠질 함

'人'은 衆人을 이른다. '之'는 於와 같고 '辟'은 偏과 같다. 〈親愛·賤惡·畏敬·哀矜·敖惰〉이 다섯 가지는 사람에게 있어 본래 當然한 법칙이 있다. 그러나 常人의 情은 오직 향하는 바대로 가고 살핌을 加하지 않으니, 그렇다면 반드시 한쪽으로 빠져서 몸이 닦이지 않을 것이다.

8-2. 故로 諺에 有之하니 曰 人이 莫知其子之惡하며 莫知其苗之碩이라하나니라

그러므로 속담에 이러한 말이 있으니, "사람들이 자기 자식의 악함을 알지 못하며 자기 苗(벼 싹)의 큼을 알지 못한다." 하였다.

章句 | 諺은 俗語也라 溺愛者는 不明하고 貪得者는 無厭[180]하니 是則偏之爲害하여 而家之所以不齊也라

'諺'은 속담이다. 사랑에 빠진 자는 밝지 못하고 얻음을 탐하는 자는 만족함이 없으니, 이것은 편벽됨이 害가 되어 집안이 가지런해지지 못하는 이유이다.

8-3. 此謂身不修면 不可以齊其家니라

이것을 일러 '몸이 닦이지 않으면 그 집안을 가지런히 하지 못한다.'고 하는 것이다.

按說 | '此謂身不修 不可以齊其家'에 대하여 壺山은

이것은 《孟子》의 首章의 맺음말[181]과 같으니, 이른바 逆으로 거둔다는 것이다. 또 經文에

---

180 〔詳說〕溺愛者……無厭 : 위 節의 끝에는 다섯 가지 편벽된 것으로부터 요약하여 사랑과 미워함이 되었고, 이 節은 또 사랑과 미워함으로부터 요약하여 사랑에 빠진 것만을 말해서 마침내 얻음을 탐하는 것에 미쳤으니, 얻음을 탐하는 것도 사랑의 등속이다. 사랑에 치우친 폐해가 심하구나!〔上節末 自五辟 而約之 爲愛惡(오) 此節又自愛惡而約之 單說溺愛 遂及貪得 而貪得是亦愛之屬也 偏愛之害 甚矣哉〕

181 譯註 《孟子》의……맺음말 : 〈梁惠王上〉1章 첫머리에는 "王께서는 하필 利를 말씀하십니까? 또한 仁

⋯ 諺 속담언 苗 싹묘 碩 클석 溺 빠질닉(익)

逆推와 順推 두 節[182]이 있는데, 傳文은 모두 逆推의 글을 썼으나 오직 여기에서만 順推의 글을 써서 그 한 가지 예를 구비하였다. 또 逆推한 節의 끝에 '致知在格物' 한 句의 문장을 바꾼 것과 서로 비슷하다.〔此與孟子首章結語同 所謂逆收也 且經文有逆推, 順推兩節 而傳則皆用逆推之文 惟於此用順推文 以備其一例 又與逆推節末致知在格物一句之變文者 相近云〕

하였다.

右는 傳之八章이니 釋修身齊家하니라

이상은 傳文의 8章이니, 修身·齊家를 해석하였다.

|傳9章 齊家治國章(齊家章, 治國章)|

9-1. 所謂治國이 必先齊其家者는 其家를 不可敎요 而能敎人者 無之라 故로 君子는 不出家而成敎於國하나니 孝者는 所以事君也요 弟者는 所以事長也요 慈者는 所以使衆也니라

이른바 '나라를 다스림이 반드시 먼저 그 집안을 가지런히 함에 있다.'는 것은 그 집안을 가르치지 못하고 능히 남을 가르치는 자는 없는 것이다. 그러므로 君子는 집을 나가지 않고 나라에 가르침을 이루니, 孝는 군주를 섬기는 것이요, 弟는 長官을 섬기는 것이요, 慈는 여러 백성들을 부리는 것이다.

義가 있을 뿐입니다.〔王何必曰利 亦有仁義而已矣〕"라고 하고, 마지막 節에서 "王께서는 또한 仁義를 말씀하실 따름이니, 하필 利를 말씀하십니까?〔王亦曰仁義而已矣 何必曰利〕"라고 말씀하여, 먼저 利를 구하는 해로움과 仁義가 불리하지 않음을 말씀한 뒤에 이 말씀으로 끝맺었으므로 말한 것이다.

182 譯註 逆推와……節: 逆推의 節은 '古之欲明明德於天下者 先治其國 欲治其國者 先齊其家……欲正其心者 先誠其意 欲誠其意者 先致其知 致知在格物'이고, 順推의 節은 '物格而后知至 知至而后意誠……國治而后天下平'이다.

··· 弟 공경 제 慈 사랑 자

按說 | '必先齊其家'에 대하여, 壺山은

여기에서 유독 '必'자를 말한 것은 맺은 곳에서 '在'자를 두 번 말하였기 때문에[183] 여기서 특별히 문장을 바꾼 것이니, 誠意章(6章)의 맺은 곳에서도 유독 '必'자를 말한 것과 같은 예이다.〔此獨言必者 蓋以結處再言在字 故於此特變其文 與誠意章結處 獨言必字者 同例云〕○ 人은 나라사람을 통틀어 말한 것이다.〔人 通國人言〕

하였다.

《大全》에

집안을 가르칠 수 없음을 인하여 집안을 가르칠 수 있는 이유가 실로 자기 몸을 닦는 데서부터 시작됨을 미루어 밝혔다.〔因家不可敎 而推家所以可敎之由 實自修身始〕《詳說》

하였다. 朱子는

저가 집안을 가르칠 수 없음은 바로 내가 제대로 가르치지 못한 것이니, '可'와 '能'은 피차의 말이다.〔彼之不可敎 卽我之不能敎也 可與能 彼此之詞也〕《詳說》

하였다. 沙溪는

몸이 비록 가정을 벗어나지 않으나, 표준의 세워짐과 명성의 진동함이 자연스럽게 한 나라를 감화시키는 것이다.〔身雖不出家庭 而標準之立 風聲之動 自然感化一國〕《詳說》

하였다. 尤菴은

이것은 《周易》에 이른바 '君子가 자기 집안에 있으면서 그 말하는 것이 善하면 천 리 밖에서도 호응한다.'[184]는 뜻과 같은 것이다.〔類易所謂君子居其室 出其言善 則千里之外應之 之意〕《詳說》

하였다.

---

183 譯註 맺은……때문에:9章 5節에서 '故治國在齊其家'로 맺고, 9章 9節은 '此謂治國在齊其家'로 맺은 것을 가리킨다.
184 譯註 《周易》에……호응한다:〈繫辭傳上〉8章에 보인다.

章句ㅣ身修則家可敎矣라 孝弟慈는 所以修身而敎於家者也[185]라 然而國之所以 事君事長使衆之道가 不外乎此[186]하니 此所以家齊於上而敎成於下也[187]라

몸이 닦이면 집안을 가르칠 수 있다. '孝‧弟‧慈'는 몸을 닦아 집안을 가르치는 것이다. 그러나 나라의 군주를 섬기고 長官을 섬기고 백성을 부리는 바의 道가 여기(孝‧弟‧慈)에서 벗어나지 않으니, 이는 집안이 위에서 가지런해짐에 가르침이 아래에서 이루어지는 것이다.

9-2. 康誥曰 如保赤子라하니 心誠求之면 雖不中이나 不遠矣니 未有學 養子而后에 嫁者也니라

〈康誥〉에 이르기를 "赤子(갓난아이)를 보호하듯이 한다." 하였으니, 마음에 진실로 구하면 비록 꼭 맞지는 않으나 멀지 않은 것이니, 자식 기르는 것을 배운 뒤에 시집가는 자는 있지 않다.

按說ㅣ '如保赤子'에 대하여, 愚伏(鄭經世)은

혹자는 말하기를 "'如保赤子' 한 단락은 오로지 赤子를 보호함을 위하여 말했는데, 《書經》의 全句를 인용하여 如자를 함께 두었으니,[188] '如'자를 굳이 뜻을 붙여 볼 필요가 없다."라고 하니, 或者의 說은 너무 왜곡되었다.〔或云 如保赤子一段 專爲保赤子而言 引書 全句 幷存如字 如字不須著意看 或說太曲〕《詳說》

---

185 〔詳說〕孝弟慈 所以修身而敎於家者也:雲峰胡氏가 말하였다. "유독 이 세 가지만을 든 것은 齊家의 입장에서 말했기 때문이니, 임금을 섬기고 長官을 섬기고 백성을 부림이 장차 治國의 입장에서 말하려 한 것이다.〔獨擧三者 蓋從齊家上說 事君,事長,使衆 方從治國上說〕"

186 〔詳說〕不外乎此:《大全》에 말하였다. "此는 孝‧弟‧慈를 가리킨다.〔指孝弟慈〕"

187 〔記疑〕此所以家齊於上而敎成於下也:'孝‧弟‧慈'는 君子가 몸을 닦는 행실이 집안을 나가지 않은 것이요 '事君‧事長‧使衆'은 나라에 가르침을 이루는 것이다. 이 節의 章句의 後本에 특별히 '國'자를 들어 말하였으니, 文理가 본래 이와 같다. 그런데 明‧淸 간의 儒者들은 대부분 孝‧弟‧慈와 事君‧事長‧使衆을 모두 君子에 소속시켜 말하니, 이는 절대로 傳文의 本旨가 아니다. 汪長洲(汪份)의 辨論이 상세하고 또 분명하다.〔孝弟慈 是君子修之行 不出家者 所以事君事長使衆 是成敎於下也 此節章句後本 特擧國字言之 文理自是如此 明淸間儒者 多以孝弟慈與事君事長使衆 並屬君子說 殊非傳文本旨 汪長洲辨論 詳且明矣〕

188 譯註《書經》의……두었으니:《書經》〈周書 康誥〉에 "若保赤子 惟民其康乂"라고 보인다.

••• 外 벗어날 외 誥 가르칠 고 赤 붉을 적 誠 정성 성, 진실로 성 遠 멀 원 嫁 시집갈 가

하였다. 壺山은

살펴보건대, 이 節은 위 節 마지막 句를 이어서 말하여, 그 뜻이 서로 번갈아 主客이 되었
으니, '慈'를 위주하여 보면 '如'자가 虛字가 되고, 백성을 부리는 것을 위주하여 보면 '如'자
가 實字가 된다. 혹자의 說은 바로 '慈'를 위주로 한 것이니, 이 또한 하나의 뜻을 갖출 듯하
다.〔按此節 承上節末句言之 而其義迭相賓主 蓋主慈而觀 則如字虛 主使衆而觀 則
如字實 或說 是主慈者也 似亦備其一義耳〕

하였다.

章句 | 此는 引書而釋之[189]하여 又明立敎之本이 不假强爲요 在識其端而推廣之
耳[190]니라

이는 《書經》을 인용하고 이것을 해석해서 또 가르침을 세우는 근본이 억지로 함을 빌리지
않고 그 단서를 알아서 미루어 넓힘에 있을 뿐임을 밝힌 것이다.

9-3. 一家仁이면 一國이 興仁하고 一家讓이면 一國이 興讓하고 一人이 貪
戾하면 一國이 作亂하나니 其機如此하니 此謂一言이 僨(분)事며 一人이 定
國이니라

---

189 〔詳說〕引書而釋之 : '心誠求之' 이하는 바로 《書經》의 뜻을 풀이한 것이다.〔心誠以下 是釋書意也〕
190 〔詳說〕又明立敎之本……在識其端而推廣之耳 : 栗谷이 말씀하였다. "小註에 朱子가 '이것은 다만
감동시켜 교화함을 근본으로 삼음을 말하였고 아직 미루는 데까지는 말하지 않았으며, 뒤에서야 비로
소 완전히 미루어 말했다.' 하였으니, 여기의 朱子 말씀은 治國章 한 章을 통론한 것인데 이 말씀이 잘
못 여기에 나와 있다.〔小註朱子說 此只說動化爲本 未說到推上 後方全是說推 此說是通論一章 而
誤在此〕" ○ 沙溪가 말씀하였다. "朱子의 이 말씀은 마땅히 '一家仁' 節 아래에 있어야 할 듯하다.〔此
說 疑當在一家仁節下〕"
譯註 《或問》에서는 "傳에서 이것을 말한 것은 백성을 부리는 道가 어린아이를 사랑함에서부터 미루어
나가는 것에 불과함을 밝히고자 한 것이다.〔傳之言此 蓋以明夫使衆之道 不過自其慈幼者而推之〕"
라고 하여 推廣의 대상을 慈로 보았는데, 이에 대해 壺山은 "살펴보건대 '그 단서를 알아서 미루어 넓힌
다.'는 것은 朱子의 초년설에 '그 단서를 알아서 孝·弟·慈를 미루어 넓히는 것이다.' 하셨는데, 뒤에 이
것을 고쳐 '그 孝·弟·慈의 단서를 알아서 미루어 넓힌다'고 하셨으니, 《或問》에서는 이것을 미처 고치
지 못하였다.〔按識其端而推廣 朱子初說 以爲識其端而推廣孝弟慈矣 後來改之 以爲識其孝弟慈
之端而推廣之耳 或問未及改之〕"라고 평하였다.

··· 假 빌릴 가, 거짓 가 戾 어그러질 려 機 틀 기 僨 전복할 분

한 집안(군주의 집안)이 仁하면 한 나라가 仁을 興起하고, 한 집안이 사양하면 한 나라가 겸양을 흥기하고, 군주 한 사람이 탐하고 어그러지면 한 나라가 亂을 일으키니, 그 機(기틀)가 이와 같다. 이것을 일러 〈군주의〉 한 마디 말이 일을 그르치며 〈군주〉 한 사람이 나라를 안정시킨다.'고 하는 것이다.

按說 | '其機如此'에 대하여, 新安陳氏(陳櫟)는

'機'는 쇠뇌의 기아이니, 화살이 말미암아 발동하는 것이다. 仁과 讓의 흥기가 그 기틀이 군주의 한 집안에서 시작되고, 悖亂의 일어남이 그 기틀이 군주 한 사람에서 시작됨을 비유하였다. 그러므로 총괄하여 결단하기를 '그 기틀이 이와 같다.'라고 한 것이다.〔機 弩牙 矢之發動所由 譬仁讓之興 其機由一家 悖亂之作 其機由一人 故總斷云 其機如此〕《詳說》

하였다. '一人貪戾'에 대하여, 朱子는

'仁과 讓'은 집안을 말하고, '탐하고 어그러짐〔貪戾〕'은 사람을 말함은 어째서인가? 善은 반드시 쌓인 뒤에 이루어지지만 惡은 비록 작더라도 두려워할 만하기 때문이다.〔仁讓言家 貪戾言人 何也 善必積而後成 惡雖小而可懼〕《詳說》

하였다.

沙溪는

'한마디 말이 일을 그르치며 한 사람이 나라를 안정시킨다.'는 것은 《國語》에 나온다.〔一言債事 一人定國 出國語〕《詳說》

하였다. 壺山은

살펴보건대 이 책 가운데 '此謂' 두 글자는 혹은 윗글을 잇는 곳에 쓰기도 하고 혹은 古語를 인용한 곳에 쓰기도 하였으니, 두 가지를 겸해서 쓴 것은 聽訟章이 그것이다.〔按此書中 此謂 或於蒙上文處用之 或於引古語處用之 其兼之者 聽訟章是也〕

하였다. 仁山金氏(金履祥)는

나라를 안정시킴에 '한 사람'을 말한 것은 군주 한 몸을 논한 것이고, 일을 그르침에 '한 마디 말'을 말한 것은 짧은 말을 하는 사이에 불과하니, 善·惡의 공효의 쉽고 어려움이 더욱 두려워할 만한 것이다.〔定國 言一人 總一身而論 債事 言一言 則不過片言之間 善惡功效之

難易 尤可懼耳)《詳說》

하였다.

章句 | 一人은 謂君也[191]라 機는 發動所由也라 僨은 覆敗也라 此는 言敎成於國之
效[192]라

'一人'은 人君을 이른다. '機'는 發動함이 말미암는 것이다. '僨'은 전복되고 패함이다. 이
는 가르침이 나라에 이루어지는 효험을 말씀한 것이다.

9-4. 堯舜이 帥(솔)天下以仁하신대 而民이 從之하고 桀紂帥天下以暴한대
而民이 從之하니 其所令이 反其所好면 而民이 不從하나니 是故로 君子는
有諸己而後에 求諸人하며 無諸己而後에 非諸人하나니 所藏乎身이 不
恕요 而能喩諸人者 未之有也니라

堯·舜이 천하를 仁으로써 거느리시자(솔선하시자) 백성들이 그를 따랐고, 桀·紂가
천하를 포악함으로써 거느리자 백성들이 그를 따랐으니, 그 명령하는 바가 그(君主)가
좋아하는 바와 반대가 되면 백성들이 따르지 않는다. 이러므로 君子는 자기 몸에 善이
있은 뒤에 남에게 善을 요구하며, 자기 몸에 惡이 없은 뒤에 남의 惡을 비난하는 것이
다. 자기 몸에 간직하고 있는 것이 恕할(자신을 미루어 남에게 미칠) 수 없으면서 능히
남을 깨우치는 자는 있지 않다.

按說 | '有諸己'에 대하여, 朱子는

'자기에게 善이 있다.'는 것은 修身을 말한 것이니, 이것이 齊家·治國·平天下의 근본이

---

191 〔詳說〕 一人 謂君也 : '一家'의 家와 '一言'의 言도 다 임금을 가지고 말한 것이다.〔家與言 亦皆以君言〕

192 〔詳說〕 此 言敎成於國之效 : 雙峰饒氏(饒魯)가 말하였다. "仁과 讓은 上文의 '孝·弟'를 근본해서 말
하였으니, 仁은 孝에 속하고 讓은 弟에 속한다. 위에서는 집안을 나가지 않고서 가르침을 나라에 이루
는 도리를 말하였고, 여기서는 집안을 나가지 않고서 가르침을 나라에 이루는 효험을 말하였다.〔仁讓本
上文孝弟而言 仁屬孝 讓屬弟 上言不出家成敎於國底道理 此言不出家成敎於國底效驗〕"

··· 覆 뒤엎을 복 敗 패할 패 帥 거느릴 솔 桀 횃대 걸 紂 고삐 주 暴 사나울 포 恕 용서할 서 喩 깨우칠 유

다.〔有諸己 說修身 是齊治平之本〕《詳說》

하였다. '不恕'에 대하여, 栗谷은

'恕'자는 실로 忠을 가리킨 것이다. 忠은 恕를 내 몸속에 간직한 것이니, 恕를 빌어서 忠을 말하였다.〔恕字實指忠字 忠是恕之藏乎身者 借恕而言忠〕《詳說》

하였는데, 이에 대해 艮齋는

栗谷이 여기에서 곧바로 恕를 忠이라 해서 말씀에 曲折이 부족한 듯하니, 어떨지 모르겠다.〔栗谷云 此直以恕爲忠 語似欠曲折 未知如何〕

하였다. 또 艮齋는

'不恕'의 '不'자를 혹 '非'자로 해석하니, 잘못이다. 이는 忠이 없으면 恕할 수 없음을 말한 것이니, 不恕는 恕할 수 없음을 이른다. 朱子는 "만약 忠하지 못하면 곧바로 本領이 없으니, 다시 무엇을 가지고 物을 접하겠는가?" 하셨으니, 이것이 이른바 '恕할 수 없다.'는 것이니, 알지 못하겠다. 이와 같이 말할 수 없겠는가.〔不恕不字 或作非字解 誤 蓋謂無忠則不可恕 不恕 謂不可恕也 朱子云 若不忠 便無本領了 更把甚麼去接物 此所謂不可恕 未知不可如此說否〕

하였다. 壺山은

'不恕'는 恕할 수 없다는 것과 같은 말이니, 마치 머리 節에 가르칠 수 없다는 뜻과 같은 것이다.〔不恕 猶言不可恕 如首節不可教之意耳〕

하였다.

新安陳氏(陳櫟)는

가령 군주가 포악함을 좋아하면서 仁으로 명령한다면, 명령하는 바가 자신이 좋아하는 것과 반대되는 것이다.〔如好暴而令以仁 所令與所好反矣〕《詳說》

하였는데, 壺山은

살펴보건대 仁을 좋아하면서 포악함으로 명령하는 것은 이는 반드시 없는 일이니, 이 句가 포악함을 좋아하는 자를 위주로 말했음을 알 수 있는 것이다.〔按好仁而令以暴 此必無之事也 乃知此句主好暴者言之耳〕

하였다.

艮齋는

'有諸己', '無諸己'의 '有'자와 '無'자는 모두 머리 節의 '孝·弟·慈'에 붙여 말한 것이다.〔有
諸己無諸己有無 皆貼首節孝弟慈說〕

하였다.

章句ㅣ此는 又承上文一人定國而言이라 有善於己然後에 可以責人之善이요 無惡
於己然後에 可以正人之惡[193]이니 皆推己以及人이니 所謂恕也라 不如是면 則所令
이 反其所好하여 而民不從矣라 喩는 曉也[194]라

이는 또 윗글의 '한 사람이 나라를 안정시킨다.'는 것을 이어서 말씀한 것이다. 자기 몸에 善
이 있은 뒤에 남의 善을 責(요구)할 수 있고, 자기 몸에 惡이 없은 뒤에 남의 惡을 바로잡을
수 있다. 이는 모두 자기를 미루어 남에게 미치는 것이니, 이른바 '恕'라는 것이다. 이와 같
이 하지 않으면 그 명령하는 바가 명령을 내리는 자신이 좋아하는 바와 반대가 되어 백성들
이 따르지 않을 것이다. '喩'는 깨달음이다.

9-5. 故로 治國이 在齊其家니라

그러므로 나라를 다스림이 그 집안을 가지런히 함에 있는 것이다.

章句ㅣ通結上文이라

윗글을 통하여 맺은 것이다.

---

193 〔詳說〕正人之惡 : '악을 비난하는 것'은 그의 惡을 바로잡는 것이다.〔非之 所以正之也〕
194 〔詳說〕喩 曉也 : 타일러 깨우쳐서 자기를 따르게 하는 것이다.〔喩之 使從己〕

••• 曉 깨우칠 효

9-6. 詩云 桃之夭夭여 其葉蓁蓁이로다 之子于歸여 宜其家人이라하니 宜其家人而后에 可以敎國人이니라

《詩經》에 이르기를 "복숭아꽃이 곱고 고움이여, 그 잎이 무성하구나. 이 아가씨의 시집 감이여, 그 집안 식구를 마땅(화합)하게 할 것이다." 하였으니, 그 집안 식구를 마땅하게 한 뒤에 나라 사람들을 가르칠 수 있는 것이다.

> 章句 l 詩는 周南桃夭之篇이라 夭夭는 少好貌요 蓁蓁은 美盛貌니 興也[195]라 之子는 猶言是子니 此는 指女子之嫁者而言也[196]라 婦人謂嫁曰歸라 宜는 猶善也[197]라
>
> 詩는 〈周南 桃夭〉篇이다. '夭夭'는 어리고 예쁜 모양이요 '蓁蓁'은 아름답고 성한 모양이니, 興이다. '之子'는 是子라는 말과 같으니, 이는 女子의 시집가는 자를 가리켜 말한 것이다. 婦人이 시집가는 것을 '歸'라 한다. '宜'는 善(좋음)과 같다.

9-7. 詩云 宜兄宜弟라하니 宜兄宜弟而后에 可以敎國人이니라

《詩經》에 이르기를 "형에게도 마땅하고 아우에게도 마땅하다." 하였으니, 형에게도 마땅하고 아우에게도 마땅한 뒤에야 나라 사람을 가르칠 수 있는 것이다.

---

195 〔詳說〕興也: '桃之夭夭 其葉蓁蓁' 두 句를 가리킨 것이니, 淇澳章(3章 4節) 註와 참고해서 보아야 한다.〔指桃之二句也 當與淇澳註參看〕

196 〔詳說〕指女子之嫁者而言也: 尤菴이 말씀하였다. "雲峰胡氏(胡炳文) 또한 '나의 아내에게 모범이 된다.'고 말했으니, 오로지 부인만을 가리켜 말한 것이 아니다. 오로지 부인만을 가리켰다면 이것은 바로 朱子가 비판했던 〈周南〉과 〈召南〉을 논하는 자들이 文王의 몸에 근본하지 않는다는 것[1]이니, 옳겠는 가.〔雲峰亦以刑爲言 則非專指婦人而言 專指婦人 則正朱子所譏論二南者 不本於文王之身者也 可乎哉〕○ 農巖이 말씀하였다. " 이 詩는 비록 본래 부인을 위해 지은 것이나 이 책에서 인용한 것은 아마도 斷章取義한 듯하다. 두 개의 '그 집안 식구들에게 마땅하다.〔宜其家人〕'고 한 것은 모두 君子가 집안을 가지런히 하는 것을 가지고 말하였으니, 어찌 일찍이 모순되겠는가.〔詩雖本爲婦人作 此書引之 恐是斷章取義 兩箇宜其家人 皆以君子之齊家者而言 何曾矛盾哉〕

    譯註 1. 朱子가……것:《詩經集傳》〈周南〉의 章下註에 "지금 詩를 말하는 자가 혹은 마침내 오로 지 后妃만을 찬미하고 文王에게 근본하지 않으니, 또한 잘못이다.〔今言詩者 或乃專美后妃 而不本 於文王 其亦誤矣〕"라고 보인다.

197 〔詳說〕宜 猶善也: 宜는 和와 같다.〔猶和也〕

··· 桃 복숭아 도 夭 예쁠 요 葉 잎 엽 蓁 무성할 진 歸 시집갈 귀 宜 마땅 의 指 가리킬 지, 손가락 지
    嫁 시집갈 가

章句┃詩는 小雅蓼蕭篇이라

詩는 〈小雅 蓼蕭〉篇이다.

9-8. 詩云 其儀不忒이라 正是四國이라하니 其爲父子兄弟 足法而后에 民이 法之也니라

《詩經》에 이르기를 "그 威儀가 어그러지지 않는지라 이 사방 나라를 바르게 한다." 하였으니, 그(군주)의 父子와 兄弟된 자가 족히 본받을 만한 뒤에야 백성들이 본받는 것이다.

按說┃'其儀不忒'에 대하여, 沙溪는

'儀'는 《詩經》註에는 威儀라고 하였는데 《直解》[198]에는 禮儀라고 하였으니, 그 해석이 옳지 않다.〔儀 詩註 威儀也 直解云 禮儀也 其釋不是〕《詳說》

하였다. 退溪의 《大學釋義》에는 다음과 같이 보인다.

지금 살펴보건대, 이에 대하여 두 가지 설이 있다. 하나는 한 집안에 있어서 父子와 兄弟가 모두 나에게 법을 취할 만한 뒤에 한 나라의 백성에 있어서 또한 나에게 법을 취할 것이라는 의미이니, 이는 집이 가지런해진 뒤에 나라가 다스려지는 효험을 말한 것으로서 평순하고 적확하여 의심할 만한 것이 없다.……그런데 어째서 요즘 사람들은 천착하여 의견을 내어서 힘써 異說을 주장하는가. 혹자는 "그 父子 兄弟 도외미 足히 法바담즉혼 後……"라고 하니, 이는 '나의 父子가 되고 兄弟가 되는 道를 모두 본받을 만한 뒤에 백성이 본받는다.'고 말한 것이다. 이 說이 비록 새롭고 공교하나 실제는 그렇지 않으니, '父子와 兄弟가 본받을 만함'은 집안이 가지런해진 효험을 말한 것이고, '백성이 본받음'은 나라가 다스려진 효험을 말한 것이다.〔今按 此兩說 一意 言在一家父子兄弟 皆足以取法於我然後 在一國民 亦取

---

198 譯註《直解》: 金幹의 《厚齋集》〈大學箚記〉에 "明나라 翰林院에서 進講할 때 지은 것이다.〔皇明翰林院進講時所作也〕" 하였는바, 張居正의 《四書集注直解》를 가리킨 것으로, 여기에 "儀는 바로 禮儀이다.〔儀是禮儀〕"라고 보인다.

••• 蓼 쑥 륙, 길고큰모양 륙 蕭 쑥 소 儀 거동 의 忒 어그러질 특

法於我也 此言家齊而后國治之效 平順的確 無可疑者……何故今人 鑿生意見 務
爲異說 或云 그 父子兄弟 도외미 足히 法바담즉흔 後 云云 此言我之爲父子爲兄弟之
道 皆足以爲法然後 民法之 此說 雖新巧 其實不然 盖父子兄弟足法 言家齊之效
民法之 言國治之效〕

壺山은

'其爲父子兄弟'는 諺解의 구두¹⁹⁹가 맞다.〔其爲父子兄弟者 諺讀得之〕

하였다. 한편 新安陳氏(陳櫟)는

'足法'은 집안이 가지런해져서 남에게 모범을 보일 만한 것이다.〔足法 家齊而可以示法於人
也〕《詳說》

하였다. 玉溪盧氏(盧孝孫)는

'足法'은 威儀가 어그러지지 않는 것이고, '法之'는 나라가 바르게 된 것이니, '教國人'은 곧
治國의 일이고, '民法之'는 國治의 일이다.〔足法 儀不忒也 法之 國正也 教國人是治國
之事 民法之 是國治之事〕《詳說》

하였다.

章句 l 詩는 曹風鳲鳩篇이라 忒은 差也라

詩는 〈曹風 鳲鳩〉篇이다. '忒'은 어그러짐이다.

9-9. 此謂治國이 在齊其家니라

이것을 일러 '나라를 다스림이 그 집안을 가지런히 함에 있다.'고 하는 것이다.

199 譯註 其爲父子兄弟는……구두:官本諺解에 '그 父子와 兄弟ㅣ 되온이'로 되어 있다.

··· 鳲 빠꾸기 시 鳩 비둘기 구

章句 │ 此三引詩는 皆以詠歎上文之事[200]요 而又結之如此[201]하여 其味深長하니 最宜潛玩이니라

여기에 세 번 인용한 詩는 모두 윗글의 일을 詠歎하였고 또 맺기를 이와 같이 하여 그 맛이 深長하니, 가장 마음을 잠겨 玩索하여야 할 것이다.

右는 傳之九章이니 釋齊家治國[202]하니라

이상은 傳文의 9章이니, 齊家·治國을 해석하였다.

---

200 〔詳說〕此三引詩 皆以詠歎上文之事:三山陳氏(陳孔碩)가 말하였다. "옛사람은 말을 다하고도 뜻이 무궁(미진)한 곳에는 대부분 詩를 인용해서 그 남은 뜻을 詠歎하였다.〔古人 凡辭有盡而意無窮者 多援詩 以吟詠其餘意〕"

201 〔詳說〕又結之如此:다시 한번 맺은 것은 열 章의 傳文 가운데 홀로 있는 예이다.〔再結 是十傳中所獨之例也〕

202 〔詳說〕右……釋齊家治國:살펴보건대, 堯·舜의 節(9章 3節)은 마치 오로지 治國만을 말한 듯하지만 또다시 자기 몸에 근본하여 말하였다.〔按堯舜節 雖若專說治國 而又本於身言之〕○ 仁山金氏(金履祥)가 말하였다. "修身에서 齊家·治國·平天下에 이름에 두 가지 방법이 있으니, 하나는 化(교화)이고 하나는 推(미룸)이다. 化는 몸소 가르쳐 교화시키는 것이고, 推는 이 방도를 미루어서 확충하는 것이다. 이 한 章은 化와 推 두 가지 뜻을 모두 포함하였으니, 章의 첫 머리에서부터 '成教於國'까지는 化이고, 세 개의 所以는 推이다. '如保赤子'는 '사랑은 백성을 부리는 것이다〔慈者使衆〕'를 이어서 말하였으니 바로 推이고(9章 1節), '一家仁' 한 節은 바로 化이며(9章 3節), '帥天下' 한 節은 化이고(9章 4節), '有諸己' 한 節은 '명령한 것이 자기가 좋아하는 것과 반대된다〔所令反所好〕'는 것을 이어서 말하였으니 바로 推이며(9章 4節), 세 번 인용한 詩는 바로 化이다.(9章 6節, 7節, 8節) 化가 아니면 推가 행해지지 못하고, 推가 아니면 化가 두루 미치지 못한다.〔自修身而齊治平 有二道 一是化 一是推 化者 自身教之而化也 推者 推此道而擴充之也 此一章 幷含兩意 章首至成教於國 是化 三所以 是推 如保赤子 繼慈者使衆而言 是推 一家仁一節 是化 帥天下一節 是化 有諸己一節 繼所令反所好而言 是推 三引詩 是化 非化則推不行 非推則化不周〕" ○ 栗谷이 말씀하였다. "仁山金氏의 말도 옳은 듯하나 다만 朱子가 이 章을 논하시기를 '다만 動化(감동시켜 교화함)를 근본으로 삼음을 말하였고 아직 미루는 데까지는 말하지 않았다.'라고 하셨으니, 아마도 제10장에서야 비로소 推를 말하였고, 이 章은 다만 몸소 윗사람이 행하여 아랫사람을 교화시킴을 말한 것인 듯하다.〔仁山說亦似矣 但朱子論此章曰 只說動化爲本 未說到推 蓋第十章方說推 此章只是躬行化下之說〕" ○ 沙溪가 말씀하였다. "다만 '如保赤子' 한 말씀은 朱子 또한 교화로 보셨는지의 여부를 알 수 없다. 《章句》에 '그 단서를 알아 미루어 확충시킨다.'라고 하였으니, 다시 자세히 살펴보아야 한다.〔但如保赤子一說 未知朱子亦以化看否 章句云 識其端而推廣之 更詳之〕" ○ 살펴보건대 沙溪는 일찍이 朱子의 說을 마땅히 '一家仁' 아래에 있어야 한다고 하였고,[1] 이제 또 그 위의 '如保赤子'를 가지고 推라고 하였으니, 그 뜻이 자세하지 않다.〔按沙溪嘗以朱子說爲當在一家仁下 而今又以其上之如保赤子爲推 其義未詳〕 ○ 農巖이 말씀하였다. "'如保赤子'는 《或問》에 비록 推를 가지고 말한 듯하지만 《章句》에는 오로지 立教의 근본으로 말하였으니, 다만 孝·弟·慈의 道가 그 양심이 발현하는 단서를 따라 미루어 넓힘에 지나지 않아서, 억지로 힘쓸 필요가 없음을 말한 것이니, 孝·弟·慈를 남에게 미루어 미침을 말한 것이 아니다.

··· 潛 잠길 잠 玩 가지고놀 완, 살펴볼 완

|傳10章 平天下章(絜矩章)|

10-1. 所謂平天下在治其國者는 上老老而民興孝하며 上長長而民興弟하며 上恤孤而民不倍(背)하나니 是以로 君子有絜矩(혈구)之道也니라

이른바 '천하를 平하게 함(고르게 다스림)이 그 나라를 다스림에 있다'는 것은 윗사람이 노인을 노인으로 섬김에 백성들이 孝를 흥기하며, 윗사람이 어른을 어른으로 대우함에 백성들이 弟를 흥기하며, 윗사람이 孤兒를 구휼함에 백성들이 저버리지 않는 것이다. 이러므로 君子는 絜矩의 道가 있는 것이다.

> 按說 | '老老'에 대하여, 朱子는 "'老老'는 《孟子》에 이른바 '내 노인을 노인으로 섬긴다.〔老吾老〕'는 것이다." 하여 군주가 자신의 부모에게 효도하는 것으로 해석하고 '長長' 역시 '老老'와 같은 것으로 보아 특별한 해석이 없으며, '恤孤'는 文王이 鰥寡孤獨을 우선적으로 보살폈다는 글의 孤로 보았다. 그러나 茶山은
>
> > '老老'는 天子가 耆老를 봉양함을 이르고, '長長'은 世子가 太學에서 年齒를 따짐을 이르고, '恤孤'는 天子가 國事에 죽은 자의 孤子에게 연향함을 이르니, 이 세 가지는 모두 太學에서 하는 일이다.〔老老 謂天子養耆老也 長長 謂世子齒于學也 恤孤 謂天子饗孤子也 此三禮 皆太學之所有事也 孤者 幼而無父之稱 不倍 謂不倍死者 撫其遺孤也〕

'求諸人'에 이르러서는 비록 推인 듯하나 그 뜻은 또한 오로지 자기 몸에 돌이켜서 스스로 닦음에 있으니, 이것을 推라고 말할 수 없다. 栗谷의 말씀이 옳은 듯하다.〔如保赤子 或問雖若以推言之 章句則專以立教之本爲言 只言孝弟慈之道 不過因其良心發見之端而推廣之 不待勉强云耳 非以孝弟慈推及於人之謂也 至於求諸人 雖似於推 其意亦專在於反己自修 不可以推言也 栗谷說似爲得之〕○ 尤菴이 말씀하였다. "전체를 통틀어 논하면 모두 化를 말한 듯하지만 세분하면 그 가운데 또한 미루는 것이 있다.〔通論則似皆說化 而細分其中亦有推底〕"

　譯註 1. 沙溪는……하였고 : '朱子의 說'은 위에서 栗谷이 인용한 '只說動化爲本 未說到推'를 가리킨다. 《大全》에 이 說을 앞의 2節의 아래에 달아놓았는데, 沙溪는 이 說이 '一家仁'節 아래에 있어야 한다고 하였다.

　譯註 梅山 洪直弼이 潁西 任魯에게 올린 편지에 "9章에서는 動化를 말하고 10章에서는 推를 말하였습니다. 그러나 治國과 平天下는 애당초 두 가지 법도가 아니니, 治國에 어찌 推가 없으며 平天下에 어찌 化가 없겠습니까. 다만 위아래 章에 互言 했을 뿐입니다. 다만 推와 化는 크고 작고 넓고 좁음의 차이가 다소 있으니, 나라에 대하여 化를 말하고 天下에 대하여 推를 말한 것은 바로 이 때문입니다.〔九章說動化 十章說推 然治國平天下 初非二揆 治國曷嘗無推 平天下曷嘗無化 特上下章互說耳 但推與化 差有小大闊狹 說化於國 說推於天下者 卽以此也〕" 하였다.《梅山集》〈上潁西任丈〉

••• 恤 구휼할 휼 孤 외로울 고 倍 등질 배(背同) 絜 잴 혈 矩 곡척 구

하고, 〈考訂〉에서

> 天子와 諸侯가 스스로 자기 어버이를 봉양함을 어찌 老老라 말할 수 있겠는가? 天子는 臣民
> 에 대하여 長幼의 연치를 따지지 않으니, 어찌 長長이라고 말할 수 있겠는가? 老老와 長長은
> 분명히 太學의 禮에 관계된다.〔天子諸侯之自養其親 其可曰老老乎 天子之於臣民 不序長幼
> 其可曰長長乎 老老長長 明係太學之禮〕

하여 朱子의 《集註》를 비판하였으며, '絜矩'의 矩를 孝·弟·慈로 해석하였는바, 一理가 있
는 것으로 보인다. 뒤의 부록에 자세히 보이니 참고하기 바란다.

'絜矩之道'에 대하여, 絜은 헤아림이고 矩는 曲尺으로 물건의 長短과 廣狹, 曲直을 재는
기구이며 道는 방법인바, 곧 자신의 마음을 가지고 타인을 헤아리는 尺度로 삼음을 비유
한 것이다. 그리하여 자신이 좋아하는 것은 남도 좋아하고 자신이 싫어하는 것은 남도 싫
어함을 알아, 자신이 싫었던 것을 남에게 베풀지 않는 것으로, 이를 推己及人의 恕라 한다.
다만 '絜矩'를 諺解에는 모두 '矩로 絜하는 것'으로 해석하였으며, 南塘(韓元震)과 艮齋는
모두 이를 따랐으나 壺山은 '絜하여 矩(方正)하게 하는 것'으로 해석하였는바, 지면 관계상
여기에 다 소개할 수가 없어 뒤에 부록으로 실었다.

雲峰胡氏(胡炳文)는

> 이 章(10章)은 마땅히 여덟 節로 나누어야 한다. 이상은 이 章의 첫 번째 節이니 絜矩의 道
> 가 있는 이유를 말한 것이다. 不踰矩와 絜矩는 단지 하나의 矩자이지만, 不踰矩의 矩는 혼연
> 히 聖人(孔子)의 마음속에 있는 것이니 矩의 體이고, 絜矩의 矩는 사람과 내가 사
> 귀고 응접할 때에 나타나는 것이니 矩의 用이다. 規와 矩가 모두 法度(표준)의 물건인데, 여
> 기에 유독 矩만을 말한 것은, 規는 둥근 것이고 矩는 모난 것이어서, 둥근 것은 움직이고 모
> 난 것은 그치기 때문이다. 不踰矩는 바로 明明德이 至善에 그친 것이고, 絜矩는 바로 新民이
> 至善에 그친 것이다.〔此章當分爲八節 右第一節 言所以有絜矩之道 不踰矩, 絜矩 只是一箇
> 矩字 但不踰矩之矩 渾然在聖人方寸中 是矩之體 絜矩之矩 於人己交接之際見之 是矩之用
> 規矩皆法度之器 此獨曰矩者 規圓矩方 圓者動而方者止 不踰矩 卽是明德之止至善 絜矩 卽
> 是新民之止至善〕《詳說》

하였는데, 農巖은

> 雲峰胡氏가 여덟 節로 나눈 것은 본래 朱子의 說에서 나왔다.〔雲峰分爲八節 本出朱子說〕

《詳說》

하였다.

章句ㅣ 老老는 所謂老吾老也라 興은 謂有所感發而興起也라 孤者는 幼而無父之稱이라 絜은 度(탁)也라[203] 矩는 所以爲方也라[204] 言 此三者는 上行下效가 捷於影響[205]하니 所謂家齊而國治也[206]니 亦可以見人心之所同하여 而不可使有一夫之不獲[207]矣라 是以로 君子必當因其所同하여 推以度物[208]하여 使彼我之間으로 各得分願하면 則上下四旁이 均齊方正하여 而天下平矣리라

---

203 〔詳說〕 絜 度也: 朱子가 말씀하였다. "《莊子》의 이른바 '絜之百圍(헤아려 보니 백 아름이다.)'와 《賈子》의 이른바 '度長絜大(길이를 헤아려 보고 크기를 헤아려 본다.)'라는 것이다. 이전의 諸儒들이 억지로 絜(깨끗할 결)로 해석하였으니, 전혀 의미가 없었다. 先友 范太史(范祖禹)가 홀로 이것을 말씀하니, 그런 뒤에 그 이치가 통할 수 있었다.〔莊子所謂絜之百圍 賈子所謂度(탁)長絜大者也 前此諸儒 强訓以絜(潔) 殊無意謂 先友范太史獨以此言之 而後其理可得而通也〕○ 雙峰饒氏(饒魯)가 말하였다. "絜은 새끼줄로 물건을 둘러싸서 그 大小를 아는 것이다.〔絜者 以索(삭)圍物 而知其大小也〕"

204 〔詳說〕 矩 所以爲方也:《大全》에 말하였다. "세속에서 曲尺이라고 부르니, 이것은 빌어서 비유한 것이다.〔俗呼曲尺 此借以爲喩〕"
〔記疑〕 矩는 천하에 지극히 네모진 것이니, 지극히 네모진 기구로 헤아리면 그 이루어지는 바가 반드시 네모지게 된다.〔矩者 天下之至方者也 以至方之器絜之 則其所就必方矣〕"

205 〔譯註〕 捷於影響:물체가 있으면 그림자가 있고 소리를 지르면 즉시 메아리가 되울려오는 것처럼 그 효과가 즉시 나타남을 비유한 것이다.

206 〔詳說〕 上行下效……所謂家齊而國治也:新安陳氏(陳櫟)가 말하였다. "'上行'은, 노인을 노인으로 섬기고 어른을 어른으로 받들며 외로운 이를 구휼함을 이르고, '下效'는 孝를 흥기하고 弟를 흥기하고 배반하지 않음을 이른다. 이는 곧 윗장(9章 1節)의 '孝·弟·慈가 집안을 나가지 않고 가르침을 나라에 이룬다.'는 것이니, 《章句》는 윗장을 이어서 말한 것이다.〔上行 謂老老長長恤孤 下效 謂興孝興弟不倍 此卽上章孝弟慈 所以不出家而成敎於國者 章句接上章說下來〕○ '上'은 바로 군주 한 사람이다. '興孝·興弟'는 '興仁·興讓'과 뜻이 같다. '不倍' 이상은 다시 上文의 일을 말하여 絜矩의 말을 일으킨 것이다.〔上 卽一人也 興孝興弟 與興仁興讓同意 不倍以上 復說上文之事 以引起絜矩之說〕○ 農巖이 말씀하였다. "'興慈'라고 말하지 않고 '不倍'라고 말한 것은 아마도 깊은 뜻이 없는 듯하다.〔不曰興慈而曰不倍者 恐無深意〕○ 살펴보건대 '不倍'는 그 군주를 배반하지 않음을 말한 것이 아니고, 아마도 사랑하는 道에 위배되지 않음을 말한 듯하다.〔按 不倍 非謂不倍其君也 蓋言不倍於慈之道也云〕

207 〔譯註〕 一夫之不獲:《書經》《商書 說命下》에 "한 지아비라도 제 살 곳을 얻지 못하면 이는 나의 잘못이다.〔一夫不獲 則曰時予之辜〕"라고 한 伊尹의 말씀이 보인다.

208 〔詳說〕 君子必當因其所同 推以度物:《大全》에 말하였다. "物은 바로 人(남)이다.〔物卽人也〕○ 이 句는 바로 絜자를 해석하였다.〔此句 正釋絜字〕"
〔記疑〕《章句》의 '所同'은 矩이고 '度物'은 絜이고 '均齊方正'은 功效이다.〔章句所同 矩也 度物 絜也 均齊方正 效也〕"

••• 度 헤아릴 탁 捷 빠를 첩 影 그림자 영 響 메아리 향 獲 얻을 획 旁 곁 방

'老老'는 《孟子》〈梁惠王上〉에) 이른바 '내 노인을 노인으로 섬긴다.'는 것이다. '興'은 感發한 바가 있어 興起함을 이른다. '孤'는 어려서 아버지가 없는 자의 칭호이다. '絜'은 헤아림이다. '矩'는 네모진 것을 만드는 기구이다. 이 세 가지는 윗사람이 행하면 아랫사람이 본받는 것이 그림자와 메아리보다도 빠르니, 이른바 '집안이 가지런해짐에 나라가 다스려진다.'는 것이니, 또한 사람의 마음이 똑같은 바여서 한 지아비라도 살 곳을 얻지 못함이 있게 해서는 안 됨을 볼 수 있다. 이 때문에 君子가 반드시 마땅히 그 같은 바를 인하여 미루어서 남을 헤아려 彼我의 사이로 하여금 각각 分數와 소원을 얻게 하는 것이니, 이렇게 하면 上下와 四方이 고르고 方正하여 천하가 平해질 것이다.

10-2. 所惡(오)於上으로 毋以使下하며 所惡於下로 毋以事上하며 所惡於前으로 毋以先後하며 所惡於後로 毋以從前하며 所惡於右로 毋以交於左하며 所惡於左로 毋以交於右가 此之謂絜矩之道니라

윗사람에게서 싫었던 것으로써 아랫사람을 부리지 말며, 아랫사람에게서 싫었던 것으로써 윗사람을 섬기지 말며, 앞사람(前任者)에게서 싫었던 것으로써 뒷사람(後任者)에게 加하지 말며, 뒷사람에게서 싫었던 것으로써 앞사람을 따르지 말며, 오른쪽에게서 싫었던 것으로써 왼쪽에게 사귀지 말며, 왼쪽에게서 싫었던 것으로써 오른쪽에게 사귀지 말 것이니, 이것을 일러 '絜矩의 道'라고 한다.

按說 | '所惡於前 毋以先後'에 대하여, 朱子는

  '前·後'는 교대하는 관원(전임자와 후임자)과 같다.〔如交代官〕《詳說》

하였다. 壺山은

  '先後'는 앞사람에게서 싫었던 것을 뒷사람에게 베풂을 이르고, '從前'은 뒷사람에게서 싫었던 것을 따라서 앞사람에게 베풂을 말한 것이다.〔先後 謂先之而施於其後者 從前 謂從之而施於其前者〕

하였다. 朱子는

··· 毋말무

'左·右'는 동쪽 이웃, 서쪽 이웃과 같다.〔如東西隣〕《詳說》

하였다. 壺山은

'先(前)·後'는 차례가 있으므로 '先·從' 두 글자를 나누어서 말하고, '左·右'는 구분이 없
으므로 모두 '交'로 말하였다.〔先後有序 故分言先從二字 左右則無分 故皆以交言之〕

하였다.

雲峰胡氏는

이상은 이 章의 두 번째 節이니, '이것을 일러 絜矩의 道라고 한다.'를 말한 것이니, 모름지기
〈1節 말미의〉'是以有'와 〈2節 말미의〉'此之謂'의 여섯 글자를 살펴보아야 할 것이다.〔右第
二節 言此之謂絜矩之道 須看是以有 此之謂六字〕《詳說》

하였다.

章句|此는 覆解上文絜矩二字之意라 如不欲[209]上[210]之無禮於我어든 則必以此度
(탁)下之心하여 而亦不敢以此無禮使之하며 不欲下之不忠於我어든 則必以此度上
之心하여 而亦不敢以此不忠事之라 至於前後左右에 無不皆然이면 則身之所處[211]
上下四旁[212]에 長短廣狹이 彼此如一하여 而無不方矣리니 彼同有是心而興起焉者
又豈有一夫之不獲哉리오 所操者約이나 而所及者廣[213]하니 此는 平天下之要道也

---

209 〔詳說〕不欲 : 싫어하는 바는 반드시 증오의 뜻은 아니다. 그러므로 '不欲'으로 해석한 것이다.〔所惡 非
必是憎之之義 故以不欲釋之〕

210 〔詳說〕上 : 君(군주)과 親(어버이)이 모두 上이다.〔君親皆上也〕

211 〔詳說〕身之所處 : 朱子가 말씀하였다. "자신은 중앙에 있는 것이다.〔自家在中央〕"

212 〔詳說〕四旁 :《大全》에 말하였다. "前後와 左右는 四旁이 되니, '四旁'은 바로 四方이다.〔前後左右爲
四旁 四旁卽四方也〕"

213 〔詳說〕所操者約 而所及者廣 : 雲峰胡氏가 말하였다. "단지 한 '矩'자인 것은 이 마음이 잡고 있는 바
가 간략한 것이요, 하나의 '絜'자를 더하면 이 마음의 미치는 바가 넓은 것이다.〔只一矩字 此心所操者
約 加一絜字 此心所及者廣〕○ 살펴보건대 雲峰胡氏는 아마도 또한 '絜矩'를 '矩로써 헤아린다'는
뜻으로 말한 듯하니, 옳지 않은 듯하다.[1] '約'은 本然의 矩로 헤아림을 말한 것이요, '廣'은 上下와 四旁
이 모두 矩가 됨을 말한 것이다.〔按雲峰蓋亦以絜之以矩之意言之 恐不然 約 謂以本然之矩絜之也
廣 謂上下四旁之皆爲矩也〕
　　譯註 1. 雲峰胡氏는……듯하다 : 壺山은 '絜矩'를 '絜하여(헤아려서) 矩에 맞게 하는 것'으로 보아
雲峰胡氏의 說을 비판하였는바, 위의 '絜矩之道'에 대한 해석과 부록을 참고하기 바란다.

••• 覆 반복할복 狹 좁을협 方 바를방 操 잡을조 約 요약할약

라 故로 章內之意 皆自此而推之²¹⁴하니라

이는 윗글의 '絜矩' 두 글자의 뜻을 반복하여 해석한 것이다. 내가 만일 윗사람이 나에게 無禮함을 원하지 않거든 반드시 이로써 아랫사람의 마음을 헤아려서 나 역시 감히 이 無禮함으로써 아랫사람을 부리지 말며, 아랫사람이 나에게 不忠함을 원하지 않거든 반드시 이로써 윗사람의 마음을 헤아려서 나 역시 이 不忠함으로써 윗사람을 섬기지 말아야 한다. 前·後와 左·右에 이르러서도 모두 이렇게 하지 않음이 없으면 몸이 처한 바의 上下와 四方(前後左右)에 길고 짧음과 넓고 좁음이 彼此가 똑같아져서 方正하지 않음이 없을 것이니, 저 똑같이 이 마음을 가지고 있어서 興起하는 자가 또 어찌 한 지아비라도 살 곳을 얻지 못함이 있겠는가. 잡는 바는 요약되지만 미치는 바는 넓으니, 이는 天下를 平하게 하는 要道(중요한 방도)이다. 그러므로 章 안의 뜻이 모두 이로부터 미루어 간 것이다.

10-3. 詩云 樂只君子여 民之父母라하니 民之所好를 好之하며 民之所惡(오)를 惡之 此之謂民之父母니라

《詩經》에 이르기를 "즐거운(和樂한) 君子여, 백성들의 父母이다." 하였으니, 백성들이 좋아하는 바를 좋아하며 백성들이 싫어하는 바를 싫어하는 것, 이것을 일러 '백성의 父母'라 하는 것이다.

按說 | '好之……惡之'에 대하여, 艮齋는

'好之'와 '惡之'를 尋常하게 보아서는 안 되니, 요컨대 人民의 上이 된 자는 마땅히 반복하여 자세히 살펴서 一毫라도 백성들의 好惡와 다른 곳이 없어야 비로소 絜矩할 수 있는 것이다.〔好之惡之 不可尋常看 要爲人上者 宜反覆周察 無一毫與民之好惡異處 方是能絜矩〕

---

214 〔詳說〕章內之意 皆自此而推之 : 살펴보건대 이 句와 章下註에는 모두 絜矩를 미루어 말하였으니, 바로 서로 호응이 된다. 그 사이 註에 모두 다섯 번 絜矩를 제기하였다.〔按此句與章下註 皆推言絜矩 正相爲呼應 其間註 凡五提絜矩〕 ○ 朱子가 말씀하였다. "絜矩의 큰 것은 재물에 있으니, 재물은 사람들이 똑같이 좋아하는 것이다. 이 때문에 후면에 다만 재물만을 말한 것이다.〔絜矩之大者 在於財 財者 人之所同好也 所以後面只說財〕"

… 只 어조사 지

하였다.

章句ㅣ 詩는 小雅南山有臺之篇이라 只는 語助辭라 言 能絜矩而以民心爲己心[215]이
면 則是愛民如子하여 而民愛之如父母矣[216]리라

詩는 〈小雅 南山有臺〉篇이다. '只'는 어조사이다. 능히 絜矩하여 백성들의 마음으로써 자
신의 마음을 삼는다면 이는 백성을 사랑하기를 자식과 같이 하는 것이어서 백성들이 군주를
사랑하기를 父母와 같이 함을 말씀한 것이다.

10-4. 詩云 節(截)彼南山이여 維石巖巖이로다 赫赫師尹이여 民具(俱)爾瞻이라하니 有國者 不可以不愼이니 辟則爲天下僇(륙)矣니라

《詩經》에 이르기를 "깎아지른 저 南山이여, 돌이 높고 높구나. 赫赫한 太師 尹氏여,
백성들이 모두 너를 본다." 하였으니, 나라를 소유한 자는 삼가지 않으면 안되니, 편벽되
면 천하의 죽임이 되는 것이다.

章句ㅣ 詩는 小雅節南山之篇이라 節은 截然高大貌라 師尹은 周太師尹氏也라 具는
俱也요 辟은 偏也라 言 在上者는 人所瞻仰이니 不可不謹이라 若不能絜矩하여 而好
惡를 徇於一己之偏[217]이면 則身弑國亡하여 爲天下之大戮矣[218]리라

---

215 〔詳說〕能絜矩而以民心爲己心 : 朱子가 말씀하였다. "좋아하는 바를 백성들을 위하여 모아 주고, 싫
어하는 바를 베풀지 않는 것이다.〔所好 與之聚之 所惡 不以施焉¹〕"

　　譯註 1. 所好……不以施焉 :《孟子》〈離婁上〉9章의 '所欲 與之聚之 所惡 勿施爾也'를 약간 변형
하여 쓴 것이다.

216 〔詳說〕民愛之如父母矣 :《大全》에 말하였다. "이것은 絜矩를 잘한 효과를 말한 것이다.〔此言能絜矩
之效〕"

217 〔記疑〕好惡 徇於一己之偏 :〈經文의〉'不可不愼'의 愼은 범연히 謹愼함이 아니요 바로 그 好惡를
삼가는 것이다. 군주와 백성의 好惡에 한 가지 일이라도 어긋남이 있으면 바로 조심하고 謹愼해서 감
히 소홀히 함이 있어서는 안 되는 것이다.〔不可不愼 愼非泛泛謹愼 正愼其所好惡 君民好惡 纔有一
事差互 便小心謹愼 不敢有忽〕

218 〔詳說〕爲天下之大戮矣 : 天下가 함께 그를 주벌한다면 이것은 큰 죽임〔大戮〕이 되는 것이다.〔天下共
誅之 是大戮也〕○《大全》에 말하였다. "이것은 絜矩하지 못한 禍를 말하였으니, 위의 節(10章 3節)
과 정반대이다.〔此言不能絜矩之禍 與上節正相反〕"

⋯ 臺 대 대 節 산깎아지른듯할 절(截通) 巖 높을암 赫 빛날혁 具 갖출구, 모두구 爾 너 이 瞻 볼 첨
　　僇 죽일 륙 仰 우러를앙 徇 따를 순 戮 죽일 륙

詩는 〈小雅 節南山〉篇이다. '節'은 截然히 높고 큰 모양이다. 師尹은 周나라 太師인 尹氏이다. '其'는 모두이고, '辟'은 편벽됨이다. 윗자리에 있는 자는 사람들이 보고 우러르는 바이니, 삼가지 않을 수 없다. 만일 絜矩하지 못해서 좋아하고 미워함을 자기 한 몸의 편벽됨을 따르면 자신은 시해당하고 나라는 망하여 천하에 큰 죽임이 됨을 말씀한 것이다.

10-5. 詩云 殷之未喪師엔 克配上帝러니라 儀(宜)監于殷이어다 峻命不易(이)라하니 道得衆則得國하고 失衆則失國이니라

《詩經》에 이르기를 "殷나라가 무리(民衆)를 잃지 않았을 적에는 능히 上帝를 짝했었다. 그러하니 마땅히 〈멸망한〉殷나라를 거울로 삼을지어다. 큰 命을 보존하기가 쉽지 않다." 하였으니, 무리를 얻으면 나라를 얻고 무리를 잃으면 나라를 잃음을 말씀한 것이다.

按說 | '殷之未喪師 克配上帝'의 懸吐에 대하여, 艮齋는

> '殷之未喪師인 克配上帝러니라'로 吐를 달아야 하니, 이와 같이 읽은 뒤에야 '未喪師' 안에 喪師의 뜻이 포함되어서 비로소 아래의 '무리를 얻으면 나라를 얻고 무리를 잃으면 나라를 잃는다.'의 해석과 서로 응하게 된다.〔殷之未喪師인 克配上帝러니라 如此讀 然後未喪師中 包喪師意 方與下得衆得國失衆失國之釋相應〕

하였는바, 官本諺解와 栗谷諺解에 모두 '未喪師애'로 되어 있으므로 이렇게 말한 것이다.
'儀(宜)監于殷'에 대하여 壺山은

> 바로 殷나라의 거울삼음이 멀지 않아, 夏나라의 세대에 있다는 뜻이니, 마땅히 紂王이 나라를 잃음을 거울삼아 경계하여야 함을 말한 것이다.〔卽殷監不遠 在夏世之意.[219] 謂宜監紂之失國 以爲戒也〕

하였다.
雲峰胡氏는

---

219 譯註 卽殷監不遠 在夏世之意 : 《詩經》〈大雅 蕩〉에 "殷鑑不遠 在夏后之世"라고 보이는데, 《孟子》〈離婁上〉에도 이 詩를 인용하였다.

··· 喪 잃을 상 師 무리 사 儀 마땅할 의 監 볼 감 峻 클 준

이상은 세 번째 節이니, 좋아하고 미워하는 것에 나아가서 絜矩의 道를 말한 것이다. 好·惡의 두 글자는 이미 誠意(6章 1節)와 修身(8章 1節) 두 章에서 나타났으니, 誠意章은 자신에게 있는 것을 좋아하고 미워하는 것이고, 修身章은 미루어서 다른 사람에게 있는 것을 좋아하고 미워하는 것이며, 이 章은 또다시 미루어서 천하 사람을 좋아하고 미워하는 것이다. 修身章은 愼獨을 하지 못하면 좋아하고 미워함이 편벽되어서 그 집을 가지런히 하지 못함을 말하였고, 이 章은 絜矩를 하지 못하면 좋아하고 미워함이 편벽되어서 천하를 균평하게 할 수 없음을 말하였으니, 이른바 '血脈(문맥)이 서로 관통한다.'는 것을 또한 여기에서 볼 수 있다.〔右第三節 就好惡 言絜矩 好惡二字 已見誠修二章 誠意章 是好惡其在己者 修身章 推之以好惡其在人者 此章又推之以好惡天下之人者也 修身章言不能愼獨 則好惡之辟 不足以齊其家 此章言不能絜矩 則好惡之辟 不足以平天下 所謂血脈貫通者 又於此見之〕《詳說》

하였는데, 沙溪는 "雲峰胡氏의 說은 견강부회하였다.〔雲峰說牽合〕" 하였다.《詳說》

壺山은

人情의 좋아하는 바는 재물보다 더한 것이 없다. 그러므로 好惡節(5節)의 아래에 마침내 '財'자를 말하였다. 무리(백성의 마음)를 얻는 방도는 재물을 풍족히 함에 있으니, 《孟子》의 '생업을 제정해 주어 왕 노릇한다.'는 것도 이 뜻이다.〔人情之所好 莫如財 故好惡節之下 遂說出財字 蓋得衆之道 在乎足財 孟子制産而王 亦此意也〕

하였다.

章句 l 詩는 文王篇이라 師는 衆也[220]라 配는 對也니 配上帝는 言其爲天下君而對乎上帝也[221]라 監은 視也요 峻은 大也라 不易는 言難保也[222]라 道는 言也라 引詩而言此하여 以結上文兩節之意라 有天下者 能存此心而不失이면 則所以絜矩而與民

---

220 〔詳說〕師 衆也 : '喪師'는 바로 '失衆'이다. '未喪師'는 본래 紂王이 무리를 잃음을 위하여 말한 것이다. 그러므로 끝구에 아울러 '失衆'을 언급한 것이다.〔喪師即失衆也 未喪師 本爲紂之喪師而言 故末句幷及失衆〕

221 〔詳說〕配上帝 言其爲天下君而對乎上帝也 : 〈配上帝'는〉上帝와 짝하는 것이니, 紂王이 이렇게 하지 못함을 위주하여 말하였다.〔與上帝爲敵偶也 主言紂之不能然也〕

222 〔詳說〕不易 言難保也 : 紂王을 위주하여 말하였기 때문에 다만 보존하기 어려움만을 말하고, 얻기 어려움을 말하지 않은 것이다.〔主言紂 故只言難保 而不言難得〕

同欲者²²³ 自不能已矣라

詩는 〈大雅 文王〉篇이다. '師'는 무리(民衆)이다. '配'는 짝함이니, '配上帝'는 천하의 군주가 되어 上帝와 짝함을 말한다. '監'은 봄이요, '峻'은 큼이다. '不易'는 보존하기 어려움을 말한다. '道'는 말함이다.《詩經》을 인용하고 이것을 말하여 윗글 두 節(10章 3節, 4節)의 뜻을 맺은 것이다. 천하를 소유한 자가 능히 이 마음을 보존하고 잃지 않으면 絜矩하여 백성들과 하고자 함을 함께 함이 자연 그만둘 수 없을 것이다.

10-6. 是故로 君子는 先愼乎德이니 有德이면 此有人이요 有人이면 此有土요 有土면 此有財요 有財면 此有用이니라

이러므로 君子는 먼저 德을 삼가는 것이니, 德이 있으면 이에 人民이 있고 人民이 있으면 이에 土地가 있고 土地가 있으면 이에 재물이 있고 재물이 있으면 이에 用이 있는 것이다.

> 章句ㅣ先謹乎德²²⁴은 承上文不可不謹而言²²⁵이라 德은 卽所謂明德이라 有人은 謂得衆이요 有土는 謂得國이라 有國이면 則不患無財用矣²²⁶리라

---

223 〔詳說〕所以絜矩而與民同欲者 : 백성들이 좋아하는 것을 좋아하고, 백성들이 싫어하는 것을 싫어하는 것이다.〔所好 好之 所惡 惡之〕

224 譯註 先謹乎德 : 원문에는 '先愼乎德'으로 되어 있으나 朱子가 당시 宋나라 孝宗의 諱를 피하여 뜻이 비슷한 '謹'으로 바꿔 쓴 것으로 '不可不謹'과 '謹獨' 역시 그러하다. 앞의 傳文 6章 譯註에 자세히 보인다.

225 〔記疑〕承上文不可不謹而言 : 上文의 '不可不愼'은 好惡를 위주하여 말한 것이고, 여기에 '先愼乎德'을 말한 것은 格物·致知·誠意·正心·修身을 모두 포함하여 말한 것이다. 愼德은 天德인 絜矩가 있어야 비로소 王道를 말할 수 있는 것인데, 후세의 人君은 천하를 다스리고자 하면서 道德에 근본하지 않고 도리어 權謀를 가지고 주장하였으니, 아 슬프다.〔上文不可不愼 主好惡言 此言先愼乎德 總包格致誠正修而言 愼德 是有天德絜矩 方可語王道 後世人君 欲治天下 而不本道德 却將權謀爲主 噫〕

226 〔詳說〕有國 則不患無財用矣 : 살펴보건대, 饒氏(饒魯)가 '此'는 斯와 같다고 말한 것이 맞는다. 斯자에는 則자의 뜻이 있으니, 註 가운데 한 '則'자는 네 '此'자를 다 포함한 것이다.〔按饒氏以爲此猶斯也者 得之 斯字有則字義 註中一則字 所以該四此字也〕 ○ 栗谷이 말씀하였다. "柳眉巖(柳希春)은 「用」은 器用이다.' 라고 하였으니, 옳지 않다.¹⁾〔柳眉巖云 用 器用也 不是〕
　譯註 1. 栗谷이……않다 : 살펴보건대 여기의 '用'은 윗절의 '用之者舒'의 用이다.

··· 已 그만둘 이

'먼저 德을 삼간다'는 것은 윗글(10章 4節)의 '不可不謹'을 이어서 말씀한 것이다. '德'은 곧 이른바 明德이란 것이다. '有人'은 무리를 얻음을 이르고, '有土'는 나라를 얻음을 이른다. 나라가 있으면 財·用이 없음을 걱정할 것이 없으리라.

10-7. 德者는 本也요 財者는 末也니

德은 근본이요 재물은 末이니,

> 章句 | 本上文而言²²⁷이라

윗글을 근본하여 말한 것이다.

10-8. 外本內末이면 爭民施奪이니라

근본(德)을 밖으로 하고 末(재물)을 안으로 하면 백성들을 다투게 하여 劫奪하는 가르침을 베푸는 것이다.

> 章句 | 人君이 以德爲外하고 以財爲內하면 則是爭鬪其民하여 而施之以劫奪之敎也라 蓋財者는 人之所同欲이어늘 不能絜矩而欲專之면 則民亦起而爭奪矣리라

人君이 德을 밖으로(뒷전으로) 여기고 재물을 안으로(우선으로) 여긴다면 이는 백성들을 爭鬪하게 하여 劫奪하는 가르침을 베푸는 것이다. 재물은 사람들이 똑같이 바라는(원하는) 바인데, 絜矩하지 못하여 독차지하고자 한다면 백성들 또한 일어나 다투어 빼앗게 될 것이다.

---

227 〔詳說〕本上文而言 : 新安陳氏(陳櫟)가 말하였다. "德이 있은 이후에 인민이 있고 토지가 있고, 토지가 있은 이후에 비로소 재물이 있으니, 德이 근본이 되고 재물이 末이 됨을 알 수 있다.〔有德而後 有人 有土 有土而後 方有財 可見德爲本而財爲末矣〕"

··· 施 베풀 시 奪 빼앗을 탈 劫 위협할 겁 鬪 싸울 투 專 오로지 전

10-9. 是故로 財聚則民散하고 財散則民聚니라

이러므로 재물이 모이면 백성이 흩어지고, 재물이 흩어지면 백성들이 모이는 것이다.

章句 | 外本內末故로 財聚하고 爭民施奪故로 民散이라 反是면 則有德而有人矣리라

근본을 밖으로 하고 末을 안으로 하기 때문에 재물이 모이고, 백성들을 다투게 하여 劫奪하는 가르침을 베풀기 때문에 백성들이 흩어지는 것이다. 이와 반대로 하면 德이 있어서 人民이 있게 될 것이다.

10-10. 是故로 言悖而出者는 亦悖而入하고 貨悖而入者는 亦悖而出이니라

이러므로 말이 도리에 어긋나게 나간 것은 또한 도리에 어긋나게 들어오고, 재물이 도리에 어긋나게 들어온 것은 또한 도리에 어긋나게 나가는 것이다.

章句 | 悖는 逆也라 此는 以言之出入으로 明貨之出入也라 自先謹乎德以下로 至此는 又因財貨하여 以明能絜矩與不能者之得失也라

'悖'는 어그러짐이다. 이는 말의 나가고 들어옴을 가지고 재물의 나가고 들어옴을 밝힌 것이다. '先謹乎德'(10章 6節) 이하로부터 여기까지는 또다시 財貨를 인하여 능히 絜矩한 자와 능히 絜矩하지 못한 자의 得失을 밝힌 것이다.

10-11. 康誥曰 惟命은 不于常이라하니 道善則得之하고 不善則失之矣니라

〈康誥〉에 이르기를 "天命은 일정한 곳에 하지 않는다." 하였으니, 善하면 얻고 善하지 않으면 잃음을 말한 것이다.

按說 | '惟命不于常'에 대하여, 艮齋는

··· 聚 모을 취 散 흩을 산 悖 어그러질 패 逆 거스릴 역 財 재물 재 貨 재화 화 道 말할 도

'惟命不于常'은 人民의 上이 된 자는 이 뜻이 매우 두려워할 만함을 알아야 한다. 옛 사람이 "두 '則'자에는 갑자기 전환하고 바뀌는 뜻이 있다." 하였으니, 이는 後王의 경계가 됨이 깊다.〔惟命不于常 爲人上者 要知得此意 甚可懼 古人云 二則字 有倏忽轉移之意 此爲後王之戒深矣〕

하였다. 雲峰胡氏는

이상은 네 번째 節이니, 財用에 나아가서 絜矩를 말하였다.〔右第四節 就財用 言絜矩〕《詳說》

하였다.

章句 | 道는 言也라 因上文引文王詩之意而申言之[228]하니 其丁寧反覆之意 益深切矣로다

'道'는 말함이다. 윗글(10章 5節)의 〈文王〉詩를 인용한 뜻을 인하여 거듭 말하였으니, 그 丁寧하고 반복한 뜻이 더욱 깊고 간절하다.

10-12. 楚書曰 楚國은 無以爲寶요 惟善을 以爲寶라하니라

〈楚語〉에 이르기를 "楚나라는 보배로 여기는 것이 없고 오직 善人을 보배로 여긴다." 하였다.

章句 | 楚書는 楚語라 言不寶金玉而寶善人也[229]라

---

228 〔詳說〕因上文引文王詩之意而申言之:玉溪盧氏(盧孝孫)가 말하였다. "'命不于常'은 바로 '하늘의 큰 命을 보존하기 쉽지 않다'는 뜻이요, '善則得 不善則失'은 바로 10章 5節의 '무리를 얻으면 나라를 얻고 무리를 잃으면 나라를 잃는다.'는 뜻이다. 善은 바로 止於至善의 善이다.〔命不于常 卽駿命不易之意 善則得 不善則失 卽得國失國之意 善卽止至善之善〕"

229 〔譯註〕楚書……言不寶金玉而寶善人也:'楚書'는 楚語로《國語》의 편명이고 '善人'은 楚나라 昭王 때의 大夫인 觀射父(관역보, 또는 관야보)와 靈王 때의 左史인 倚相을 가리킨다.《大全》에《國語》〈楚語〉에 "楚나라의 大夫인 王孫圉가 晉나라에 빙문을 가자 晉나라 定公이 그에게 연향을 베풀어주었다. 이때 趙簡子(趙鞅)가 佩玉을 울리면서 禮를 도왔는데, 王孫圉에게 묻기를 '楚나라의 보물인 白珩(白玉으로 만든 佩玉)이 아직도 楚나라에 있습니까? 보물의 가치는 얼마나 됩니까?' 하니, 王孫圉가 말하였다. '우리 楚나라의 보물은 대부인 觀射父입니다. 그는 訓辭에 뛰어나 제후국에 가서 외교활동에

••• 覆 반복할 복 楚 초나라 초

楚書는《國語》〈楚語〉이다. 金玉을 보배로 여기지 않고 善人을 보배로 여김을 말한 것이다.

10-13. 舅犯曰 亡人은 無以爲寶요 仁親을 以爲寶라하니라

舅犯이 말하기를 "도망온 사람은 보배로 여기는 것이 없고, 어버이를 사랑함을 보배로 여긴다." 하였다.

按說 | 雲峰胡氏는

이상은 다섯 번째 節이니, 마땅히 윗글(10章 11節)의 善·不善과 연결하여 보아야 한다. 두 '寶'자는 윗글의 財用과 善과 仁을 맺었고, 또 아래 글의 뜻을 일으켰다. 세 번째 節(10章 3~5節)은 好惡를 말하였고, 네 번째 節(10章 6~11節)은 財用을 말하였고, 이 節(10章 12~13節)은 財用과 好惡를 겸하여 말하였다.〔右第五節 當連上文善與不善看 兩寶字 結上文財用善仁 又起下文之意 蓋第三節言好惡 第四節言財用 此則兼財用好惡言 也〕《詳說》

하였다.

章句 | 舅犯은 晉文公舅狐偃이니 字子犯[230]이라 亡人은 文公이 時爲公子하여 出亡 在外也라 仁은 愛也라 事見(현)檀弓[231]하니라 此兩節은 又明不外本而內末之意라

───────

종사하여 우리 임금께 시빗거리가 되지 않게 합니다. 또 左史인 倚相이 있어 先王의 訓辭와 典籍에 관한 것을 달통하여 여러 가지 일을 차례에 맞게 정하고 아침저녁으로 前代의 成敗를 우리 임금께 아뢰어서 先王의 功業을 잊지 않게 하며, 제후들이 지나치게 좋은 폐백을 좋아하면 訓辭로써 인도합니다. 그리하여 우리 임금께서 제후들에게 잘못을 저지르지 않고 백성들을 보호하게 하니, 이것이 우리 楚나라의 보배입니다. 白珩으로 말하면 先王께서 구경하시고 갖고 놀던 물건이니, 어찌 보배로 여길 것이 있겠습니까?'〔王孫圉聘於晉 定公饗之 趙簡子鳴玉以相 問於王孫圉曰 楚之白珩 猶在乎 其爲寶也 幾何矣 曰 楚之爲寶者 曰觀射父 能作訓辭 以行事於諸侯 使無以寡君爲口實 又有左史倚相 能 通訓典 以叙百物 以朝夕獻善敗於寡君 使寡君無忘先王之業 若諸侯之好幣具而導之以訓辭 寡 君其可以免罪於諸侯而國民保焉 此楚國之寶也 若夫白珩 先王之玩也 何寶之焉〕" 하였다.

230 譯註 晉文公舅狐偃 字子犯:壺山은 "'晉文公舅狐偃字子犯' 아홉 글자가 한 句이다.〔九字一句〕" 하였는데, 아홉 글자를 한 句로 보고 '晉나라 文公의 외숙인 狐偃의 字가 子犯이다.'로 해석한 것이다.

231 譯註 舅犯……事見檀弓:'亡人'은 喪人과 같은 말로 晉나라의 公子인 重耳인데, 당시 망명 중이었기

··· 舅 외삼촌 구 犯 범할 범 狐 여우 호 偃 누울 언 檀 박달나무 단

舅犯은 晉나라 文公의 외숙인 狐偃이니, 字가 子犯이다. '亡人'은 文公이 당시 公子가 되어서 〈晉나라를〉 나가 망명하여 밖에 있었던 것이다. '仁'은 사랑함이다. 일이 《禮記》〈檀弓〉에 보인다.

이 두 節은 또 근본을 밖으로 하지 않고 末을 안으로 하지 않는 뜻을 밝힌 것이다.

10-14. 秦誓曰 若有一个臣이 斷斷兮無他技나 其心이 休休焉其如有容焉이라 人之有技를 若己有之하며 人之彦聖을 其心好之 不啻若自其口出이면 寔(식)能容之라 以能保我子孫黎民이니 尚亦有利哉인저 人之有技를 媢疾以惡(오)之하며 人之彦聖을 而違之하여 俾不通이면 寔不能容이라 以不能保我子孫黎民이니 亦曰殆哉인저

〈秦誓〉에 이르기를 "만일 어떤 한 신하가 斷斷하고 다른 技藝가 없으나 그 마음이 곱고 고와 용납함이 있는 듯하여, 남이 가지고 있는 技藝를 자신이 소유한 것처럼 여기며 남의 훌륭하고 聖스러움을 그 마음에 좋아함이 자기 입에서 나온 것보다도 더한다면

때문에 자신을 亡人이라 칭한 것이다. 《禮記》〈檀弓下〉에 "晉나라 獻公의 喪에 秦나라 穆公이 사람을 시켜 公子 重耳에게 조문을 하게 하고, 또 말하기를 '寡人은 들으니, 「나라를 잃는 것도 항상 이러한 때에 있었고, 나라를 얻는 것도 항상 이러한 때에 있었다.」 하니, 비록 그대가 엄숙하게 喪服의 가운데에 있으나 지위를 잃는 것(망명생활)을 또한 오래 할 수 없고 이 기회를 또한 놓칠 수 없으니, 孺子(重耳)는 도모하라.' 하였다. 重耳가 이 말을 외숙인 子犯에게 전하자, 子犯이 말하기를 '孺子는 사양하라. 「喪人(지위를 잃은 사람)은 보배로 삼을 것이 없고 어버이를 사랑함을 보배로 여깁니다. 아버지의 죽음이 어떤 일입니까? 그런데 또 따라서 이익으로 삼는다면 천하에 그 누가 나를 위해 변명해 주겠습니까.」라고 孺子는 사양하라.' 하였다.〔晉獻公之喪 秦穆公 使人弔公子重耳 且曰 寡人聞之 亡國恒於斯 得國恒於斯 雖吾子儼然在憂服之中 喪亦不可久也 時亦不可失也 孺子其圖之 以告舅犯 舅犯曰 孺子其辭焉 喪人無寶 仁親以爲寶 父死之謂何 又因以爲利 而天下其孰能說之 孺子其辭焉〕"라고 보인다. 춘추시대 晉나라 獻公은 戎을 정벌하여 驪姬라는 여인을 얻고는 그녀의 미모에 혹하여 그녀의 참소하는 말을 듣고 太子인 申生을 죽이니, 公子 重耳 등이 모두 외국으로 망명하였다. 獻公이 죽자 秦나라 穆公은 사람을 보내어 重耳에게 조문하는 한편 자신이 병력을 보내어 지원해줄 테니, 빨리 本國으로 돌아가 임금의 자리를 차지하라고 하였다. 經文의 내용은 重耳가 외숙인 狐偃(子犯)에게 대답할 말을 물으니, 狐偃이 일러준 말이다. 한편 秦나라 穆公은 또 다른 公子인 夷吾에게 위와 똑같은 제의를 하여 夷吾가 本國으로 돌아가 즉위하니, 이가 바로 惠公이다. 이로써 重耳는 어버이를 사랑할 줄 아는 仁人君子로 세상에 알려졌으나 본국에 돌아가지 못하고 망명생활을 계속하다가 惠公이 죽고 그의 아들 懷公이 즉위하여 失政이 많자, 重耳가 귀국하여 즉위하니, 이가 文公으로 齊나라를 이어 霸者가 되어 晉나라는 오랫동안 패권을 잡게 되었다.

··· 秦 진나라 진 誓 맹세할 세 个 낱 개(個同) 斷 한결같을 단 技 기술 기 休 아름다울 휴 彦 선비 언 啻 뿐 시 寔 진실로 실(식) 黎 검을 려 尙 거의 상 媢 시기할 모 疾 미워할 질 俾 하여금 비 殆 위태로울 태

이는 남을 포용하는 것이어서 나의 子孫과 黎民을 보전할 것이니, 거의 또한 이로움이 있을 것이다. 〈만일 어떤 한 신하가〉 남이 가지고 있는 技藝를 시기하고 미워하며 남의 훌륭하고 聖스러움을 어겨서 통하지 못하게 한다면 이는 포용하지 못하는 것이어서 나의 子孫과 黎民을 보전하지 못할 것이니, 또한 위태로울 것이다." 하였다.

按說 | '若有一个臣'에 대하여, 壺山은

> '若有一个臣'이 한 句는 마땅히 아래 한 사람까지 아울러 이어가야 하니, 이롭고 위태로운 이 두 사람은 그 각자 한 신하가 됨이 똑같은 것이다.〔若有一个臣一句 當并蒙下一人 蓋利 殆兩人 其各爲一个臣 均焉〕

하였다.
南塘은

> '有容' 두 글자는 바로 '休休'의 訓詁이다. 그러므로 다시 訓하지 않은 것이다.〔有容二字 卽休休之訓詁 故不更訓〕《詳說》

하였는데, 壺山은

> 살펴보건대, 栗谷諺解에 위 '焉'자에 句를 떼지 않았으니, 南塘이 아마도 그 뜻을 얻으신 듯하다.[232]〔按栗谷諺解 上焉字 不句絶 南塘蓋得其意〕

하였다.
'其心好之 不啻若自其口出'에 대하여 沙溪는

> 마음에 좋아하는 바가 입으로 말하는 것보다 더 심한 것이다.〔心之所好 甚於口之所言〕《詳說》

하였다. '違之 俾不通'에 대하여 壺山은

> '俾不通'은 아마도 '違之'의 註脚일 것이다.〔俾不通 蓋違之之註脚〕

하였다.

---

232 譯註 栗谷諺解에……듯하다:官本諺解에는 '休休焉혼디 其如有容焉이라'로 懸吐하고 '休休혼디 그 용납홈이 인는 듯혼디라'로 해석한 반면, 栗谷諺解에는 '休休焉其如有容焉이라'로 懸吐하고 '休休ᄒ 미 그 容ᄒ미 잇는 듯혼디라'로 해석하였다.

章句 | 秦誓는 周書라 斷斷은 誠一之貌라 彦은 美士也요 聖은 通明也라 尙은 庶幾也라 媢는 忌也라 違는 拂戾也라 殆는 危也라

〈秦誓〉는 《書經》〈周書〉이다. '斷斷'은 정성스럽고 한결같은 모양이다. '彦'은 아름다운 선비요, '聖'은 通明함이다. '尙'은 庶幾(거의)이다. '媢'는 猜忌(시기)함이다. '違'는 어김이다. '殆'는 위태로움이다.

10-15. 唯仁人이야 放流之호되 迸諸四夷하여 不與同中國하나니 此謂唯仁人이야 爲能愛人하며 能惡(오)人이니라

오직 仁人이어야 이(시기하는 사람)들을 추방하여 유배 보내되 사방 오랑캐 땅으로 내쫓아 〈이들과〉 더불어 中國에 함께 살지 않으니, 이를 일러 '오직 仁人이어야 남을 제대로 사랑하고 남을 제대로 미워한다.'고 하는 것이다.

按說 | '放流'에 대하여, 艮齋는

'放流之'에 '호되'의 吐를 사용함이 맞으니, 《或問》을 근거해보면 마땅히 이와 같이 懸吐해야[233] 한다.〔放流之 用호되 辭爲得 據或問 當如此〕

하였다.
'此謂'에 대하여, 新安陳氏(陳櫟)는

《論語》의 孔子의 말씀[234]을 인용하였다. 그러므로 '此謂'를 앞에 놓았으니, 이것은 바로 옛 말을 인용하여 쓰는 예이다.〔引論語孔子之言 故以此謂冠之 乃引援古語之例〕《詳說》

하였다.

---

233 譯註 放流之에……懸吐해야: 官本諺解 및 栗谷諺解에는 '放流之호야로' 懸吐하였다. 《或問》에 "지금 이 惡人을 추방하되 멀리 유배 보내지 않으면, 비록 여기에서는 그 해로운 짓을 베풀지 못하지만, 저 추방된 지역에서는 그곳의 백성들이 또한 무슨 罪가 있단 말인가. 그러므로 감히 자신이 싫어하는 것을 남에게 베풀지 못하도록 반드시 멀리 추방하여 사람이 살지 않는 지역에 幽置해서 도깨비를 막게 한 뒤에 그만 두는 것이다.〔今此惡人放而不遠 則其爲害 雖得不施於此 而彼所放之地 其民復何罪焉 故不敢以己之所惡 施之於人 而必遠而置之無人之境 以禦魑魅而後已〕" 하였다.
234 譯註 孔子의 말씀: 《論語》〈里仁〉3章에 "오직 仁者여야 사람을 제대로 좋아하고 사람을 제대로 미워할 수 있는 것이다.〔惟仁者 能好人 能惡人〕"라고 보인다.

··· 拂 어길 불 戾 어그러질 려 放 추방할 방 迸 쫓을 병

章句 | 迸은 猶逐也라 言 有此媢疾之人하여 妨賢而病國이면 則仁人이 必深惡(오)而痛絶之하나니 以其至公無私[235]라 故로 能得好惡之正이 如此也라

'迸'은 逐과 같다. 이 시기하고 미워하는 사람이 있어서 어진 이를 방해하고 나라를 병들게 (해롭게) 하면 仁人이 반드시 깊이 미워하고 통렬히 끊어버리니, 至公無私하기 때문에 능히 좋아하고 미워함의 올바름을 얻음이 이와 같음을 말한 것이다.

10-16. 見賢而不能擧하며 擧而不能先이 (命)〔慢〕也요 見不善而不能退하며 退而不能遠이 過也니라

어진 이를 보고도 들어 쓰지 못하며 들어 쓰되 속히 하지 못함이 태만함이요, 不善한 이를 보고도 물리치지 못하며 물리치되 멀리하지 못함이 잘못이다.

按說 | 朱子는

'先'은 일찍 한다는 뜻이니, ('不能先'은) 속히 등용하지 못하는 것이다.〔先是早底意 是不能速用〕《詳說》

하였다.

章句 | 命은 鄭氏云 當作慢[236]이라하고 程子云 當作怠[237]라하시니 未詳孰是[238]라 若此者는 知所愛惡矣로되 而未能盡愛惡之道하니 蓋君子而未仁者也라

---

235 〔詳說〕至公無私: '至公無私' 네 글자는 '仁'자를 해석한 것이다.〔四字釋仁字〕
236 〔詳說〕鄭氏云 當作慢: 《禮記》〈大學〉편의 註를 인용한 것이다.〔蓋引用禮記大學篇注〕 ○ 《大全》에 말하였다. "命과 慢은 음이 서로 비슷하니, 慢이 옳음에 가깝다.〔命慢 聲相近 近是〕
〔記疑〕《困勉錄》에 "慢은 게으름과 소홀함, 나약함의 세 뜻을 겸하니, 느림의 뜻이 아니다." 하였으니, 이 말이 뜻에 맞는다.〔困勉錄曰 慢 兼懈怠忽略懦弱三意 非暹慢之意 此說得之〕
237 〔詳說〕當作怠: 命과 怠는 글자가 서로 비슷한 것이다.〔命, 怠 字相似者也〕
238 譯註 未詳孰是: '怠'와 '慢'이 뜻은 같으나 '慢'의 음이 '命'과 가까우므로 '慢'으로 읽는 것이 옳다고 한 것이다. 이 때문에 經文에 慢으로 수정하였다. 그러나 茶山은 原文 그대로 보고 '이는 운명이다.'로 해석하였는바, 부록을 참고하기 바란다.

··· 逐 쫓을 축 慢 거만할 만

'命'은 鄭氏(鄭玄)는 '마땅히 慢이 되어야 한다.' 하고, 程子(伊川)는 '마땅히 怠가 되어야 한다.' 하였으니, 누가 옳은지 자세하지 않다. 이와 같은 자는 사랑하고 미워할 바를 알되 사랑하고 미워하는 도리를 다하지 못한 것이니, 君子이나 아직 仁하지 못한 자이다.

10-17. 好人之所惡(오)하며 惡人之所好를 是謂拂人之性이라 菑(災)必逮夫身이니라

사람(남)의 미워하는 바를 좋아하며 사람의 좋아하는 바를 미워함을 이것을 일러 '사람의 性을 거스른다.'고 하는 것이다. 〈이러한 자는〉 재앙이 반드시 그 몸에 미친다.

> 按說 | '菑必逮夫身'에 대하여, 玉溪盧氏(盧孝孫)는
>
>> '재앙이 반드시 몸에 미친다.〔菑必逮夫身〕'는 것은 〈10章 4節의〉 '천하의 죽임이 된다.'는 것이 이것이다.〔菑必逮身 爲天下僇 是也〕《詳說》
>
> 하였다. 雲峰胡氏는
>
>> 이상은 여섯 번째 節이니, 사람을 등용함을 가지고 말하였다. 《大學》은 여기에서 '仁'자를 드러내 보였고, 《章句》에서는 또 '未仁'과 '不仁'을 가지고 말하였다. 絜矩는 恕의 일이니, 恕는 仁을 행하는 것이기 때문에 특별히 仁으로 맺은 것이다.〔右第六節 就用人言 大學於此提出仁字 而章句又以未仁不仁言之 蓋絜矩是恕之事 恕 所以行仁 故特以仁結之〕《詳說》
>
> 하였다.

> 章句 | 拂은 逆也라 好善而惡惡(오악)은 人之性也니 至於拂人之性이면 則不仁之甚者也라 自秦誓至此는 又皆以申言好惡公私之極하여 以明上文所引南山有臺, 節南山之意라
>
> '拂'은 거스름이다. 善을 좋아하고 惡을 미워함은 사람의 性이니, 사람의 性을 거스름에 이르면 不仁이 심한 자이다.

··· 拂 거스를 불 菑 재앙 재(災同) 逮 미칠 체

〈秦誓〉(10章 14節)로부터 여기까지는 또 모두 좋아하고 미워하기를 公으로 함과 私로 함의
지극함을 거듭 말하여 윗글에 인용한 〈南山有臺〉(10章 3節)와 〈節南山〉(10章 4節)의 뜻을
밝힌 것이다.

10-18. 是故로 君子有大道하니 必忠信以得之하고 驕泰以失之니라

이러므로 君子(在位者)는 큰 道(方法)가 있으니, 반드시 忠과 信으로써 얻고 교만함
과 방자함으로써 잃는다.

按說 | 朱子는

'忠信'과 '驕泰'로써 끝맺은 것은, 마음에 나아가 得失의 이유를 말해서 결단한 것이다. 忠
信은 바로 天理가 이 때문에 보존되는 것이요, 驕泰는 바로 天理가 망하는 것이다.〔終之以
忠信驕泰 是就心上 說出得失之由以決之 忠信乃天理之所以存 驕泰乃天理之所以
亡〕《詳說》

하였다. 雲峰胡氏는

이상은 일곱번째 節이다. 好惡와 財用의 絜矩를 나누어 말하지 않고, 다만 大道가 있다고
만 말했으니, 이 '道'자는 바로 章 머리의 絜矩의 道이다. 앞에서 得失을 두 번 말한 것[239]
은 사람들의 마음(民心)과 天命이 보존되느냐 망하느냐의 기미이고, 여기에서 得失을 말한
것은 내 마음의 天理가 보존되느냐 망하느냐의 기미이니,《章句》의 이 〈'天理存亡之幾'의〉
'幾'자는 마땅히 誠意章(6章)의 '幾'자[240]와 참고해서 보아야 한다.〔右第七節 不分言好
惡與財用之絜矩 但言有大道 此道字 卽章首絜矩之道也 前兩言得失 人心天命存亡
之幾也 此言得失 吾心天理存亡之幾也 章句此幾字 當與誠意章幾字參看〕《詳說》

하였다.

---

239 譯註 得失을……것:10章 3節 〈文王〉詩 뒤의 '得衆則得國 失衆則失國'과 11節 〈康誥〉 뒤의 '善則
得之 不善則失之'를 가리킨 것이다.

240 譯註 誠意章의 幾자:6章의《章句》에 愼獨을 해석하여 "반드시 이것(홀로)을 삼가 그 幾微를 살펴야
한다.〔必謹之於此 以審其幾焉〕"라고 한 것을 가리킨다.

••• 驕 교만할 교 泰 잘난체할 태

章句ㅣ君子는 以位言之[241]라 道는 謂居其位而修己治人之術[242]이라 發己自盡이 爲忠이요 循物無違 謂信[243]이라 驕者는 矜高요 泰者는 侈肆라 此는 因上所引文王康誥之意而言이라 章內에 三言得失而語益加切[244]하니 蓋至此而天理存亡之幾 決矣로다

'君子'는 지위로써 말한 것이다. '道'는 지위에 居하여 자신을 닦고 남을 다스리는 방법을 이른다. 자기 마음에서 나와 스스로 다함을 忠이라 하고, 사물의 이치를 따라 어김이 없음을 信이라 이른다. '驕'는 자랑하고 높은 체함이요, '泰'는 사치하고 방자함이다. 이는 위에 인

---

241 〔詳說〕君子 以位言之:《大全》에 말하였다. "나라를 다스리고 천하를 균평히 하는 君子이다.〔治國平天下之君子〕○ 윗 글에 세 君子[1]는 모두 德과 地位를 겸하여 말하였고, 이 節의 得失은 오로지 지위를 가지고 말하였다. 그러므로 특별히 君子를 訓한 것이다.〔上文三君子 皆兼德位言之 而此節之得失 專以位言 故特訓之〕

　　譯註 1. 세 君子:이 章의 '君子有絜矩之道'(1節), '樂只君子 民之父母'(3節), '君子先愼乎德'(6節)을 가리킨다.

242 〔詳說〕道 謂居其位而修己治人之術:《大全》에 말하였다. "'道'는 바로 大學의 道이니, 修己는 明德을 밝히는 일이고 治人은 백성을 새롭게 하는 일이다.〔道卽大學之道 修己 明明德之事 治人 新民之事〕○ 살펴보건대 '大學之道'라고 말한 것은 한 책을 가지고 말한 것이고, '絜矩之道'라고 말한 것은 한 章을 가지고 말한 것이다. 만약 한 節을 가지고 말한다면 마땅히 '忠信'을 가리켜야 하니, '忠信'은 '大道'를 해석한 것이고, '得'자는 '君子'와 조응된다. '驕泰以失之' 한 句는 다만 '忠信以得之'를 인하여 부대하여 아울러 언급했을 뿐이다. 아랫절(19節) '有大道'의 아래에 곧바로 이 일을 가지고 해석하였으니, 위와 아래의 '有大道'의 文勢가 차이가 있어서는 안 된다. 더구나 註 안에 '修己'는 '發己'와 부합하고, '治人'은 '循物'과 부합함에 있어서랴.〔按 謂之大學之道者 以一書言也 謂之絜矩之道者 以一章言也 若以一節言 則當指忠信 忠信釋大道 得字應君子 驕泰以失之一句 只是因忠信得之 而帶過幷及耳 蓋下節有大道之下 卽以其事釋之 則上下有大道之文勢 不宜異同 況註中修己襯發己 治人襯循物者乎〕

243 〔詳說〕發己自盡……謂信:忠을 위주하여 '爲'라고 말하였고, 사람을 위주하여 '謂'라고 말하였다.〔主忠而曰爲 主人而曰謂〕○ 朱子가 말씀하였다. "자기 마음에서 나와 스스로 다하고, 사물의 이치를 따라 어기지 않는 것이니, 忠은 信의 근본이요, 信은 忠의 發露이다. 伊川은 明道의 이 말씀이 아직도 뜻이 분명치 않음을 보셨다. 그러므로 다시 '자기를 다함을 忠이라 하고 성실히 함을 信이라 한다.〔盡己之謂忠 以實之謂信〕'고 말씀하셨으니, 더욱더 온당하다.〔發於己心而自盡 循於物理而不背 忠是信之本 信是忠之發 伊川見明道此語尙晦 故更云 盡己之謂忠 以實之謂信 便更穩當〕○ 農巖이 말씀하였다. "《論語》註(〈學而〉4章)에는 伊川의 訓을 사용하였고 여기에서는 明道의 訓을 사용하였으니, 이것은 배우는 자로 하여금 참고해서 그 뜻을 다하게 하고자 한 것이다.〔論語註用伊川訓 於此著明道訓 欲使學者參互以盡其義〕"

244 譯註 章內 三言得失而語益加切:得失을 세 번 말했다는 것은 10章 5節〈文王〉詩 뒤의 '得衆則得國 失衆則失國'과 10章 11節〈康誥〉 뒤의 '善則得之 不善則失之'와 여기의 '忠信以得之 驕泰以失之'를 가리킨다. '民衆을 얻으면 나라를 얻고 民衆을 잃으면 나라를 잃는다.'는 것보다 '善하면 얻고 不善하면 잃는다.'는 것이 더 간절하며, '忠과 信으로써 얻고 교만함과 방자함으로써 잃는다.'는 것이 더 구체적이고 절실함을 말한 것이다. 民衆을 얻으려면 善해야 하고 善하려면 忠信해야 함을 알 수 있다.

… 循 따를 순 矜 자랑 긍 侈 잘난체할 치 肆 방자할 사

용한 〈文王〉詩(10章 5節)와 〈康誥〉(10章 11節)의 뜻을 인하여 말씀한 것이다.

이 章 안에 '得·失'을 세 번 말씀하였는데 말씀이 갈수록 더 간절하니, 이에 이르러 天理가 보존되고 멸망하는 기미가 판가름 난다.

10-19. 生財有大道하니 生之者衆하고 食之者寡하며 爲之者疾하고 用之者舒하면 則財恒足矣리라

재물을 생산함이 큰 道(방법)가 있으니, 생산하는 자가 많고 먹는 자가 적으며 하기를 빨리 하고 쓰기를 느리게 하면 재물이 항상 풍족할 것이다.

章句ㅣ呂氏曰 國無遊民이면 則生者衆矣요 朝無幸位면 則食者寡矣요 不奪農時면 則爲之疾矣요 量入爲出이면 則用之舒矣²⁴⁵니라 愚按 此因有土有財而言하여 以明足國之道 在乎務本而節用²⁴⁶이요 非必外本內末而後財可聚也라 自此以至終篇이 皆一意也라

呂氏(呂大臨)가 말하였다. "나라에 노는 백성이 없으면 생산하는 자가 많을 것이요, 朝廷에 요행으로 얻은 지위가 없으면 먹는 자가 적을 것이요, 농사철을 빼앗지 않으면 하기를 빨리 할 것이요, 수입을 헤아려 지출을 하면 쓰기를 느리게 할 것이다."
내(朱子)가 살펴보건대 이는 〈10章 6節의〉 '有土'와 '有財'를 인하여 말씀해서 나라를 풍족하게 하는 방도가 근본(농업)을 힘쓰고 쓰기를 절약함에 있는 것이요, 반드시 근본(德)을 밖으로 하고 지엽(재물)을 안으로 한 뒤에 재물을 모을 수 있는 것이 아님을 밝힌 것이다. 이로부터 끝 篇까지는 모두 똑같은 뜻이다.

---

245 〔詳說〕則生者衆矣……則用之舒矣:사람을 위주하여 者(生者, 食者)라고 말하였고, 일을 위주하여 之(爲之, 用之)라고 말했으니, 본문에는 두 가지를 겸해서 말했으나, 註에서는 나누어 말하였다.〔主人而曰者 主事而曰之 本文兼言 而註分言〕

246 〔詳說〕務本而節用:新安陳氏(陳櫟)가 말하였다. "'근본을 힘쓴다.'는 것은 생산하는 자가 많고 하기를 빨리함을 이르니 재물의 근원을 열어주는 것이고, '쓰기를 절약함'은 먹는 자가 적고 쓰기를 느리게 함을 이르니 재물의 흐름을 절제하는 것이다.〔務本 謂生者衆 爲者疾 所以開財之源也 節用 謂食者寡 用者舒 所以節財之流也〕"

··· 寡 적을 과 疾 빠를 질 舒 펼 서, 느릴 서 幸 요행 행 聚 모을 취

10-20. 仁者는 以財發身하고 不仁者는 以身發財니라

仁者는 재물로써 몸을 일으키고, 不仁한 자는 몸으로써 재물을 일으킨다.

按說 | '仁者以財發身'에 대하여, 朱子는

> 이것은 그 효험을 가지고 말했을 뿐이니, 仁者가 참으로 재물을 가지고 몸을 일으키는 뜻이 있음을 말한 것은 아니다.〔以其效言爾 非謂仁者眞有以財發身之意〕《詳說》

하였다. 壺山은

> 백성을 얻으면 지위를 얻고 이름(명예)을 얻을 것이니, 이것이 바로 몸을 일으키는 것이다.〔得民則得位得名 是起身也〕

하였다.

章句 | 發은 猶起也라 仁者는 散財以得民하고 不仁者는 亡身以殖貨라

'發'은 起와 같다. 仁者는 재물을 흩어서 백성을 얻고, 不仁한 자는 몸을 망쳐서 재물을 증식한다.

10-21. 未有上好仁而下不好義者也니 未有好義요 其事不終者也며 未有府庫財 非其財者也니라

윗사람이 仁을 좋아하고서 아랫사람이 義를 좋아하지 않을 경우는 있지 않으니, 〈아랫사람들이〉 義를 좋아하고서 그(윗사람)의 일이 끝마쳐지지 못한 경우는 없으며, 府庫의 재물이 그(윗사람)의 재물이 아닌 경우는 없다.

按說 | 朱子는

> 다만 똑같은 도리인데, 윗사람에게 있으면 仁이라고 부르고, 아랫사람에게 있으면 義라고 부른다.〔只是一箇道理 在上便喚做仁 在下便喚做義〕《詳說》

⋯ 殖 번성할식 府 창고부 庫 창고고

하였다. 壺山은

> 본문의 이 句(未有上好仁而下不好義者也)는 〈이 章 윗부분의〉 다섯 개의 '仁'자로부터
> 〈이하의〉네 개의 '義'자가 이어지는 樞紐가 되니, 仁은 體가 되고 義는 用이 된다. 그러므로
> '義'자를 가지고 平天下의 일을 끝맺은 것이다.〔本文此句 是自五仁字爲四義字之承接
> 樞紐也 仁爲體而義爲用 故以義字終平天下之事〕

하였다.

> 章句ㅣ上好仁以愛其下하면 則下好義以忠其上이니 所以事必有終이요 而府庫之
> 財 無悖出之患也라

윗사람이 仁을 좋아하여 그 아랫사람을 사랑하면 아랫사람들이 義를 좋아하여 그 윗사람에
게 충성하니, 이 때문에 일이 반드시 끝마침이 있고 府庫의 재물이 어긋나게 나가는 폐단이
없는 것이다.

10-22. 孟獻子曰 畜(휵)馬乘은 不察於鷄豚하고 伐冰之家는 不畜牛羊
하고 百乘之家는 不畜聚斂之臣하나니 與其有聚斂之臣으론 寧有盜臣이
라하니 此謂 國은 不以利爲利요 以義爲利也니라

孟獻子가 말하기를 "馬乘을 기르는 자(처음 大夫가 된 자)는 닭과 돼지를 기름을 살피
지 않고, 얼음을 쓰는 집안(卿大夫 이상)은 소와 양을 기르지 않고, 百乘의 집안(采地
가 있는 집안)은 聚斂하는 신하(가렴주구하여 윗사람을 부유하게 하는 신하)를 기르지
않으니, 聚斂하는 신하를 기르기보다는 차라리 도둑질하는 신하를 두라." 하였으니, 이
것을 일러 '나라는 利를 이익으로 여기지 않고 義를 이익으로 여긴다.'고 한 것이다.

按說ㅣ'不察於鷄豚'에 대하여, 壺山은

> '不畜'이라고 말하지 않고 '不察'이라고 말한 것은 위의 '畜'자를 이어받은 것이다. 혹자는
> 말하기를 "〈'不察'은〉 전혀 기르지 않음을 말한 것이 아니고, 다만 살핌을 다하지 않을 뿐이

··· 悖 어그러질 패 獻 올릴 헌 畜 기를 휵 鷄 닭 계 豚 돼지 돈 冰 얼음 빙 斂 거둘 렴 寧 차라리 녕

다."라고 한다.〔不曰不畜而曰不察 蒙上畜字也 或曰 非謂全不畜也 但不致察耳〕

하였다. 朱子는

孟子가 義와 利를 분별한 뜻은, 그 전수함이 아마도 여기에서 나온 듯하다.〔孟子分別義利
之意 其傳蓋出於此〕《詳說》

하였다.

章句ㅣ孟獻子는 魯之賢大夫仲孫蔑也[247]라 畜馬乘은 士初試爲大夫者也요 伐冰
之家는 卿大夫以上喪祭用冰者也요 百乘之家는 有采地[248]者也라 君子寧亡己之
財언정 而不忍傷民之力이라 故로 寧有盜臣이언정 而不畜聚斂之臣이라 此謂以下는
釋獻子之言也라

孟獻子는 魯나라의 어진 大夫인 仲孫蔑이다. '馬乘을 기른다.'는 것은 士가 처음 등용되
어 大夫가 된 자이다. '伐冰之家'는 卿·大夫 이상으로 初喪과 祭祀에 얼음을 쓰는 자이
고, '百乘之家'는 采地(食邑)를 가지고 있는 자이다. 君子는 차라리 자신의 재물을 잃을지
언정 차마 백성들의 힘을 상하게 하지 못한다. 그러므로 차라리 도둑질하는 신하를 둘지언
정 聚斂하는 신하를 기르지 않는 것이다. '此謂' 이하는 獻子의 말을 해석한 것이다.

10-23. 長國家而務財用者는 必自小人矣니 (彼爲善之)小人之使爲
國家면 菑害竝至라 雖有善者라도 亦無如之何矣니 此謂 國은 不以利
爲利요 以義爲利也니라

국가에 우두머리가 되어 財用을 힘쓰는 자는 반드시 小人의 인도로부터 비롯되니, 小

---

247 〔詳說〕孟獻子 魯之賢大夫仲孫蔑也 : 孟獻子는 孔子 이전의 세상에 있었으니, 어떻게 子思에게 배웠
겠는가.[1] 尤翁(尤菴)은 일찍이 孟獻子가 두 사람이 있다고 의심하였다.〔獻子在孔子以前世 何從而師
子思乎 尤翁嘗疑孟獻子有兩人云〕
　　譯註 1. 子思에게 배웠겠는가 :《大全》에 王溪盧氏(盧孝孫)가 "孟獻子가 일찍이 子思에게 배워 義
　　와 利의 구분을 알았으므로 능히 絜矩의 道를 안 것이다.〔獻子嘗師子思 能知義利之分 故能知絜
　　矩之道〕"라고 하였으므로 말한 것이다.

248 〔詳說〕采地 :《大全》에 말하였다. "신하의 食邑이다.〔臣之食邑也〕"

⋯ 蔑 없을 멸 喪 초상 상 采 식읍 채 菑 재앙 재 竝 아우를 병

人으로 하여금 국가를 다스리게 하면 天災와 人害가 함께 이른다. 비록 잘하는 자가 있더라도 또한 어쩔 수가 없을 것이니, 이것을 일러 '나라는 利를 이익으로 여기지 않고 義를 이익으로 여긴다.'고 한 것이다.

按說┃'(彼爲善之)小人之使爲國家'에 대하여 朱子는 '彼爲善之'의 앞뒤에 闕文이나 誤字가 있는 것으로 보았는바, '爲'자 아래에 '不'자가 빠진 것으로 보기도 하고 '爲善之' 세 글자를 빼기도 하며, '저(小人)를 잘 한다 하여 小人으로 하여금 국가를 다스리게 하면'으로 해석하기도 한다. 壺山은

> 살펴보건대 伊川의 改正本에는 "一本에는 '彼爲不善之小人 使之爲國家'로 되어있다."라고 하였으나《章句》에는 이를 취하지 않았으니, 이는 이미 小人을 말했으면 다시 不善을 행함을 굳이 말할 필요가 없기 때문이다. 諺解에서 이것을 衍文으로 처리했으니,[249] 맞는 듯하다. 〔按伊川改正本曰 一本云彼爲不善之小人使之爲國家 而章句不取 蓋旣言小人則更不消言爲不善故耳 諺解衍之 恐得〕

하였다. 艮齋는

> '彼爲善之'를 鄭氏(鄭玄)는 "彼는 군주이니, 군주가 장차 仁義를 가지고 그 정사를 善하게 하는 것이다." 하였고, 程子는 "저 不善함을 행하는 小人이다." 하였는데, 金仁山(金履祥)이 이 말을 따랐으나, 모두 온당치 못한 듯하다. 劉葆采가 "저 人君이 살피지 못하고서 도리어 善하다고 여기는 것이다." 하였으니, 이 말이 맞을 듯하다.《孟子集註》의 章下註에 林氏(林之奇)가 "지금의 大夫는 마땅히 지금의 諸侯에게 죄를 얻어야 할 터인데, 죄주지 않을 뿐만이 아니라, 도리어 어진 신하라 하여 잘 예우한다." 하였으니,[250] 이것이《或問》에 인용한 呂公(呂公著)의 말[251]과 서로 부합한다.〔彼爲善之 鄭氏云 彼君也 君將欲以仁義善

---

249 譯註 諺解에서……처리했으니: 官本諺解에 '彼爲善之'는 음도 달지 않고 해석도 하지 않았다.

250 譯註 《孟子集註》의……하였으니: 위의 내용은《孟子》〈告子下〉7章의 章下註에 인용된 林氏의 說이다.

251 譯註 《或問》에……말: 呂公著가 "小人이 聚斂하여 임금의 욕심을 돕는데, 임금이 깨닫지 못하여 나라에 이롭다고 여기고 이것이 끝내 해롭다는 것을 알지 못하며, 충성을 바친다고 칭찬하고 이것이 큰 不忠임을 알지 못하며, 원망을 대신 떠맡는 것을 가상히 여기고 그 원망이 임금에게 돌아옴을 알지 못한다.〔小人聚斂 以佐人主之欲 人主不悟 以爲有利於國 而不知其終爲害也 賞其納忠 而不知其大不忠也 嘉其任怨 而不知其怨歸於上也〕"라고 한 것을 인용하였다.

其政 程子曰 彼爲不善之小人 金仁山用之 恐皆未穩 惟劉葆采以爲彼人君不察 而反
爲善之 此似得之 孟子集註 林氏曰 今之大夫 宜得罪於今之諸侯 而非惟莫之罪 乃反
以爲良臣而厚禮之 此與或問所引呂公之言相合〕

하였다. 茶山은

'彼爲善之'는 저 小人이 스스로 잘한다고 여기는 것이다.

하였다.

雲峰胡氏는

이상은 여덟번째 節이다. 재물을 생산하는 큰 道는 또한 바로 絜矩하는 道이니, 사람을 등
용하는 것도 마땅히 이 絜矩를 취하여야 한다. 義와 利의 구분은 《大學》 책에서는 이것을
가지고 끝맺었고, 《孟子》 책에서는 이것을 가지고 시작하였다.〔右第八節 生財大道 亦卽絜
矩之道 用人亦當取其絜矩也 義利之辨 大學之書 以此終 孟子之書 以此始〕

하였다.

章句 | 彼爲善之此句上下에 疑有闕文誤字라

○ 自는 由也니 言由小人導之也라 此一節은 深明以利爲利之害하여 而重言以結
之²⁵²하니 其丁寧之意 切矣로다

'彼爲善之' 이 句의 위아래에는 의심컨대 闕文이나 誤字가 있는 듯하다.
○ '自'는 말미암음이니, 小人이 인도함으로 말미암음을 말한 것이다.
이 한 節은 利를 이익으로 삼는 弊害를 깊이 밝혀 거듭 말씀하여 맺었으니, 그 丁寧(간곡)
한 뜻이 간절하다.

---

252 〔詳說〕 深明以利爲利之害 而重言以結之 : 이 章은 대부분 財利를 말했으니, 利를 이익으로 여기는
폐해를 열어놓을까 염려하였다. 그러므로 마지막에 이르러서 특별히 '義'자를 말하여 이것을 바로잡은
것이다. 네 개의 '義'자는 章 가운데 열한 개의 '財'자와 한 개의 '貨'자, 네 개의 '寶'자와 일곱 개의 '利'
자를 충분히 빼앗을 만하다.〔此章多言財利 恐啓以利爲利之弊 故至末 特言義字以救之 四箇義字
足以奪章中十一財字 一貨字 四寶字 七利字云〕

右는 傳之十章이니 釋治國平天下하니라

이상은 傳文의 10章이니, 治國·平天下를 해석하였다.

章下註ㅣ 此章之義는 務在與民同好惡而不專其利하니 皆推廣絜矩之意也[253]라 能
如是면 則親賢樂利가 各得其所[254]하여 而天下平矣리라

이 章의 뜻은 힘씀이 백성들과 더불어 좋아하고 싫어함을 함께 하고 그 이익을 독차지하지
않음에 있으니, 모두 絜矩의 뜻을 미루어 넓힌 것이다. 능히 이와 같이 하면 親·賢과 樂·
利가 각각 제자리를 얻어서 천하가 平하게 될 것이다.

凡傳十章에 前四章은 統論綱領[255]旨趣[256]요 後六章은 細論條目[257]工夫[258]라 其第

---

253 〔詳說〕 此章之義……皆推廣絜矩之意也 : 朱子가 말씀하였다. "이 章은 好惡와 義利 두 가지를 벗어
나지 않는다.〔此章不過好惡義利兩端而已〕" ○ 이 章은 문장이 길어서 독자가 쉽게 알 수가 없다. 그
러므로 특별히 章下註를 만들어서 그 요점을 제시하였다.〔此章文長 讀者未易領會 故特爲章下註 以
提其要〕

254 譯註 親賢樂利 各得其所 : '親賢樂利'는 앞의 傳文 3章 5節에 보이는 '賢其賢 親其親 樂其樂 利其
利'를 축약하여 쓴 것으로 親賢은 用人(인재를 등용함)에 해당하고 樂利는 理財(재물을 다스림)에 해
당하는바, 이 章은 앞에서는 理財를, 뒤에서는 用人을 말하였고 끝에서는 두 가지를 합하여 말하였다.
雙峰饒氏(饒魯)는 이에 대하여 "〈10章 6節의〉 '先愼乎德' 이하는 理財를 말하였고 〈10章 14節의〉
〈秦誓〉 이하는 用人을 말하였으며, 〈10章 19節의〉 '生財有大道' 이하는 또 다시 理財를 말하여 두 가
지를 반복해서 말하였으며, 맨 끝(10章 23節)에는 또 '財用을 힘쓰는 자는 小人의 인도로부터 시작된
다.'고 말하였으니, 理財와 用人은 또 똑같은 일일 뿐이다.〔先愼以下說理財 秦誓以下說用人 生財以
下又說理財 二事反覆言之 末後又說務財用必自小人 則理財用人又只是一事〕하였다. '各得其所'
는 각각 제자리를 얻는 것으로 《論語》〈子罕〉에 "雅와 頌이 각기 제자리를 얻었다.〔雅頌各得其所〕"라고
보인다.
〔詳說〕 朱子가 말씀하였다. "이 章은 오로지 財用을 말하고 뒤이어 用人을 말하였다.〔此章專言財用
繼言用人〕"

255 〔詳說〕 綱領 : 明明德의 註에 조응하였다.〔照明明德註〕

256 〔詳說〕 旨趣 : 三綱領의 指趣이다.〔三綱領之指趣〕

257 〔詳說〕 條目 : 古之欲明明德의 註에 조응하였다.〔照古之欲明明德註〕

258 〔詳說〕 工夫 : 八條目의 工夫이다.〔八條目之工夫〕 ○ 이상은 열 章을 총괄하여 논하였고, 이 아래에는
또다시 두 章(5章과 6章)을 끄집어내서 중점을 여기로 돌린 것이다.〔以上總論十章 此下又摘出兩章
而歸重焉〕

••• 絜 잴혈 矩 곡척구 旨 뜻지 趣 뜻취

五章은 乃明善之要요 第六章은 乃誠身之本이니 在初學에 尤爲當務之急²⁵⁹이니 讀者不可以其近而忽之也니라

무릇 傳文 열 章 중에 앞의 네 章은 綱領(三綱領)의 旨趣를 통합하여 논하였고, 뒤의 여섯 章은 條目(八條目)의 공부를 세세히 논하였다. 제5장(格物致知 補亡章)은 바로 善을 밝히는 要體이고 제6장(誠意章)은 바로 몸을 성실히 하는 근본이니, 初學者에 있어서 더욱 마땅히 힘써야 할 急先務이니, 읽는 자들은 淺近하다고 하여 소홀히 해서는 안될 것이다.

---

259 **譯註** 當務之急 : 이 네 글자는 《孟子》〈盡心上〉46章에 "지혜로운 자는 알지 않음이 없으나 마땅히 힘써야 할 일을 급하게 여기고, 仁者는 사랑하지 않음이 없으나 賢者를 親히 함을 급하게 여기니, 堯·舜의 지혜로도 물건을 두루 알지 않음은 먼저 힘써야 할 것을 급하게 여겼기 때문이요, 堯·舜의 仁으로도 두루 사람을 사랑하지 않음은 賢者를 친히 함을 급하게 여겼기 때문이다.〔知(智)者無不知也 當務之爲急 仁者無不愛也 急親賢之爲務 堯舜之知(智) 而不徧物 急先務也 堯舜之仁 不徧愛人 急親賢也〕"라고 보인다.

••• 忽 소홀할 홀

|附錄. 明德에 대한 해석|

'明德'에 대하여 朱子는 "明德者 人之所得乎天而虛靈不昧 以具衆理而應萬事者也"라고 하였는데, 學者들의 해석은 다음과 같다.

栗谷(李珥) : '明德'은 心과 性과 情의 총칭이다.〔明德 心性情之總稱〕《詳說》

尤菴(宋時烈) : 어떤 사람은 '性・情' 두 글자를 버려두고 단지 '心'자 하나만을 들어서 '明德'을 풀이하니, 그 뜻은 이른바 '虛靈不昧'란 것을 가지고 '明德'의 뜻을 해석한 것으로 여긴 것이다. 그러므로 이러한 말이 있는 것이니, 이른바 '明德'이란 것이 心・性・情의 총칭임을 알지 못한 것이다.〔或人有捨性情二字 而單提心字 訓明德 其意以所謂虛靈不昧者 爲釋明德之意 故有此說 而不知所謂明德是心性情之總名也〕《詳說》

農巖(金昌協) : '明德'은 본래 心을 가리켰으나 性과 情이 이 가운데 들어 있으니, 《章句》를 세밀히 관찰하면 알 수 있다. 지금 혹 어떤 사람은 '性을 위주하여 말하였다.' 하고, 또 어떤 사람은 '心과 性을 겸하여 말하였다.'고 하니, 아마도 문장의 뜻에서 主客의 구분을 살피지 못한 듯하다.〔明德本指心 而性情在其中 細玩章句可見 今或有謂主性而言 又有謂兼心性而言 則似不察於文義賓主之分矣〕《詳說》

艮齋 : '明德'은 《章句》에서 해석한 것이 《或問》의 致知의 知[260]와 《孟子》〈盡心〉의 心[261]과 《朱子大全》의 潘謙之(潘柄)에게 보낸 편지의 知覺[262]과 대략 서로 유사하니, 그렇다면 마땅히 '心'자를 正義로 삼아야 할 것이다. 만일 반드시 '性이다.', '理이다.'라고 하면 致知가 致性・致理가 되고 盡心이 盡性・盡理가 되고 知覺이 性理가 되니, 사방팔방으로 막혀서 말이 통할 수가 없다.〔明德 章句所釋 與或問致知之知 孟子盡心之心 大全潘書之知覺 大槪相似 然則當以心字爲正義 如必以爲性 以爲理 則致知作致性致理 盡心作盡性盡理 知覺作性理

---

260 譯註 《或問》의……知 : 《或問》에 "知(智)는 心의 神明이니 衆理를 妙하게 하여 만물을 宰하는 것이다.〔若夫知則心之神明 妙衆理而宰萬物者也〕" 하였다.

261 譯註 《孟子》〈盡心〉의 心 : 〈盡心上〉 1章에 "心은 사람의 神明이니, 모든 理를 갖추고 萬事에 응하는 것이다.〔心者 人之神明 所以具衆理而應萬事者也〕" 하였다.

262 譯註 《朱子大全》의……知覺 : 潘柄에게 답한 편지에 "마음의 知覺은 곧 이 理를 갖추어 이 情을 행하는 것이다.〔心之知覺 卽所以具此理而行此情者也〕"라고 보인다.

四窒八礙 無說可通〕

○ '人之所得乎天'의 아래에 '純粹至善'이라고 하였으면 이는 바로 性이요, '淸濁粹駁'이라고 하였으면 이는 바로 氣質이요, '姸醜長短'이라고 하였으면 이는 바로 形色이다. 지금 '虛靈不昧'라 하고 또 '光明正大'라 하였으니,[263] 明德이 心을 주장한 것이 아니고 무엇이겠는가.〔人之所得乎天下 如曰純粹至善 則是性也 曰淸濁粹駁 則是氣質也 曰姸醜長短 則是形色也 今曰虛靈不昧 又曰光明正大 則明德非主心而何〕

○ 勉齋(黃榦)의 말씀 가운데 "德은 바로 理이다."라 하였고, 또 "心의 밝음은 바로 性의 밝음이니, 애당초 두 物이 있는 것이 아니다." 하였고, 또 《大學》에서 해석한 明德은 心이 곧 性이고 性이 곧 心이다." 하였고, 또 "이 心의 理가 밝아서 어둡지 않다." 하였으니, 이러한 말씀들은 모두 의심할 만하다. 朱子가 性에 대해서는 "人과 物이 똑같다." 하였고, 明德에 대해서는 "人과 物이 다르다." 하였는데, 勉齋는 이에 대해서 명백히 구분하지 않고, 범범하게 "明德이 곧 性이다."라고 말하였다. 또 心과 性은 有覺과 無爲의 구분이 있어서 儒家와 釋家(佛家)의 분기점이 되니, 어찌 다만 "心이 곧 性이고 性이 곧 心이다."라고 할 수 있겠는가.〔勉齋說中 如云 德卽理也 又言 心之明 便是性之明 初非有二物 又云 大學所解明德 則心便是性 性便是心也 又云 此心之理 炯然不昧 此類皆可疑 朱子於性則謂人與物同 於明德則謂人與物異 勉齋不別白於此 而泛曰明德卽性 且心之與性 有有覺無爲之分 而爲儒釋之歧貳處 豈可但曰 心便是性 性便是心乎〕

○ 玉溪盧氏(盧孝孫)가 '明德은 다만 本心이다.'라고 한 한 句를 栗谷이 紅色으로 비평하여[264] 좋게 여겼다. 내가 생각건대, 本心은 思慮와 知覺이 있어야 비로소 운용할 수 있는 것이니, '止於至善'과 '依乎中庸', '能盡性'과 '能弘道'의[265] 따위를 가지고 말하면 本心은

---

263 譯註 光明正大라 하였으니:《語類》에 "하늘에서 얻어 光明正大한 것을 明德이라 이른다.〔有得於天而光明正大者 謂之明德〕"라고 보인다.

264 譯註 栗谷이……비평하여:옛날 문장을 높이 평가할 적에는 홍색의 朱墨으로 점을 찍고 낮게 평가할 적에는 흑색의 먹으로 점을 찍었는바, 栗谷은 四書의 小註에 經文과 《集註》의 뜻에 부합하는 것은 홍색의 동그라미를, 부합하지 않는 것은 흑색의 동그라미를 가하였는바, 이것을 가리킨 것이다.

265 譯註 依乎中庸……能弘道의:'依乎中庸'은 《中庸》 11章에 "君子依乎中庸 遯世不見知而不悔 唯聖者能之"라고 보이고, '能盡性'은 《中庸》 22章에 "惟天下至誠 爲能盡其性"이라고 보이고, '能弘道'는 《論語》〈衛靈公〉 28章에 "사람이 道를 크게 할 수 있고, 道가 사람을 크게 하는 것은 아니다.〔人能弘道 非道弘人〕"라고 보인다.

止·依·盡·弘에서 보아야 하고, 곧바로 善·庸·性·道라고 말할 수가 없어서 글 뜻이 본래 명백한데, 어찌하여 근세의 諸家들은 마침내 '本心인 明德이 바로 理이다.'라는 說을 주장하는가. 결코 이해할 수 없다.〔盧氏明德只是本心一句 栗谷紅批之 愚謂本心 是有思慮知覺 才能運用者 以止於至善 依乎中庸 能盡性 能弘道之類言之 本心當於止依盡弘上看得 不當直喚做善庸性道 文義自明白 奈何近世諸家 乃有本心明德是理之說 絶不可曉也〕

壺山 : '明德의 訓은 바로 心을 가리켰으나 반드시 性에 근본하였다. 다만 性을 말한 부분은 글이 짧아서 오직 '得乎天'의 세 글자가 되고, 心을 말한 부분은 길어서 열두 자(虛靈不昧以具衆理而應萬事)에 이른 것은, 性에는 본래 허다한 글자를 놓을 수 없기 때문이다. 그 가리킨 것을 가지고 農巖은 '心이 主가 된다.'고 말씀하였고, 그 근본한 것을 가지고 南塘은 '중점이 性에 있다.'고 말씀하였으니, 이 두 분의 말씀이 모두 옳다. 그러나 또 이것을 가지고 한번 전환하면 心과 性을 편벽되이 주장하는 의논이 나오게 된다. 明德은 '心을 위주로 했다.'는 논의는 항상 虛靈不昧와 具衆理·應萬事가 '明德' 두 글자에 바로 부합함을 가지고 설명하니, 이는 '得乎天' 세 글자 또한 明德에 부합함을 전혀 살피지 못한 것이다. 德이란 얻음인데 하늘의 明命보다 더 밝은 것이 없으니, 明命은 바로 性善이다.〔明德之訓 正指心 而必本於性 但言性處短 只爲三字 而言心處長 至爲十二字者 於性 自著不得許多字故也 以其所指 而農巖謂之心爲主 以其所本 而南塘謂之重在性 兩說皆得 而又由是一轉 則心性偏主之論起矣 蓋主心之論 常以虛靈具應之正襯於明德二字爲說 殊不察得乎天三字之亦更襯焉耳 德者 得也 而莫明於天之明命 明命卽性善也〕

○《論語》의 첫 章에 '學'자를 풀이한 곳에도 이 책 첫 번째 두 句의 뜻을 완전히 사용하였으니,[266]《論語》에 '性善을 밝힌다.'고 말한 것은 바로 이른바 '明德을 밝힌다.'는 것이다. 본래 밝은 것은 性이고 이것을 밝히는 것은 心이니, 이 心으로 性을 밝히는 것이 일에 순함이 되고, 또 性은 순수하게 善하고 心은 善과 惡이 있는데, 明德은 바로 純善하고 惡이 없는 물건이니, 그렇다면 이 明德을 性이라고 말하는 것이 또한 마땅하지 않겠는가. 明德에 있어서 心과 性으로 편벽되게 주장하는 논의는 진실로 모두 栗谷과 尤菴 두 선생의 뜻에

---

266 譯註 學자를……사용하였으니 :〈學而〉1章의 集註에 "사람의 本性은 모두 善하나 이것을 앎에는 먼저 알고 뒤에 앎이 있으니, 뒤에 깨닫는 자는 반드시 먼저 깨달은 자의 하는 바를 본받아야 善을 밝게 알아서 그 本初를 회복할 수 있는 것이다.〔人性皆善 而覺有先後 後覺者必效先覺之所爲 乃可以明善而復其初也〕"라고 보인다.

위배되나, 편벽되게 心을 주장하는 것은 편벽되게 性을 주장하는 것보다 병폐가 없지 못하니, 만일 心을 주장한다면 心이 純善하다는 병폐를 이루 다 말할 수 없다. 心은 氣이고 性은 理이며, 德은 바로 이 理의 명칭이고, 氣의 명칭이 아니다. 그러므로 仁을 일러 '마음의 德'이라고 하였으니, 仁이 理와 性이 아니겠는가. 또 道를 행해서 마음에 얻는 것을 일러 '德'이라 하고, 곧바로 心을 '德'이라 하지 않았으니, 그렇다면 德이 理가 됨이 또한 분명하지 않겠는가.〔論語首章訓學字處 全用此書首二句之意 其曰 明性善 卽此所謂明明德也 蓋本明者 性也 明之者 心也 以心明性 於事爲順 且性則純善 心有善惡 而明德是純善無惡底物事 則謂之性 不亦宜乎 明德心性偏主之論 固皆有違於栗尤二先生之意 而與其偏主心 不若偏主性之爲無弊 若主心 則心純善之弊 有不可言矣 夫心 氣也 性 理也 而德是理之名 非氣之名 故謂仁爲心之德 仁非理與性乎 且行道而有得於心 謂之德 不便以心爲德 則德之爲理 不亦審乎〕

○ 南塘(韓元震) 또한 일찍이 "明德은 心을 위주하여 말한 것인데, 性과 情을 포함하여 이 가운데 있다."고 하였고, 또 곧바로 "明德은 다만 心이다."라고 말씀하였으나 지금 여기에 "중점이 性에 있다."는 말씀[267]이 바로 최후의 定論이니, 마땅히 이 말씀을 따라야 한다.〔塘翁亦嘗以爲明德主心言 而包性情在其中 又直云 明德只是心 而今此重在性之說 是其最後定論 當從之〕

위에서 보는 바와 같이 明德이 本心이라면 艮齋의 말씀처럼 本心은 氣이니, 氣로 보는 것이 옳다. 다만 明德이 비록 氣에 속한다 하더라도 純一한 本心이어서 깨끗하고 하자가 없어 단지 所·能의 구분이 있을 뿐이요 善한 면에 있어서는 性과 크게 다른 것이 아니

---

267 譯註 南塘(韓元震)……말씀:《南塘集》에 다음과 같이 보인다. "明德은 心을 위주하여 말하였는데 性·情이 이 가운데 포함되어 있으니, 心이 性·情을 統合한 명칭이다.《章句》에 明德을 풀이하면서 '하늘에서 얻었다.〔所得乎天〕'한 것은 明德의 근본한 바를 말한 것이니, '天'자는 明德의 本原이고 '得'자는 德의 장본이며, '虛靈不昧' 이하가 비로소 사람에게 있는 明德을 말하였는바 '虛靈不昧'는 心이고 '具衆理'는 性이고 '應萬事'는 情이니, 이는 心·性·情을 합하여 明德의 訓으로 삼은 것이다. 그러나 '具衆理'와 '應萬事'에 衆理를 갖추고 萬事를 응하는 것은 모두 虛靈不昧한 것〔心〕이 하는 것이니, 그렇다면 이는 心이 性·情을 주관하는 것이다. 그러므로 나는 '明德이란 心이 性·情을 통합한 명칭이다.'라고 하는 것이다.〔明德者 主言心而包性情在其中 蓋心統性情之名也 章句明德之釋 所得乎天四字 是說明德之所本 天字是明德本原 得字是德之張本 虛靈不昧以下 方說明德之在人者 而虛靈不昧是心 具衆理是性 應萬事是情 是合心性情而爲明德之訓也 然具衆理 應萬事 其具之應之者 皆是虛靈不昧者之所爲 則此乃心之主性情也 愚故曰明德者 心統性情之名也〕"《南塘集》〈答金稚明時粲 大學問目〉)

다. 《中庸》에 "성실한 자는 하늘의 道이고, 성실히 하려는 자는 사람의 道이다.〔誠者 天之道也 誠之者 人之道也〕"라 하였다. 誠은 '진실하고 망녕됨이 없는 것〔眞實無妄〕'으로, 일로 말할 경우에는 實理가 되고 心으로 말할 경우에는 實心이 된다. 똑같은 誠이지만 實理는 理, 實心은 氣이다. 朱子도 明德을 心으로 말씀한 경우도 있고 '理'로 말씀한 경우도 있다. 이 때문에 우리나라 先賢 중에도 明德을 氣라 하기도 하고 理라 하기도 한 것이다. 本書에는 艮齋와 壺山의 說을 많이 취록하였으므로 明德에 대한 두 분의 說을 소개하였으며, 이 밖에도 先賢들의 여러 說이 많이 있으나 지면상 다 게시하지 못하였다.

|附錄. 絜矩之道에 관하여|

10章의 '絜矩之道'에 대하여 《章句》에 "'絜'은 헤아림이다. '矩'는 네모진 것을 만드는 기구이다.[絜 度也 矩 所以爲方也]"라고 해석하였다. '矩'는 하나의 기준으로 사람의 마음을 이르는바, '絜矩'는 일반적으로 '矩로 헤아리다'로 해석한다. 그러나 朱子가 江德功에게 답한 편지에는 '絜하여 矩하게 한다'로 말씀하였는바, 壺山은 朱子의 이 편지가 定說이라고 力說하였다. 南塘은

> 朱子가 江德功에게 답하신 편지에 "絜矩는 물건을 헤아려 그 네모짐을 얻는(아는) 것이니, 지금 말하기를 '물건을 헤아리기를 矩로써 한다.' 하면 마땅히 矩絜이라고 해야 한다." 하셨다. 江德功의 편지의 뜻은 '絜'자를 공부로 삼고 '矩'자를 成效로 삼았으니, 그렇다면 '所惡·毋以'는 겨우 絜자의 뜻을 해석한 것이고 矩를 해석한 말은 없는 것이다. 矩가 絜의 뒤에 있다면 막 絜할 때에 무슨 물건을 사용하여 絜할 수 있겠는가. 江德功에게 답한 편지는 한때 우연히 잘못하신 듯하다.[朱子答江德功書曰 絜矩 度物而得其方也 今曰度物以矩 則當爲矩絜 江書之意 以絜字爲工夫 矩字爲成效 則所惡毋以 僅釋絜字義 無矩所釋語矣 矩在絜後 則方絜之時 用何物而絜之耶 江書 一時偶失之]《詳說》

하였다. 艮齋는

> 〈뒤에 보이는〉 여섯 개의 '所惡'는 矩이고 여섯 개의 '無以'는 絜이다. '絜矩' 두 글자의 뜻을 傳文을 지은 자가 스스로 해석하기를 이와 같이 하였으니, 하필 다른 뜻을 가지고 그 本指를 어지럽힐 것이 있겠는가. 더구나 朱子 이하의 諸賢들이 矩를 心이라 하지 않은 자가 없음에 있어서이겠는가. 《朱子大全》에 朱子가 江德功에게 답한 편지에 "물건을 헤아려 그 네모짐을 얻었다."는 說을 前輩들이 혹 定論으로 알고 있으나, 그 아랫글에 "자신의 마음으로 남의 마음을 헤아린다." 하였으니, 그렇다면 어찌 矩로 物을 헤아림을 말씀한 것이 아니겠는가. 이것이 개정한 것인 듯하다. 일찍이 老洲(吳熙常)가 梅山(洪直弼)에게 답한 편지를 살펴보니, "만약 범연히 物을 헤아려 그 方正함을 얻는 것을 絜矩라 한다면 이른바 '矩'라는 것이 너무 긴요하지 않으니, 장차 어떻게 모두 똑같게 할 수 있겠는가. 그러므로 이 矩는 반드시 明德으로 보아야 하니, 明德으로 보면 한 篇의 首尾가 관통하여 중간의 條目工夫가 節마다 明德을 주장으로 삼은 사물임을 볼 수 있다." 하였다.【老洲의 說은 여기까지

이다.】 또 살펴보건대《朱子大全》에 朱子가 周舜弼에게 답한 편지에 "絜矩의 文義는 矩로써 헤아려서 그 방정함을 얻음을 이른다." 하였고, 이 편지의 머리에 "이 歲寒을 당하였다." 하셨다. 그런데 尤翁의《朱子大全箚疑》에 退翁(李滉)의 말씀을 기재하여 이르기를 "僞學黨이 일어났기 때문에 '이 歲寒을 당했다.'고 말씀한 것이다." 하였으니, 그렇다면 이 편지가 朱子의 65세에 지어진 것이니, 분명히 晩年定論이다. 周舜弼이 다시 묻기를 "絜矩之道는 자기를 미루어 남을 헤아려서 대처하는 방법을 구하는 것이므로 上下와 左右, 前後의 즈음에 모두 자기가 싫어하는 것을 가지고 남에게 베풀지 않는 것이다." 하였는데, 朱子가 답하시기를 "말한 것이 條暢(조리가 있고 통창함)하다." 하셨으니, 이는《章句》에 '그 같은 바를 인하여 미루어서 物을 헤아린다.'는 뜻과 서로 부합한다. 만약《章句》의 '均齊方正'을 가리켜 矩라 한다면 이는 바로 絜矩의 효험이니, 諺解의 해석에 마땅히 "絜ᄒ면 矩ᄒ야지ᄂᆞᆫ 道"라 해야 할 듯하니, 이는 말이 안 될 듯하다.〔六所惡 矩也 六無以 絜也 絜矩二字之義 傳者自解如此 則何必以佗義亂其本指哉 況朱子以下諸賢 無不以矩爲心乎 大全答江德功書 度物而得其方之說 前輩或認爲定論 然其下書卻云 以己之心 度物之心 則豈非以矩度物之謂乎 此似是改定者 蓋嘗考之 老洲答梅山書曰 若泛以度物而得其方爲絜矩 則所謂矩者 太歇後 將何以盡同耶 故此矩者 必以明德看 可見其通貫一篇首尾 而中間條目工夫之節節以明德爲主之物也【老洲說止此】又考大全答周舜弼書 則曰 絜矩文義 謂度之以矩而得其方耳 此書首云 當此歲寒云云 尤翁箚疑 載退翁說云 僞學黨起故云然 則此書作於朱子六十五歲 的是晩年定論也 舜弼復問 絜矩之道 推己以度物 而求所以處之之方 故於上下左右前後之際 皆不以己之所惡者 施諸彼而已 朱子答謂說得條暢 此皆與章句因其所同推以度物之意正相符 若指章句均齊方正爲矩 則此乃絜矩之效 諺釋當曰絜ᄒ면矩ᄒ야지ᄂᆞᆫ道 此似不詞矣〕

하였다. 또 艮齋는

退溪는 "絜호ᄃᆡ 矩로ᄒᄂᆞᆫ 道"라 하셨으나 이는 '所惡於上'의《章句》에 '이로써 아랫사람의 마음을 헤아린다.'는 것을 가지고 살펴보면 마땅히 "矩로 絜ᄒᄂᆞᆫ 道"라 해야 할 듯하니, 어떠한지 모르겠다.〔退溪曰 絜호ᄃᆡ矩로ᄒᄂᆞᆫ道 此以所惡於上章句 以此度下之心觀之 似當云 矩로絜ᄒᄂᆞᆫ道 未知如何〕

하였다. 壺山은

살펴보건대 江德功에게 답한 편지는 朱子 만년의 정론이니, 이것은 '헤아려서 矩에 맞게 함〔絜而矩之〕을 말씀한 것이다. 絜而矩之는 비록 用功과 成效를 겸하여 말하였으나 '之'자는 끝내 用力의 뜻이 있으며, 또 '헤아리면 矩가 된다.〔絜則爲矩〕'는 것이 분명하게 用功과 成效에 나누어 소속시키는 것만 못하다. 이 때문에 위아래 絜矩의 주석과 《或問》에 모두 '則'자를 그 사이에 놓은 것이니, 則자 이상은 絜자를 해석한 것이고, 則자 이하는 矩자를 해석한 것이니, 江德功에게 답한 편지를 보면 더욱 분명하고 간절하다. 그러나 독자들이 諺解의 해석[268]에 선입견을 가지게 되어 마침내 《章句》와 《或問》 및 江德功에게 답한 편지의 뜻을 살피지 못하였다. 南塘은 '막 絜할 때에 무슨 물건을 사용하는가.' 하고 의심함에 이르렀으니, 이는 마음으로 헤아림을 전혀 모른 것이다. 마음은 바로 나에게 있는 본연의 矩이니, 《孟子》의 註에 이른바 '본연의 權度[269]'란 것이다. 이미 헤아린 뒤에 이루어지는 것이 아니니, 사물에 있어서 형체가 없는 矩이다. 心과 矩는 본래 두 가지 일이다. 그러므로 註에 먼저 傳文 위 세 句 가운데에 나아가 똑같은 바의 내 마음을 말하고, 그런 뒤에 다음으로 미루어 헤아림을 말하고, 비로소 矩를 이루는 일에 미쳤으니, 또 어찌 헤아릴 만한 물건이 없음을 근심하겠는가! 下節에 이르러 '所惡' 句는 바로 마음이 같은 것이고, '毋以' 句는 헤아려 矩를 이룬 것이니, 南塘이 이에 대해 아마도 우연히 깊이 고찰하지 못하신 듯하다.〔按 江書是朱子晚年定論 是謂絜而矩之也 絜而矩之 雖兼用功與成效言 然之字終有用力底意 又不如絜則爲矩之截然分屬於功與效耳 是故 上下絜矩註及或問 皆著則字於其間 則字以上 釋絜字 則字以下 釋矩字 視江書 尤爲明切 但讀者 被諺釋所先入 遂不察章句或問江書之意 南塘至以方絜用何物爲疑 殊不知以心絜之也 心卽在我本然之矩 如孟子註所云本然之權度也 非是謂旣絜後所成者 在事物 無形之矩也 心與矩 自是兩事 故註先就傳文上三句中 說出所同之吾心 然後次言推而絜之 乃及成矩之事 又何患於無可絜之物乎 至於下節所惡句 是心之同也 毋以句 是絜而成矩也 南塘於此恐偶未深考耳〕

하여, 똑같은 朱子의 편지인데 南塘과 艮齋 등과 다르게 해석하였다. 번역에서는 諺解를 그대로 따랐는바, 이 역시 南塘과 艮齋의 說과 동일하다.

---

268 **譯註** 諺解의 해석 : 두 諺解에 모두 '絜矩之道'를 '矩로 絜ᄒᆞᄂᆞᆫ 道'로 해석하였다.

269 **譯註** 《孟子》의……權度 : 〈梁惠王上〉 7章에 "저울질을 한 뒤에 輕重을 알며, 재어본 뒤에 長短을 알 수 있습니다. 사물이 다 그러하지만 그중에도 마음이 유독 심합니다.〔權然後 知輕重 度然後 知長短 物皆然 心爲甚〕" 하였는데, 《集註》에 '마음'을 '本然之權度'로 해석하였다.

英祖大王御製序

夫三代盛時에 設庠序學校而敎人하니 此正禮記所云 家有塾, 黨有庠, 州有序, 國有學者也라 故人生八歲어든 皆入小學하고 於大學則天子之元子衆子로 以至公卿大夫元士之適子와 與凡民之俊秀者히 及其成童하여 皆入焉하니 可不重歟아 大學之書有三綱焉하니 曰明明德, 曰新民, 曰止於至善也요 有八條焉하니 曰格物, 曰致知, 曰誠意, 曰正心, 曰修身, 曰齊家, 曰治國, 曰平天下也라 次序井井하고 條理方方하며 其學問之道를 紫陽朱夫子序文詳備하니 以予蔑學으로 何敢加一辭리오 然是書與中庸相爲表裏하여 次序條理若是瞭然이로되 而學者其猶書自書, 我自我하니 可勝歎哉아 噫라 明德在何오 卽在我一心이요 明明德之工在何오 亦在我一心이라 若能實下工夫면 正若顔子所云舜何人余何人者也어늘 而三代以後로 師道在下하고 學校不興하여 莫能行灑掃之敎라 故筋骸已强하고 利欲交中하여 在我之明德을 不能自明이라 旣不能格致하니 又何以誠意하며 旣不能正心하니 又何以修身이리오 不能格致하고 不能誠正하니 家齊國治를 其何望哉아 其何望哉아 予於十九歲에 始讀大學하고 二十九歲에 入學也하여 又講此書로대 而自顧其行하면 其亦書自我自하여 心常惡焉이라 六十三에 視學明倫堂也에 先讀序文하고 仍令侍講官及儒生으로 次第以講하니 其日은 卽甲子也니 與朱夫子作序文之日로 偶然相符라 日雖相符나 功效愈邈하니 尤切靦然이라 望七之年에 因追慕하여 行三講하고 而欲取反約하여 以中庸循環以講하며 因經筵官之請하여 繼講此書하니 自此以後로 庸學을 將輪回以講이라 少時講此에 未見其效하니 暮年重講에 其何望效리오 尤爲慨然者는 紫陽序文에 豈不云乎아 一有能盡其性者면 天必命之하사 以爲億兆之君師라하시니 以予晩學涼德으로 旣無誠正之工하고 亦無修齊之效하고 而白首衰耗에 三講此書하니 豈不自惡乎아 然孔聖云 溫故而知新이라하시니 若能因此而知新이면 於予에 豈不大有益也哉리오 仍作序文하여 自勉靈臺하노라 歲戊寅十月甲寅序하노라

以洪武正韻體命書하노라

夏 · 殷 · 周 三代가 흥성했던 때에 庠 · 序 · 學 · 校를 설치하여 백성들을 가르쳤으니, 이는 바로 《禮記》에 이른바 "25家에는 塾이 있고 黨에는 庠이 있고 州에는 序가 있고 國都에는 太學이 있었다."는 것이다. 그러므로 사람이 태어나 여덟 살이 되면 모두 小學에 들어가고, 太學에는 天子의 元子 · 衆子로부터 公 · 卿 · 大夫 · 元士의 嫡子와 일반 백성의 俊秀한 자들에 이르기까지 成童(15살)이 되면 모두 들어갔으니, 어찌 중대하지 않을 수 있겠는가. 《大學》의 책에는 三綱領이 있으니 明明德과 新民과 止於至善이며, 八條目이 있으니 格物 · 致知 · 誠意 · 正心 · 修身 · 齊家 · 治國 · 平天下이다. 次序가 정연하고 條理가 方方하며 그 학문하는 방도를 紫陽 朱夫子의 序文에 자세히 갖추었으니, 나의 蔑學으로 어찌 감히 한 마디를 더하겠는가.

그러나 이 책은 《中庸》과 서로 表裏가 되어 次序와 條理가 이와 같이 분명한데도, 배우는 자들이 오히려 책은 책이고 나는 나이니, 이루 탄식할 수 있겠는가. 아! 明德은 어디에 있는가? 바로 나의 한 마음에 있으며, 明明德의 공부는 어디에 있는가? 또한 나의 한 마음에 있다. 만약 능히 실제로 공부를 하면 바로 顔子가 말씀한 '舜임금은 어떤 사람이며 나는 어떤 사람인가'와 같이 되는데, 三代 이후로는 師道가 아래에 있고 學校가 흥성하지 못해서 물 뿌리고 청소하는 가르침을 능히 행하지 못했기 때문에 힘줄과 뼈가 이미 굳어지고 利欲이 마음속에서 교차하여 자신에게 있는 明德을 스스로 밝히지 못하였다. 이미 格物 · 致知를 하지 못했으니 또 어찌 뜻을 성실히 하겠으며, 이미 마음을 바루지 못하였으니 또 어찌 몸을 닦겠는가. 格物 · 致知를 못하였고 誠意 · 正心을 못하였으니, 집안이 가지런해지고 나라가 다스려지기를 어찌 바라겠는가. 어찌 바라겠는가.

내가 19세에 처음 《大學》을 읽고, 29세에 入學하였을 적에 또 이 책을 講하였으나, 스스로 행실을 돌아보건대 또한 책은 책이고 나는 나여서 마음에 항상 부끄러웠다. 63세에 明倫堂에서 학문하는 것을 시찰할 적에 먼저 序文을 읽고 인하여 侍講官과 儒生들로 하여금 차례로 講하게 하였는데, 그 날이 바로 甲子일이었으니 朱夫子가 序文을 지은 날과 우연히 부합하였다. 날은 비록 부합하나 功效는 더욱 아득하니 더욱 부끄러운 마음 간절하였다. 70을 바라보는 나이에 추모함으로 인하여 세 번 講을 행하고 돌이켜 요약하고자 해서 《中庸》과 함께 돌아가며 講하고, 經筵官의 주청으로 인하여 계속해서 이 책을 講하니, 이후로 《中庸》과 《大學》을 장차 돌아가면서 講하려 한다. 어려서 이 책을 講할 적에 그 효험을 보지 못했는데 늘그막에 거듭 講함에 어찌 효험을 바라겠는가.

더욱 서글픈 것은, 紫陽(朱子)의 序文에 말하지 않았는가. "한 사람이라도 그 本性을 다한 자가 있으면 하늘이 반드시 그에게 명하시어 억조 만백성의 군주와 스승으로 삼는다'고 하셨는데, 나의 늦은 배움과 부족한 덕으로 이미 誠意와 正心의 공부가 없고 또한 修身과 齊家의 공효도 없으면서 흰머리 노쇠한 몸으로 이 책을 세 번 講하니 어찌 스스로 부끄럽지 않겠는가. 그러나 聖人이신 孔子께서 말씀하시기를 "옛 것을 잊지 아니하여 새 것을 안다" 하셨으니, 만약 이로 인하여 새로운 것을 안다면 내게 어찌 크게 유익하지 않겠는가. 인하여 서문을 지어 스스로 마음을 권면하노라.

戊寅년(1758) 10월 甲寅일에 序하노라.

《홍무정운(洪武正韻)》체로 명하여 쓰게 하노라.

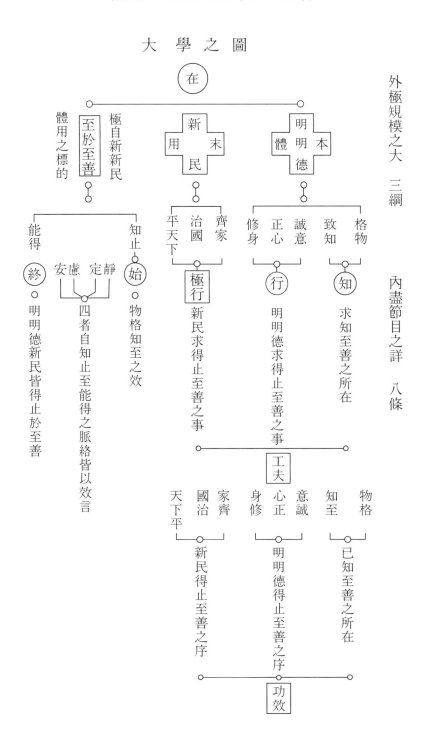

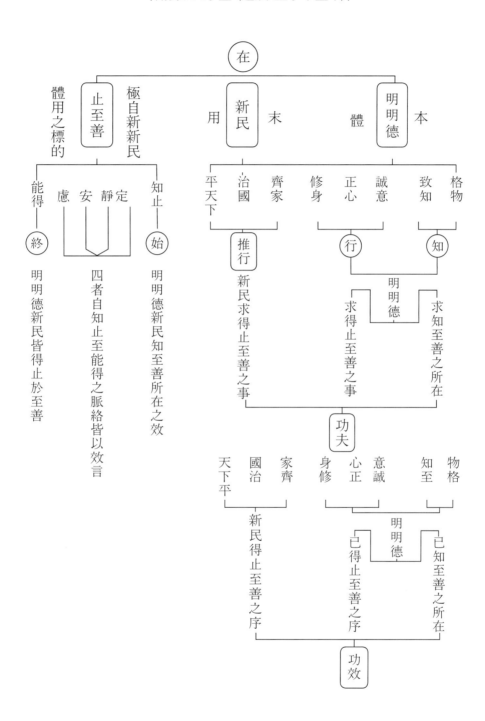

|附錄.《大學章句》의 體系|

經	1章	1節	三綱領	明明德(修己)·新民(治人)·止於至善
		2節	知止…能得	止至善:知至善所在…得止於至善
		3節	結上文兩節	本(明德)·末(新民), 始(知止)·終(能得)
		4節	八條目(工夫)	修身以上:明明德之事 齊家以下:新民之事
		5節	八條目(功效)	物格知至:知所止 意誠以下:得所止之序
		6節	結上文兩節	
		7節		
傳	1章	明明德章	釋三綱領	
	2章	新民章		
	3章	止至善章		
	4章	聽訟章	釋本末	
	5章	格致章+補亡章	釋八條目	知(格物·致知)
	6章	誠意章		行(誠意·正心·修身)
	7章	正心修身章		
	8章	修身齊家章		推行(齊家·治國·平天下)
	9章	齊家治國章		
	10章	平天下章		

|附錄. 大學公議|

公議 |《禮記》는 49篇이니, 鄭玄의 目錄에 〈大學〉은 42번째이다.〔禮記四十九篇 鄭目錄 大學第四十二〕

○ 鄭端簡(鄭曉)의 《古言》에 "孔伋(子思)이 宋나라에서 곤궁하게 살 적에 〈大學〉을 지어 經으로 삼고 〈中庸〉을 지어 緯로 삼았다." 하였으니, 이 말이 《中庸自箴》에 자세히 보인다.〔鄭端簡古言云 孔伋窮居于宋 作大學以經之 作中庸以緯之 詳見中庸箴〕

○ 案 : 先儒들이 "《禮記》의 〈中庸〉은 子思가 지은 것이고, 〈緇衣〉는 公孫尼子가 지은 것이다." 하였으며, 鄭康成(鄭玄)은 "〈月令〉은 呂不韋가 편수한 것이다." 하였고, 盧植은 "〈王制〉는 漢나라 文帝 때 博士가 기록한 것이고, 〈三年問〉은 荀卿(荀況)이 지은 것이고, 〈樂記〉는 河間獻王(劉德)의 諸生들이 편집한 것이다." 하여 모두 옛 근거가 있으나, 〈大學〉에 이르러는 前人들이 누가 지은 것이라고 말하지 않았다. 鄭端簡이 인용한 賈逵의 말은 분명히 거짓으로 지어낸 것에 해당되니, 따를 수가 없다. 朱子가 "曾子가 經 1章을 지었고 曾子의 문인이 傳 10章을 지었다." 하였는데, 이 또한 전혀 근거가 없이 朱子가 짐작(억측)으로 말씀한 것이다. 朱子는 孔子의 道統이 曾子에게 전해졌고 子思와 孟子에게 전수되었는데, 子思와 孟子는 저서가 있으나 曾子는 저서가 없으므로 다만 이 〈大學〉을 취하여 道脈을 연결했을 뿐이니, 또한 그 옳지 않음을 어찌 알겠는가.〔案先儒謂 中庸子思所作 緇衣公孫尼子所撰 鄭康成云 月令呂不韋所修 盧植云 王制漢文時博士所錄 三年問荀卿所著 樂記河間獻王諸生所輯 皆有古據 至於大學 前人不言誰人所作 鄭端簡所引賈逵之言 明係僞造 不可從也 朱子謂 曾子作經一章 曾子之門人作傳十章 亦絶無所據 朱子以意而言之也 朱子以爲孔子之統 傳于曾子 以傳思孟 而思孟有著書 曾子無書 故第取此以連道脈耳 亦安知其不然哉〕

《宋史》에 말하였다. "仁宗 天聖 8년에 《大學》을 새로 급제한 王拱辰 등에게 하사하였다.〔宋史云 仁宗天聖八年 以大學賜新第王拱辰等〕"

○ 살펴보건대, 근래에 儒者들이 이것을 근거하여 "宋나라 仁宗 때에 〈大學〉이 이미 단행본으로 행해졌다." 하고, 또 "韓愈의 〈原道〉에 홀로 《大學》의 誠意를 표시했으니, 바로 唐나라 세대에도 일찍이 이미 단행본으로 행해졌다."라고 하니, 모두 공정한 말이 아니다. 〈大

學〉을 表章한 것은 二程(程明道 · 程伊川)으로부터 시작되었고,《大學》이 四書로 나열된 것은 元나라 仁宗의 八比法[270]에 朱子의《章句》를 취함으로부터 시작되었다.〔案 近儒據此 謂宋仁宗時 大學早已專行 又謂韓愈原道 獨標誠意 卽在唐世 早已專行 皆非公言 大 學表章 自二程始 大學之列爲四書 自元仁宗八比法取朱子章句始也〕

〔舊本〕[271] 大學之道[272]

公議ㅣ'大(태)學'은 國學으로 胄子를 거처하게 하여 가르치던 곳이니, '大學의 道'는 胄子 를 가르치던 방도이다.〔大學者 國學也 居胄子以教之 大學之道 教胄子之道也〕

○ 議 : 옛 音에는 '大'를 泰(태)로 읽었는데, 지금 사람들은 本字(대)대로 읽으니, 잘못이 다. '大學之道' 한 句는 이 經文에만 있는 것이 아니요, 〈學記〉에는 "大學의 道는 가까이 있는 자는 기뻐하여 복종하고 멀리 있는 자는 그리워한다." 하였고, 또 "大學의 가르침은 때 에 맞게 가르침에 반드시 바른 業이 있었다." 하였고, 또 "大學의 法은 未發에 禁한다." 하 여, 字例와 句例가 이 經文의 首句와 조금도 차이가 나지 않는데, 저기에서는 '泰學'이라 읽고, 여기에서는 '大學'이라 읽는 것은 또한 공정하지 못함이 심한 것이다. 朱子가 序文을 지을 적에 비록 大學을 太學에서 사람을 가르치던 法이라고 하였으나, 실제로 古者에 太 學에서 사람을 가르치던 방법은 禮樂과 詩書, 弦誦과 舞蹈, 中和와 孝弟를 가르쳤는바, 이것이《周禮》와《禮記》의 〈王制〉 · 〈祭義〉 · 〈文王世子〉, 《大戴禮》의 〈保傅〉 등의 篇에 보이는데, 程朱學에서 말씀한 '마음을 밝혀 본성을 회복함과 格物하여 이치를 연구함과 致 知하고 主敬한다.'는 등의 제목은 옛날 經傳에 전혀 그림자도 없을 뿐더러 이른바 '誠意 正 心'이라는 것도 또한 분명한 글로 學校의 條例가 된 것이 없다. 朱子는 이에 마침내 書名

---

270 譯註 八比法 : 八比는 明 · 淸 시대 考試의 한 문체인 八股文의 별칭이다. 四書의 내용 중에서 제목을 정하여 그 뜻을 敷衍하는데, 네 개의 단락 안에 각각 두 개의 對偶를 갖추어 모두 八股를 이룬다.

271 譯註 舊本 : 十三經의 하나인《禮記》에 수록된 古本大學을 가리킨 것이다. 兩程과 朱子는 古本大學 이 차례가 바뀌었다 하여 모두 改正하였으니, 앞에 있는 章句本이 이것이다. 그러나 明나라의 王陽明 이 이것을 비판하였고 淸代의 考證學者들이 이 말을 지지하였으며, 우리나라의 茶山 역시 이 古本大 學을 따르고 朱子說을 비판하였는바, 茶山의《大學公議》등을 함께 附錄으로 실어 參考하게 하는 바이다.

272 〔公議〕 大學之道 : '大'는 音이 泰(태)이다.〔大音泰〕

을 고쳐 《大學》이라 하고 大를 本字(대)대로 읽고는 '大人의 學'이라 訓하여, 童子의 學과 大小를 상대하여 천하 사람들의 공통된 학[通學]이라고 하였다. 이른바 '大人'이란 것은 冠禮하여 成人이 된 자를 일컫는다. 그러나 관례를 하여 成人이 된 자를 옛날에는 大人이라 칭하지 않았다.〔議曰 舊音大讀爲泰 今人如字讀 非也 大學之道一句 不惟此經有之 學記曰 大學之道 近者悅服 遠者懷之 又曰 大學之敎 時敎必有正業 又曰 大學之法 禁於未發 其字例句例 與此經首句 毫髮不殊 彼讀曰泰學 此讀曰大學 其亦不公甚矣 朱子作序 雖以大學之書 爲太學敎人之法 而其實古者太學敎人之法 敎以禮樂 敎以詩書 敎以弦誦 敎以舞蹈 敎以中和 敎以孝弟 見於周禮 見於王制 見於祭義 見於文王世子 大戴禮保傅等篇 而所謂明心復性 格物窮理 致知主敬等題目 其在古經 絶無影響 竝其所謂誠意正心 亦無明文可以爲學校之條例者 朱子於此 遂改書名曰大學 讀之如字 訓之曰大人之學 與童子之學 大小相對 以爲天下人之通學 所謂大人者 冠而成人之稱也 然冠而成人者 古者不稱大人〕

내(茶山)가 상고해보니, 大人의 칭호에는 네 가지의 나뉨이 있으니, 첫 번째는 지위가 높은 자, 두 번째는 德이 큰 자, 세 번째는 嚴父, 네 번째는 체구가 큰 자를 大人이라 하였으니, 이것을 제외하고는 大人이 없다. 《周易》에 "大人을 봄이 이롭다." 하고, 《孟子》에 "大人을 설득할 때에는 하찮게 보라." 하였고, 《孟子》에 "大人의 일이 있고 小人의 일이 있다." 하였으니, 이와 같은 경우는 지위가 높은 자이니, 옛날에 오직 天子와 諸侯만이 이런 칭호가 있었다.【春秋左傳 襄公 30년에 卿大夫를 또한 大人이라 칭하였다.】

《周易》에 "大人이란 자는 天地와 그 德이 합한다." 하였고, 《周易》에 "大人은 범처럼 변한다." 하였고, 《孟子》에 "그 大體를 기르는 자가 大人이 된다." 하였고, 《孟子》에 "大人인 자는 赤子의 마음을 잃지 않은 자이다." 하였고, 《孟子》에 "오직 大人이어야 군주의 마음의 잘못을 바로잡을 수 있다." 하였으니, 이와 같은 경우는 德이 큰 자이다.

漢 高祖가 술잔을 받들어 太上皇을 위해 축수할 적에 부친인 太公을 칭하여 '大人'이라 하였고, 霍去病이 그 아버지 中孺를 보고 말하기를 "去病은 大人의 遺體가 됨을 알지 못했다." 하였으니, 이와 같은 경우는 嚴父의 別稱이다.

《山海經》에 "東海의 바깥 머나먼 곳[大荒] 가운데에 大人의 나라가 있다." 하였으니, 이와 같은 경우는 체구가 큰 자이다. 古經을 일일이 상고해보건대 冠禮하여 成人이 된 자를 '大人'이라고 이름한 경우가 있는가?〔余考大人之稱 其別有四 其一以位大者爲大人 其二以

德大者爲大人 其三以嚴父爲大人 其四以體大者爲大人 除此以外 無大人也 易曰 利見

大人 孟子曰 說大人則藐之 孟子曰 有大人之事 有小人之事 若是者 位大者也 古惟天

子諸侯有斯稱也【襄三十年 左傳 卿大夫亦稱大人】易曰 大人者與天地合其德 易曰 大人

虎變 孟子曰 養其大體者爲大人 孟子曰 大人者不失其赤子之心 孟子曰 惟大人〔爲〕能

格君心之非 若是者 德大者也 漢高祖奉巵爲太上皇壽 稱太公曰大人 霍去病見其父中

孺曰 去病不知爲大人遺體 若是者 嚴父之別稱也 山海經曰 東海之外 大荒之中 有大

人之國 若是者 體大者也 歷考古經 其有以冠而成人者 號爲大人者乎〕

또 옛날 小學과 大學의 구별은 본래 藝業의 大小와 黌舍(學校)의 大小를 가지고 나누어

서 둘로 만든 것이요, 그 연령으로 말하면 혹 15세라 칭하고,【白虎通】에 보인다.】혹 20세라

칭하여《尙書大傳》에 보인다.】冠禮하고 冠禮하지 않음은 여전히 논한 경우가 없으니, 어

찌 반드시 大人이 太學에 들어가겠는가. 옛날 學宮의 제도를 지금 자세히 알 수가 없다. 그

러나 上庠과 下庠, 東序와 左學, 東膠와 虞庠의 여러 명칭이〈王制〉에 보이고, 東學과 南

學, 西學과 北學, 太學의 여러 명칭이〈保傳〉에 보이고, 米廩과 夏序, 瞽宗과 頖宮의 여

러 명칭이〈明堂位〉에 보인다. 요컨대 여러 학교 가운데 가장 높고 가장 큰 것을 大學이라

이르니, 여러 사당 가운데에 가장 높은 것을 大廟라 이르고 여러 社 가운데에 가장 높은 것

을 大社라 이르는 것과 같다.【〈祭法〉에 보인다.】大廟와 大社를 이미 泰(태)로 읽는다면 유

독 大學을 大(대)로 읽는 것은 참으로 이럴 리가 없는 것이다. 大學의 大를 이미 泰로 읽는

다면 유독《大學》이라는 책만 大로 읽는 것은 이 또 무슨 의의인가?〔且古者小學大學之別

原以藝業之大小 黌舍之大小 分而二之 若其年數 或稱十五【白虎通】或稱二十【書大傳】

冠與不冠 仍無所論 豈必大人入太學乎 古者學宮之制 今不可詳 然上庠下庠東序左學

東膠虞庠諸名 見於王制 東學南學西學北學太學諸名 見於保傳篇 米廩夏序瞽宗頖宮

諸名 見於明堂位 要之諸學之中其最尊最大者 謂之大學 猶群廟之中其最尊者 謂之大

廟 群社之中其最尊者 謂之大社【見祭法】大廟大社 旣讀爲泰 則惟獨大學讀之爲大 定

無是理 大學之大 旣讀爲泰 則惟獨大學之書 讀之爲大 抑又何義〕

이미 太學에서 사람을 가르친다는 이유로 이 책을 이름하여 大學이라 하고는, 저기에서는

泰로 읽고 여기에서는 大로 읽는 것은 공정한 말이 아니다.〔夫旣以太學教人之故 名是書

曰大學 而彼曰泰 此曰大 非公言也〕

○가령 '太學'이라고 篇에 이름을 붙인 것이 〈玉藻〉와 〈檀弓〉처럼 앞에 있는 두 글자를 따서 이름을 지었을 것이라 하더라도 마땅히 太學으로 읽어야 하는데, 더구나 全篇에 논한 바가 모두 太學에서 사람을 가르치던 방법이니, 또 어찌 이것을 大로 읽을 수 있겠는가.〔藉使太學名篇 如玉藻檀弓 摘其篇首二字以爲之名 猶當讀之爲太學 況全篇所論 都係太學教人之法 又何讀之爲大也〕

옛날에 사람을 가르치던 방법은, 비록 가르침이 있으면 類가 없어지나 王公과 大夫의 자식을 소중히 여기고 우선하였다. 〈堯典〉에서는 典樂의 가르친 바가 다만 胄子이니, 胄子는 太子이다. 오직 天子의 아들은 嫡子와 庶子를 모두 가르치고 三公과 諸侯 이하는 오직 대를 잇는 嫡子여야 비로소 太學에 들어간 것이 〈王制〉에 보이고 《尙書大傳》에 보이니, 《周禮》에 '大司樂이 國子를 가르친다.' 하였고, '樂師가 國子를 가르친다.' 하였고, '師氏가 國子를 가르치고 保氏가 國子를 기른다.' 하여 모든 國子라고 칭한 것은 모두 〈堯典〉의 胄子요, 평민 집안의 子弟가 참여할 수 있는 것이 아니다. 天子의 太子는 장차 대를 이어 天子가 되고, 天子의 庶子는 장차 分封을 받아 諸侯가 되고【비록 제후가 되지 않더라도 모두 封邑이 있다.】諸侯의 適子는 장차 대를 이어 諸侯가 되고, 公·卿·大夫의 適子는 장차 대를 이어 公·卿과 大夫가 되니, 이는 모두 후일 집안을 다스리고 나라를 다스려서 혹 천하에 군림하고 혹 天子를 보필해서 이 백성을 인도하여 太平을 이룩할 자들이다. 그러므로 이들을 太學에 들어가게 해서 治國·平天下하는 방도를 가르쳤으니, 이것을 일러 '大學의 道가 明德을 밝힘에 있고 백성을 친하게 함에 있다.' 고 하는 것이다.

빈한한 가문과 천한 종족〔寒門賤族〕은 옛 법에 원래 司徒에 소속시키고 太學에 관여시키지 아니하여, 확고하게 두 등급으로 나누어서 서로 뒤섞이지 않았다. 그러므로 〈堯典〉에는 契이 司徒가 되어 백성을 가르치고 夔가 典樂이 되어 胄子를 가르쳤으며, 《周禮》에는 大司徒가 鄕의 세 가지 일로 만민을 가르치고 大司樂이 세 가지 가르침으로 國子를 가르쳤으니, 【三教는 樂德·樂語·樂舞이다.】모두 확고하게 두 등급으로 나누어서 가르치는 방법의 公·私와 大·小가 전혀 다르다. 經文에 말한 大學의 道는 바로 胄子를 가르치는 방도요 國人을 가르치는 방도가 분명히 아니니, 이것을 太學의 道라고 말할 수 있으나 鄕學의 道라고 말할 수는 없다. 그러므로 治國·平天下가 이 經의 주장하는 바가 된 것이다. 修身·齊家는 바로 그 근본을 거슬러서 말한 것이고, 誠意·正心은 또 그 근본의 근본을 거슬러서 말한 것이니, 그 주장한 바는 治國·平天下에 있다. 그러므로 治國·平天下 두 節에 이르러 그 節目이 비로소 상세하고, 그 위의 몇 節은 간략히 제기했을 뿐, 자세히 논하지 않은 것이다. 지금은 爵을 세습하지 않고 人才를 집안[族]으로 뽑지 않아서 寒門賤族 또한 卿相에 이를 수가 있어서 人主를 보좌하여 만민을 다스리니, 先儒들이 이러한 풍속을 익숙히 보고 옛 제도에는 익숙하지 못하였다. 그러므로 太學을 萬民이 遊學하는 자리라 하고, 太學의 道를 萬民이 말미암는 길이라 하여, 太學 두 글자를 원래 제대로 알지 못해서 治國·平天下를 반드시 太學에서만 가르치는 道는 아니라고 생각하였다. 그러므로 이것을 '大人의 學'이라고 바꾸어서 이로써 公共의 物로 삼고자 한 것뿐이다. 그러나 옛날 太學은 원래 주인이 있어서 평민 집안의 자식은 비록 冠禮하여 大人이 되더라도 太學에 쉽게 들어가지 못했을 듯하다.〔古者敎人之法 雖有敎無類 而王公大夫之子 是重是先 其在堯典 典樂所敎 只是冑子 冑子者太子也 惟天子之子 嫡庶皆敎 而三公諸侯以下 惟其嫡子之承世者 乃入太學 見於王制 見於書大傳 則周禮所謂大司樂之敎國子 樂師之敎國子 師氏之敎國子 保氏之養國子 凡稱國子 皆堯典之冑子 非匹庶家衆子弟所得與也 天子之太子 將繼世爲天子 天子之庶子 將分封爲諸侯【雖不侯 皆有封邑】諸侯之適子 將繼世爲諸侯 公卿大夫之適子 將繼世爲公卿大夫 斯皆他日御家御邦 或君臨天下 或輔弼天子 道斯民而致太平者也 故入之于太學 敎之以治國平天下之道 斯之謂大學之道在明明德 在親民也 寒門賤族 古法原屬之司徒 不關於太學 確分二等 不相混雜 故其在堯典 契爲司徒 以敎百姓 夔爲典樂 以敎冑子 其在周禮 大司徒以鄕三物敎萬民 大司樂以三敎敎國子【三敎者 樂德樂語樂舞也】皆確分二等 而其敎法之公私大小 絶然不同 經云大學之道 是爲敎冑子之道 明非敎人之道 是可云太學之道 不可云鄕學之道 故治國平天下 爲斯經之所主 而修身齊家 乃游其本而言之 誠意正心 又游其本之本而言之 其所主在治平也 故至治國平天下二節 其節目乃詳 其上數節 略略提掇而已 不細論也 今也爵不世襲 才不族選 寒門賤族 亦可以蹴到卿相 佐人主而治萬民 先儒習見此俗 不嫺古制 故以太學爲萬民所游之地 以太學之道 爲萬民所由之路 看太學二字 原不淸楚 謂治國平天下未必爲太學所專之道 故改之曰大人之學 欲以之爲公共之物耳 然古之太學 原有主人 編戶匹庶之子 雖冠而爲大人 恐太學未易入也〕

〔引證〕〈學記〉에 말하였다. "옛날에 가르치던 것은 25가[家]에는 塾이 있고 黨(500家)에

는 庠이 있고 州〔術〕(2,500家)에는 序가 있고 國都에는 學이 있었다."〔學記曰 古之教者 家有塾 黨有庠 術有序 國有學〕

○《孟子》에 말하였다. "庠·序·學·校를 만들어서 가르치니, 庠은 기름이요 校는 가르침 이요 序는 활쏘기이다. 夏나라에서는 校라 하고 殷나라에서는 序라 하고 周나라에서는 庠 이라 하였고 學은 三代가 함께 사용하였으니, 모두 인륜을 밝힌 것이다. 인륜이 위에서 밝 아지면 小民들이 아래에서 친한다."【또 "庠序의 가르침을 삼가서 孝弟의 의리로써 거듭하면 頒 白이 된 자가 도로에서 짐을 지거나 이지 않는다." 하였다.】〔孟子曰 設爲庠序學校以敎之 庠 者養也 校者敎也 序者射也 夏曰校 殷曰序 周曰庠 學則三代共之 皆所以明人倫也 人 倫明於上 小民親於下【又云 謹庠序之敎 申之以孝弟之義 則頒白者不負戴於道路矣】〕

○ 鏞案(내가 상고해 보건대) : 이 여러 글에서는 鄕(12,500家)·黨·州·族(100家)에 모 두 學舍가 있어서 萬民을 가르쳤으니 이는 大司徒가 관장하였고, 한가롭고 조용한 땅에 太 學이 있는데 이것을 國學이라 일러서 冑子를 가르쳤으니 이것은 大司樂이 관장하였다. 春 秋時代에도 그 법이 여전히 그러하였다. 그러므로 鄭나라 子産이 鄕校를 허물지 않았고 〈王制〉의 이른바 左鄕과 右鄕도 모두 이 鄕學의 명칭이다. 옛날 匠人이 國都를 경영하는 법에 국도를 아홉으로 나누어서 중앙은 王宮이 되고, 앞에는 朝가 있고 뒤에는 市가 있으 며, 左右의 세 鄕은 두 개씩 서로 향하고 있었다. 州와 黨은 또 한 鄕 안에 각각 작게 나눈 것이다.〔鏞案 : 此諸文 鄕黨州族皆有學舍 以敎萬民 此大司徒之所掌也 閒燕之地 厥 有太學 謂之國學 以敎冑子 此大司樂之所掌也 春秋之世 其法猶然 故鄭子産不毁鄕校 而王制所謂左鄕右鄕 皆此鄕學之名也 古者匠人營國之法 九分其國 中爲王宮 面朝後 市 左右三鄕 兩兩相向 曰州曰黨 又於一鄕之中 各自細剖者也〕

〔引證〕〈王制〉에 말하였다. "樂正이 四術(詩·書·禮·樂)을 높이고 四敎를 세워서 先王 의 詩·書와 禮·樂을 순히 하여 선비를 만들되, 春·秋에는 禮·樂을 가르치고 冬·夏 에는 詩·書를 가르쳤다. 王(天子)의 大子와 王子, 여러 諸侯의 大子, 卿·大夫·元士 의 適子, 나라의 俊士와 選士가 모두 여기에 나아갔으니, 무릇 입학할 때에는 年齒를 따랐 다."〔王制曰 樂正崇四術 立四敎 順先王詩書禮樂 以造士 春秋敎以禮樂 冬夏敎以詩書 王大子王子 群后之大子 卿大夫元士之適子 國之俊選皆造焉 凡入學以齒〕

○ 鏞案 :〈王制〉는 漢나라 文帝 때에 博士들이 기록한 것이다. 漢代의 儒者들이 古禮와 今禮를 참작하여 漢나라 法을 만들었다. 그러므로 그 법이 虁와 契을 합하여 하나로 만들고 大司樂과 大司徒를 합하여 하나로 만들어서 舜임금의 법과 周나라 법과는 전혀 똑같지 않으니, 배우는 자가 만약 〈王制〉를 先王의 법으로 인식한다면 그 참됨을 잃음이 크다. 〈王制〉의 법은 司徒를 위주로 하였으니, 鄕에 명하여 秀士를 논해서 이것을 司徒로 올린 것을 '選士'라 하고, 司徒가 또다시 太學으로 올린 것을 '俊士'라 하여, 王子와 公·卿·大夫의 適子가 이 俊士들과 함께 모두 太學에 나아가서 더불어 年齒를 차례하였으니, 朱子는 오로지 〈王制〉를 근거하여 《大學》의 序文을 지었다. 지금 배우는 자들이 모두 先王의 법이 본래 이와 같다고 여기기 때문에 太學의 道를 마침내 萬民을 가르치던 법으로 인식하니, 절대로 옳지 않다. 옛날 평민 중에 준수한 자는, 司徒가 천거하였는데 이를 '賢能'이라 하고 이들을 예우하는 것을 '賓興'이라 하였다. 賓興이라 한 것은 鄕大夫가 主人이 되고 賢能인 자가 賓이 되는데, 黨學과 州學에서 훌륭한 선비(학생)를 司徒로 올려 보낸 것을 賓興이라 이른다. 총괄컨대, 옛날 太學은 본래 萬民이 배우던 장소가 아니다. 〈王制〉는 옛 법이 아니니, 반드시 〈堯典〉과 《周禮》를 취하여 그 제도를 살핀 뒤에야 太學의 道가 무슨 道가 되는지 비로소 알 것이다.〔鏞案 王制者 漢文帝時博士所錄也 漢儒酌古參今 以制漢法 故其法合虁契而爲一 合大司樂大司徒而爲一 與虞法周法 絶不相同 學者若以王制認爲先王之法 則其失眞大矣 王制之法 以司徒爲主 命鄕論秀士 升之司徒曰選士 司徒又升之學曰俊士 而王子及公卿大夫之適子 與此俊士 咸造太學 與之序齒 朱子專據王制 以作序文 今之學者 皆謂先王之法本來如此 故太學之道 遂認爲敎萬民之法 殊不然也 古者凡民之俊秀者 司徒薦之曰賢能 禮之曰賓興 其曰賓興者 鄕大夫爲主人 賢能者爲賓 蓋自黨學州學 升之司徒 謂之賓興也 總之 古者太學 本非學萬民之地 王制非古法 必取堯典周禮 覈其制度 然後太學之道 乃知爲何道也〕

〔舊本〕 在明明德

公議 | '明'은 밝게 드러냄이요, '明德'은 孝·弟·慈이다.〔明者 昭顯之也 明德者 孝弟慈〕

○ 議 :《周禮》에 "大司樂이 六德으로 國子를 가르치니, 中·和·祗·庸·孝·友이다." 하였으니, 中·和·祗·庸은 中庸의 가르침이요, 孝·友는 大學의 가르침이다. 大學은

大司樂이 冑子를 가르치던 學宮인데, 그 조목이 孝·友를 德으로 삼았으니, 經에서 말한 '明德'이 어찌 다른 것이 있겠는가. 《孟子》에 "學은 三代가 똑같으니, 모두 人倫을 밝힌 것이다." 하였으니, 人倫을 밝힘은 孝·弟를 밝힌 것이 아니겠는가. 원래 先王이 사람을 가르치는 법이 크게 세 가지 조목이 있으니, 첫 번째는 德, 두 번째는 行, 세 번째는 藝요, 大司徒가 鄕의 세 가지 일로 나열한 六德·六行·六藝는 그 작은 조목이다. 大司樂이 冑子를 가르칠 적에도 또한 다만 이 세 가지 일일 뿐이다. 저기서는 忠·和를 德으로 삼고 孝·友를 行으로 삼았는데, 大司樂은 통틀어 德이라고 말한 것은 德과 行이 서로 칭할 수 있기 때문이다. 詩·書와 禮·樂, 弦·誦과 舞·蹈, 射·御와 書·數가 모두 藝이니, 비록 항상 익히는 學業은 여러 藝에 있으나, 그 근본의 가르침은 孝·弟일 뿐이니, 明德이 孝·弟가 아니겠는가. 虛靈不昧와 心統性情과 理와 氣, 明과 昏이 비록 또한 君子가 뜻을 다하는 바이나 결코 옛 太學에서 사람을 가르친 제목이 아니다. 이뿐만 아니라, 그 이른바 誠意·正心까지도 또한 그 孝·弟의 妙理와 方略이 될 뿐, 가르침을 베푸는 제목이 아니니, 가르침을 베푸는 제목은 孝·弟·慈뿐이다. 〈堯典〉에 "五典을 삼가 아름답게 한다." 하였고, "五敎를 공경히 편다." 하였으니, 五典과 五敎는 父義·母慈와 兄友·弟恭과 子孝이다. 《春秋左傳》에 太史 克의 말[273]이 분명히 이와 같다. 그러나 兄友·弟恭을 합하여 말하면 弟이고, 父義·母慈를 합하여 말하면 慈이니, 그렇다면 孝·弟·慈 세 글자는 바로 五敎의 총괄인 것이다. 太學에서 冑子를 가르침과 冑子들이 萬民에게 보여줌이 어찌 이 세 글자를 벗어남이 있겠는가.

〈堯典〉에 "능히 峻德을 밝혀서 九族을 친애하고 百姓을 고르게 밝히고 萬邦을 화합한다." 하였으니, 이는 바로 이 經에서 이른바 '修身·齊家하여 治國·平天下에 이른다.'는 것이다. 堯임금이 능히 孝·弟·慈의 德을 밝혀서 修身의 공부를 다하여 집안이 가지런해지고 나라가 다스려지고 天下가 마침내 공평하게 다스려졌으니, 堯가 능히 虛靈不昧한 德을 밝혀서 九族을 친애했다고 말할 수 없는 것이다. 〈康誥〉에서 경계한 바도 또한 오직 不孝와 不友에 있어서 '자식이 그 아버지를 공경하지 못하고 아우가 그 형에게 공경하지 못하고 아버지가 그 자식을 사랑하지 못함'을 징계하고 벌주었는데, 첫 번째로 고하기를 "文王이 능

---

273 譯註 《春秋左傳》에……말:史克(史官인 克)이 宣公에게 대답한 말로, 文公 18년에 "〈舜이〉 八元을 등용하여 사방에 五敎를 펴게 하니 아비는 의롭고 어미는 자애로우며 형은 우애하고 아우는 공손하며 자식은 효도하여 諸夏가 평화롭고 夷狄도 화평하였다.〔擧八元 使布五敎于四方 父義 母慈 兄友 弟共(恭) 子孝 內平外成〕"라고 보인다.

히 德을 밝혀서 小子들이 백성을 作新했다." 하였으니, 이른바 明德은 孝·弟·慈요, 이른바 新民도 또한 孝·弟·慈이다. 굳이 여러 經書를 널리 인용할 필요가 없고, 이 經에서 인용한 바가 이미 모두 이와 같다. 經에 "옛날에 明德을 天下에 밝히고자 하는 자는 먼저 그 나라를 다스렸다." 하였다. 古文은 모두 이끌어 시작하고 照應한 것이 있으니, 明明德의 온전한 해석을 마땅히 治國·平天下의 節에서 찾아야 할 것이다. 心性昏明의 說은 전혀 影響이 없다.

오직 그 윗절에 "孝는 군주를 섬기는 것이요, 弟는 長(長官)을 섬기는 것이요, 慈는 무리(백성)를 부리는 것이다." 하였고, 그 아랫절에 "윗사람이 노인을 노인으로 섬기면 백성들이 孝를 일으키고, 윗사람이 어른을 어른으로 대우하면 백성들이 弟를 일으키고, 윗사람이 고아를 구휼하면 백성들이 배반하지 않는다." 하였다. 두 節의 宗旨가 모두 孝·弟·慈 세 글자를 벗어나지 않으니, 이것이 明明德의 바른 뜻이다.〔議曰 周禮大司樂 以六德教國子 曰中和祗庸孝友 中和祗庸者 中庸之教也 孝友者 大學之教也 大學者 大司樂教胄子之宮 而其目以孝友爲德 經云明德 豈有他哉 孟子曰 學則三代共之 皆所以明人倫也 明人倫 非明孝弟乎 原來先王教人之法 厥有三大目 一曰德 二曰行 三曰藝 大司徒鄉三物所列六德六行六藝 其細目也 大司樂教胄子 亦只此三物而已 彼以忠和爲德 孝友爲行 而大司樂通謂之德者 德行可互稱也 詩書禮樂 弦誦舞蹈 射御書數 皆藝也 雖其恒業之所肆習 在於諸藝 而其本教則孝弟而已 明德非孝弟乎 虛靈不昧 心統性情 曰理曰氣 曰明曰昏 雖亦君子之所致意 而斷斷非古者太學教人之題目 不寧惟是 幷其所謂誠意正心 亦其所以爲孝弟之妙理方略而已 非設教之題目也 設教題目 孝弟慈而已 堯典曰愼徽五典 曰敬敷五教 五典五教者 父義母慈兄友弟恭子孝也 春秋傳史克之言 明白如此 然兄友弟恭 合言之則弟也 父義母慈 合言之則慈也 然則孝弟慈三字 乃五教之總括 太學之教胄子 胄子之觀萬民 其有外於此三字者乎 堯典曰 克明峻德 以親九族 以章百姓 以和萬邦 此卽斯經所謂修身齊家而至於治平也 蓋堯克明孝弟慈之德 以盡修身之工 而家齊國治 天下遂平 不可曰堯克明虛靈不昧之德 以親九族也 康誥所戒 亦惟在不孝不友 子弗克祗厥父 弟弗克恭厥兄 父不能字厥子 是懲是罰 而首告之曰 文王克明德 小子作新民 所謂明德 孝弟慈也 所謂新民 亦孝弟慈也 不必廣引群經 而斯經所引 已皆如此 經曰 古之欲明明德於天下者 先治其國 古文皆有引起照應 則明明德全解當于治國平天下節求之矣 乃心性昏明之說 絶無影響 惟其上節曰 孝者所以事君也 弟

者所以事長也 慈者所以使衆也 其下節曰 上老老而民興孝 上長長而民興弟 上恤孤而民不倍 兩節宗旨 俱不出孝弟慈三字 是則明明德正義也〕

〔考訂〕明明德에 대하여, 鄭玄의 注에 "그 至德을 밝히는 데에 있음을 이른다." 하였다.〔鄭玄注曰 謂在明其至德也〕

○ 孔氏(孔穎達)의 疏에 "몸에 明德이 있는데, 다시 이것을 밝히는 것이다." 하였다.〔孔氏疏曰 謂身有明德 而更章顯之〕

○ 鏞案:《孝經》의 首章에 "先王이 至德과 要道가 있어서 天下를 順히 한다." 하고, 곧이어 "孝가 德의 근본이다." 하였는데, 鄭康成(鄭玄)이 明德을 至德이라 하였으니, 至德은 바로 孝·弟이다.〔鏞案 孝經首章曰 先王有至德要道 以順天下 旣而曰孝 德之本也 鄭康成以明德爲至德者 至德乃孝弟也〕

○ 또 살펴보건대 孔氏의 疏가 비록 古義에 어긋나지 않으나 후일의 병폐를 약간 열어 놓았으니, 어째서인가? 마음에는 본래 德이 없고 오직 곧은 性이 있으니, 능히 나의 곧은 마음을 행하는 것 이것을 德이라 이른다. 【德(悳)이란 글자는 直心을 행하는 것이다.】 善을 행한 뒤에 德의 이름이 세워지니, 행하기 전에 몸에 어찌 明德이 있겠는가?〔又按 孔疏雖不悖古義 而微啓後弊 何也 心本無德 惟有直性 能行吾之直心者 斯謂之德【德之爲字 行直心】行善而後德之名立焉 不行之前 身豈有明德乎〕

〔考訂〕來矣鮮(來知德)의〈心學晦明解略〉에 말하였다. "王陽明은 '大學이 일찍이 錯簡이 되지 않았다.'라 하였으니, 이 말이 옳다. 그러나 또 格物의 物을 事자로 인식하여 사람을 가르칠 적에 良知를 우선하고 明德 두 글자 또한 朱子의 說을 따라서 또 조금 잘못됨을 면치 못했으니, 하늘이 聰明을 아껴서 聰明이 한 사람에게 돌아가는 것을 즐기지 않음을 볼 수 있다."【《性理會通》에 보인다.】〔來矣鮮心學晦明解略曰 王陽明以大學未曾錯簡 是矣 然又以格物之物 認爲事字 敎人先于良知 而明德二字 亦依朱子 又不免少差 可見天惜聰明 不肯歸于一人也【見性理會通】〕

○ 鏞案 : 來知德의 學問 또한 반드시 孝 · 弟를 明德으로 여긴 것이다. 그러나 나는 그 全 文을 보지 못하였다. 옛날 來知德의 《瞿塘集》을 구하려고 하였으나 얻지 못하였다.〔鏞案 來知德之學 亦必以孝弟爲明德 然余未見其全文 昔求瞿塘集 弗獲〕

○ 근세에 夏軒尹氏(尹鑴)가 孝 · 弟를 明德이라고 하자, 東園(李德欽)이 여러 번 칭찬하 였다.〔近世夏軒尹氏 以孝弟爲明德 東園亟稱之〕

〔答難〕 或問 : 心體가 虛明하므로 明德이라 이른 것이요 때로 어두워질 때가 있으면 사람 이 다시 밝히므로 明明德이라 이른 것이다. 孝 · 弟란 물건은, 본래 虛明하지 않으니 이것 을 明德이라고 말할 수 없고, 〈明德이〉 이미 때로 어둡지 않고 또한 다시 밝힐 일도 없다면 明明德이라 말할 수 없으니, 이 말이 어찌 옳지 않겠는가.〔或問曰 心體虛明 故謂之明德 有時而昏 人復明之 故謂之明明德 孝弟爲物 本不虛明 不可曰明德 旣不時昏 亦無復 明 不可曰明明德 豈不然乎〕

○ 答曰 : 《詩經》에 "나는 明德을 생각한다." 하였고, 《周易》에 "스스로 明德을 밝힌다." 하 였고, 《周書》에 "明德은 향기롭다." 하였고, 【《春秋左傳》에 보인다.】 《春秋左傳》에 "明德을 선발하여 세워서 周나라의 울타리로 삼는다." 하였고, 또 "魯公에게 大路와 大旂를 나누어 주어서 周公의 明德을 밝혔다.【定公 4년이다.】" 하였으니, 이것이 어찌 모두 心體를 말한 것 이겠는가. 무릇 德行이 神明에 통하는 것을 明德이라 이른다. 예를 들면 神에게 제사하는 물을 明水라 하고, 하늘을 감동시키는 祭室을 明堂이라 하니, 孝 · 弟의 德이 神明에 통하 기 때문에 明德이라 이른 것이니, 어찌 굳이 虛靈한 것을 明이라 이를 것이 있겠는가. 孟子 가 庠 · 序 · 學 · 校의 제도를 차례로 말씀하면서 "모두 人倫을 밝히는 것이다." 하셨으니, 지금 國都의 太學과 郡縣의 鄕校에는 그 外堂에 明倫堂이라는 세 글자를 게시하였는바, 明倫이 孝 · 弟를 밝히는 것이 아니겠는가. 太學의 道가 人倫을 밝힘에 있으므로 "太學의 道가 明德을 밝힘에 있다." 라고 말한 것이니, 지금 삼척동자들도 모두 太學에 明倫堂이 있음을 아는데, 太學의 道가 明倫에 있음은 알지 못하고 도리어 "太學의 道가 마음을 밝힘 에 있다."고 말하니, 미혹된 것이 아니겠는가. 마음을 밝힘은 진실로 또한 우리들의 중요한 일이나, 다만 이 經에서 말한 明明德은 반드시 마음을 밝히는 것이 아니다. 만일 그렇지 않 다면 어찌하여 온 하늘 아래에 모든 學宮이라고 이름한 곳에는 모두 明倫堂이라는 세 글자

를 게시하였겠는가? 깊이 생각하기를 바란다.〔答曰 詩云 予懷明德 易曰 自昭明德 周書曰 明德惟馨【見左傳】春秋傳曰 選建明德 以藩屛周 又曰 分魯公以大路大旂 以昭周公之明德【定四年】豈皆心體之謂乎 凡德行之通乎神明者 謂之明德 如祭神之水 謂之明水 格天之室 謂之明堂 孝弟爲德 通乎神明 故謂之明德 何必虛靈者爲明乎 孟子歷言庠序學校之制曰 皆所以明人倫 今國之太學 郡縣之鄕校 其外堂 皆揭明倫堂三字 明倫非明孝弟乎 太學之道 在於明倫 故曰 太學之道 在明明德 今三尺之童 皆知太學有明倫堂 而不知太學之道在明倫 却曰 太學之道在明心 不亦惑乎 明心固亦吾人之要務 但此經之云明明德 必非明心 如云不然 何以普天之下凡以學宮爲名者 皆揭明倫堂三字乎 請深思之〕

〔舊本〕 在親民

公議 | 程子가 말씀하였다. "親은 마땅히 新이 되어야 한다."〔程子曰 親 當作新〕

○ 王陽明이 말하였다. "親자는 잘못되지 않았다."〔王陽明曰 親字不誤〕

○ 議 : 明德이 이미 孝·弟·慈가 된다면 親民 또한 新民이 아니다. 舜임금이 契에게 명하기를 "백성이 친하지 못하니, 네가 五敎를 펴라." 하였으니, 五敎는 孝·弟·慈이다.【뜻이 앞에 보인다.】舜임금이 契로 하여금 孝·弟·慈의 가르침을 펴게 할 적에 백성이 친하지 못함을 말씀하였으면, 孝·弟·慈는 親民하는 일이다. 孟子는 庠·序·學·校의 제도를 말씀하고 뒤이어 말씀하기를 "배움은 人倫을 밝히는 것이니, 인륜이 위에서 밝아지면 小民들이 아래에서 친하다." 하였으니, 또한 어찌 다른 말씀이겠는가. 明明德은 人倫을 밝힘이요, 親民은 小民을 친하게 하는 것이다. 저기에서 학교의 제도를 말할 적에 그 말씀이 이와 같고, 여기에서 大學의 道를 말할 적에 그 말씀이 이와 같으니, 다시 다른 해석이 있을 수 있겠는가. 魯나라 展禽의 말에 "契이 司徒가 되자 백성들이 화목하였다.【《國語》〈魯語〉에 보인다.】" 하였으니, 백성들이 화목하다는 것은 백성들이 친함이요, 孔子가 말씀하시기를 "先王이 至德과 要道가 있어서 천하를 순히 하여 백성들이 화목했다.【《孝經》의 글이다.】" 하셨으니, 백성들이 화목했다는 것은 백성들이 친함이요, 孔子가 말씀하시기를 "백성들에게 친애함을 가르침은 孝보다 먼저 함이 없고 백성들에게 禮順을 가르침은 공경보다 먼저

함이 없다. 【《孝經》의 글이다.】' 하셨으니, 백성들이 친애함은 백성들이 친함이요, 孔子가 말씀하시기를 "사랑을 세움을 어버이로부터 시작함은 백성들에게 화목함을 가르치는 것이요, 공경을 세움을 어른으로부터 시작함은 백성들에게 순함을 가르치는 것이다. 【《祭義》의 글이다】' 하셨으니, 백성들이 화목하고 백성들이 순함은 백성들이 친한 것이다. 백성들에게 孝를 가르치면 백성 중에 자식이 된 자가 그 아버지를 친애하고, 백성들에게 弟를 가르치면 백성 중에 아우가 된 자가 그 형을 친애하고, 백성 중에 어린이가 된 자가 그 어른에게 친하고, 慈를 가르치면 백성 중에 아버지가 된 자가 그 자식을 친애하고, 백성 중에 어른이 된 자가 그 어린이를 친애하니, 大學의 道가 어찌 親民에 있지 않겠는가.

만약 盤銘·〈康誥〉·〈大雅〉의 글이 新民의 분명한 징험이 된다고 한다면 親과 新 두 글자는 글자의 모습이 서로 비슷하고 뜻도 서로 통하니, 친히 하는 것은 새롭게 하는 것이다.《書經》《金縢》의 '其新逆'이 馬融의 本에는 '親迎'으로 되어 있고, 梅賾은 "親은 새로움이요 새로움은 친함이다." 하였다. 백성이 서로 친애하면 백성들이 마침내 새로워지니, 어찌 반드시 한 획도 변함이 없어야 비로소 照應이 되겠는가. 다만 王陽明은 明德을 孝·弟라고 하지 않았으니, 그렇다면 그가 말한 親民의 뜻이 모두 지극한 이치가 없으니, 程子의 말씀에 '어린이가 다 기뻐한다'는 것만 못하다. 총괄하건대, 親과 新 두 뜻을 한 가지도 폐할 수가 없으니, 이제 함께 말하여 아는 자를 기다리노라.〔議曰 明德旣爲孝弟慈 則親民亦非新民也 舜命契曰 百姓不親 汝敷五敎 五敎者 孝弟慈也 【義見前】 舜令契敷孝弟慈之敎 而先言百姓不親 則孝弟慈者 所以親民之物也 孟子言庠序學校之制 而繼之曰 學所以明人倫也 人倫明於上 小民親於下 亦豈是他說乎 明明德者 明人倫也 親民者 親小民也 彼言學校之制 而其言如彼 此言大學之道 而其言如此 而復有異釋乎 魯展禽之言曰 契爲司徒而民輯 【見魯語】 民輯者 民親也 孔子曰 先王有至德要道 以順天下 民用和睦 【孝經文】 民用和睦者 民親也 孔子曰 敎民親愛 莫先於孝 敎民禮順 莫先於弟 【孝經文】 民親愛者 民親也 孔子曰 立愛自親始 敎民睦也 立敬自長始 敎民順也 【祭義文】 民睦民順者 民親也 敎民以孝 則民之爲子者 親於其父 敎民以弟 則民之爲弟者 親於其兄 民之爲幼者 親於其長 敎民以慈 則民之爲父者 親於其子 親之爲長者 親於其幼 太學之道 其不在於親民乎 若云 盤銘康誥周雅之文 爲新民之明驗 則親新二字 形旣相近 義有相通 親之者新之也 金縢之其新逆 馬融本作親迎 梅賾親者新也 新者親也 百姓相親 其民乃新 豈必一畫無變 乃爲照應乎 但王陽明不以明德爲孝弟 則其所言親民之義 皆無至理

不如程子之說童孺皆悅 總之 兩義不可偏廢 今幷陳之 以俟知者〕

〔舊本〕 在止於至善

公議 | '止'는 이르러 옮기지 않음이요 '至善'은 人倫의 지극한 德이니, 성실하면 지극해진다.〔止者 至而不遷也 至善者 人倫之至德也 誠則至〕

○ 議曰 : '止於至善'은 人子가 되어서는 孝에 그치고 人臣이 되어서는 敬에 그치고 國人과 사귈 적에는 信에 그치고 人父가 되어서는 慈에 그치고 人君이 되어서는 仁에 그침이니, 人倫의 밖에 따로 至善이 없다. '止至善' 한 句가 비록 明德과 新民을 貫通한 것이 되나 그 공력을 씀으로 말하면 그대로 自修이니, 사람을 다스려서 至善에 그치게 하는 것이 아니다. 顏淵이 仁을 묻자, 孔子께서 답하시기를 "仁을 행함은 자기에게 달려있으니, 남에게 달려있겠는가." 하셨다. 人君이 되어 仁에 그침도 또한 다만 自修이니, 堯·舜이 백성들을 强勸하여 至善에 이르게 한 것이 아니다. 經에 "堯·舜이 천하를 仁으로써 솔선했다." 하였으니, '帥(솔)'이라는 것은 솔선함이요 인도함이니, 堯·舜이 몸소 솔선하여 自修해서 백성들의 導率이 되었을 뿐이다. 억지로 백성들로 하여금 至善에 그치게 함은 이러한 법이 없다. 총괄하건대 《大學》의 三綱領은 모두 人倫의 說(내용)인데, 지금 그 조목이 혹 자못 분명하지 못하므로 이에 아래와 같이 도식을 만들었다.〔議曰 止於至善者 爲人子止於孝 爲人臣止於敬 與國人交止於信 爲人父止於慈 爲人君止於仁 凡人倫之外 無至善也 止至善一句 雖爲明德新民之所通貫 而若其用力 仍是自修 非治人使止於至善也 顏淵問仁 孔子答曰 爲仁由己 而由人乎哉 爲人君止於仁 亦只是自修 堯舜不强勸民使至於至善也 經曰 堯舜帥天下以仁 帥也者 率也導也 堯舜身先自修 爲百姓導率而已 强令民止於至善 無此法也 總之 大學之三綱領 皆人倫之說 今其條目 或頗不明 玆爲圖如左〕

明明德 ⟵ 孝者所以事君 / 弟者所以事長 / 慈者所以使衆 ⟶ 天子庶人 修身爲本

〔舊本〕 知止而后有定 定而后能靜 靜而后能安 安而后能慮 慮而后能得

公議 | '知止'는 人倫의 成德의 지극한 바를 앎을 이르니, 이것을 안 이후에 뜻이 정해진 방향이 있는 것이다. '靜'은 뜻(의지)이 한결같아 동하지 않는 것이요, '安'은 거하여 本分으로 삼는 것이요, '慮'는 그 本末을 헤아림이요, '得'은 그 마땅히 먼저해야 할 바를 얻는 것이다.〔知止 謂知人倫成德之所極 知此而后 志有定向 靜者 志壹而不動也 安者 居之爲本分也 慮者 量度其本末也 得者 得其所宜先也〕

○ 議曰 : 至善은 어떤 물건이 되는가? 經에 바른 글이 있으니, 仁과 敬, 孝와 慈가 모두 至善이다. 비록 그 나열한 바는 뒤섞여서 정돈되지 못했으나, 대체로 至善이 人倫의 成德이 됨은 여기에서 분명하니, 다시 다른 해석이 있겠는가. 人子가 되어 반드시 孝에 그친 뒤에야 비로소 至善이 됨을 알았다면 그 뜻(의지)이 비로소 정해지니, 생각하기를 '孝는 人子가 하지 않을 수 없는 것이다.' 하여, 이 뜻이 견고하고 확고해서 한번 정해지면 동요하지 아니하여 이 마음에 안착되어서 편안함이 磐石과 같은 뒤에야 부모에게 효도하는 방법을 생각하기를 자세히 헤아려서 그 本末을 생각하고 그 先後를 생각하여, 말하기를 "이 孝는 내가 修身하는 것이다. 修身을 생각한다면 먼저 내 마음을 바로잡지 않을 수가 없고 마음을 바로잡는 것을 생각한다면 먼저 내 몸을 성실히 하지 않을 수가 없다." 한다. 그리하여 이에 誠意로부터 시작하고 誠意로부터 손을 써서 孝의 시작하는 일을 해야 하니, 이것을 '能得'이라 한다. 得은 길〔路〕을 얻는 것이니, 그 말미암아 시작할 바를 얻는 것이다.

人君이 되어 반드시 仁에 그친 뒤에야 비로소 至善이 됨을 알았다면 그 뜻(의지)이 비로소 정해지니, 생각하기를 '仁은 임금이 하지 않을 수 없는 것이다.' 하여, 이 뜻이 견고하고 확고해서 한번 정해지면 동요하지 아니하여 이 마음에 안착되어서 편안함이 磐石과 같은 뒤에야 백성에게 仁하게 하는 방법을 생각하기를 자세히 헤아려서 그 本末을 생각하고 그 先後를 생각하여, 말하기를 "이 仁은 내가 治國 · 平天下하는 것이다. 治國 · 平天下를 생각한다면 먼저 내 집안을 가지런히 하지 않을 수가 없고, 집안을 가지런히 할 것을 생각한다면 먼저 내 마음을 닦지 않을 수가 없고, 몸을 닦기를 생각한다면 먼저 마음을 바르게 하고 먼저 뜻을 성실히 하지 않을 수가 없다." 한다. 그리하여 이에 誠意로부터 시작하고 誠意로부터 손을 써서 仁의 시작하는 일을 해야 하니, 이것을 '能得'이라 한다. 得은 길〔路〕을 얻는 것이니, 그 말미암아 시작하는 바를 얻는 것이다.〔議曰 至善之爲何物 經有正文 曰仁曰敬曰孝曰慈 皆至善也 雖其所列 差錯不整 而大凡至善之爲人倫成德 於此明矣 而復有他

解乎 知爲人子必止於孝而后乃爲至善 則其志乃定 曰 孝者人子之所不得不爲也 此志 牢固堅確 一定不動 宅於此心 安如磐石 然後思所以孝於父者 商量揣度 慮其本末 慮 其先後 曰 孝者吾之所以修身也 思修身 不可不先正吾心 思正心 不可不先誠吾意 於 是自誠意入頭 自誠意下手 爲孝之始事 此之謂能得也 得者 得路也 得其所由始也 知 爲人君必至於仁而后乃爲至善 則其志乃定 曰 仁者人君之所不得不爲也 此志牢固堅 確 一定不動 宅於此心 安如磐石 然後思所以仁於民者 商量揣度 慮其本末 慮其先後 曰 仁者吾之所以治平也 思治平 不可不先齊吾家 思齊家 不可不先修吾身 思修身 不 可不先正先誠 於是自誠意入頭 自誠意下手 爲仁之始事 此之謂能得也 得者 得路也 得其所由始也〕

〔舊本〕 物有本末 事有終始 知所先後 則近道矣

公議│ '物'은 '有物有則'의 物과 같이 읽으니, '物'은 意‧心‧身‧家‧國‧天下요 '事' 는 誠‧正‧修‧齊‧治‧平이다. '本'과 '始'는 먼저 해야 할 바이고 '末'과 '終'은 뒤에 해 야 할 바이다.【先은 먼저 하는 것이요, 後는 뒤에 하는 것이다.】이것을 알면 工程을 시작할 바 를 알 것이니, 이에 道에 가까운 것이니, 道는 길이다.〔物讀之如有物有則之物 物者 意心 身家國天下也 事者 誠正修齊治平也 本始所先 末終所後【先者先之也 後者後之也】知此 則知所以起程 斯近道矣 道者路也〕

○ 議：意‧心‧身은 本이고, 家‧國‧天下는 末이다. 그러나 修身은 誠意를 또 本으 로 삼고 平天下는 齊家를 本으로 삼아서 本과 末 안에 또 각각 本과 末이 있다. 그러므로 아래 글에 여섯 가지 일이 서로 물리고 서로 연결되어서 층층이 本이 되어 그 글이 꿰어 있 는 진주와 碧玉과 같으니, 이는 다 能慮에서 얻은 것이다. 誠‧正‧修는 시작이고 齊‧治 ‧平은 終이니, 그 終과 始 안에 또 각각 終과 始가 있는 것이 本과 末의 例와 같다. 그러 나 誠이란 물건은 始와 終을 관철하여, 誠으로써 뜻을 성실히 하고 誠으로써 마음을 바르 게 하고 誠으로써 몸을 닦고 誠으로써 家와 國을 다스리고 誠으로써 天下를 고르게 한다. 그러므로《中庸》에 "誠은 物의 終과 始이다."라고 한 것이다.〔議曰 意心身 本也 家國天下 末也 然修身又以誠意爲本 平天下又以齊家爲本 本末之中 又各有本末也 故下文六事

相銜相聯 層層爲本 其文如貫珠綴璧 斯皆能慮之所得也 誠正修 始也 齊治平 終也 其
終始之中 又各有終始 如本末之例也 然誠之爲物 貫徹始終 誠以誠意 誠以正心 誠以
修身 誠以治家國 誠以平天下 故中庸曰 誠者 物之終始也〕

〔舊本〕古之欲明明德於天下者 先治其國 欲治其國者 先齊其家 欲齊其家
者 先修其身 欲修其身者 先正其心 欲正其心者 先誠其意 欲誠其意者 先
致其知 致知在格物

公議ㅣ'古'는 堯·舜과 三王의 때를 이른다. '致'는 지극히 함이요 '格'은 헤아림〔量度〕이
니, 그 먼저 하고 뒤에 할 바를 지극히 앎은 致知요, 物에 本과 末이 있음을 헤아림은 格物
이다.〔古 謂堯舜三王之時 致 至之也 格 量度也 極知其所先後 則致知也 度物之有本末
則格物也〕

○ 議 :《中庸》에 "誠은 物의 終과 始이다." 하였으니, '始'는 자기를 이룸이고 '終'은 남을
이룸이니, 成己는 몸을 닦음이고 成物은 백성을 교화함이다. 그렇다면 修身은 원래 誠意
를 첫 번째 공부로 삼고서 이로부터 시작하고 이로부터 손을 쓰니, 誠意의 앞에 또 어찌 格
物·致知 두 층의 공부가 있겠는가. 오직 天下萬事는 먼저 慮度(탁)이 있지 않을 수가 없
으니, 慮度이 자세하고 분명해진 뒤에 비로소 공부하는 법을 시작할 수 있는 것이다. 明德
을 天下에 밝혀서 天下 사람들로 하여금 모두 大道로 돌아가게 함은 天地 사이에 하나의
큰일이다. 그러므로 이미 그칠 바를 알아야 비로소 그 뜻을 정하고, 그 뜻을 정하여야 그 일
을 생각할 수 있으니, 經營하는 바의 사물을 통틀어 잡아서 그 本·末을 헤아리고 그 終·
始를 계산하는 것이다. 이에 그 末로부터 거슬러 올라가서 위로 誠意에 이르러 일을 시작하
는 初步로 삼되, 다만 量度하고 생각하는 것〔揣摩〕이 일을 시작하는 앞에 있으므로 上面에
또 致知와 格物 두 건을 놓은 것이다. 物은 그대로 이 物이고 知는 그대로 이 知이니, 朱子
의 '모든 천하의 사물에 나아간다'는 것과 '그 아는 바의 천하의 이치'라는 것이 어찌 여기에
해당되겠는가.《中庸》은 誠을 物의 終·始로 삼아서 誠身의 위에 먼저 明善의 한 층이 있
을 수 있으니, 明善은 知止인바 장차 至善에 그칠 것을 아는 것이 明善이 아니겠는가. 다
만《中庸》은 知止와 能得, 格物과 致知를 합하여 明善이라 이름하였으니, 글에 상세하고

간략함이 있으나, 道는 똑같은 것이다.〔議曰 中庸曰 誠者物之終始 始者成己也 終者成物也 成己者修身也 成物者化民也 然則修身原以誠意爲首功 從此入頭 從此下手 誠意之前 又安有二層工夫乎 惟是天下萬事 不得不先有慮度 慮度詳審 然後是乃起功法也 昭明德於天下 使天下之人 咸歸大道者 天地間頭一件大事也 故旣知所止 乃定其志 旣定其志 乃慮其事 通執所經營之物事 度其本末 算其終始 於是自其末而溯之 上至誠意爲始事之初步 特以量度揣摩在始事之前 故上面又安著致知格物二件 物仍是此物 知仍是此知 卽凡天下之物 及其所知天下之理 何與於是哉 中庸以誠爲物之終始 而誠身上面 先有明善一層 明善者知止也 知將以止於至善 非明善乎 但中庸以知止能得格物致知 合而名之曰明善 文有詳略 而其道則同也〕

〔舊本〕 物格而后知至 知至而后意誠 意誠而后心正 心正而后身修 身修而后家齊 家齊而后國治 國治而后天下平

公議 | 일을 생각하는 초기에는 그 형세가 밖으로부터 안으로 들어오는 것을 헤아려 거슬러 올라가고, 일을 생각함이 이미 끝났을 적에는 그 공부가 안으로부터 밖으로 이르는 것을 계산하여 미룬다. 그러므로 위는 逆推이고 아래는 順推인 것이다. 意·心·身과 家·國·天下에 그 本과 末이 있음을 분명히 본다면 이것이 物格이요, 誠·正·修·齊·治·平에 그 먼저 하고 뒤에 할 바를 분명히 안다면 이것이 知至이니, 그런 뒤에 일을 시작한다. 그러므로 "지식이 지극한 이후에 뜻이 성실해진다." 한 것이다.〔慮事之初 度其勢自外而內溯之 慮事旣畢 計其功自內而外推之 故上逆而下順也 意心身家國天下 明見其有本末 則物格也 誠正修齊治平 明認其所先後 則知至也 夫然後始事 故曰知至而后意誠〕

○ 議 :《大學》에는 三綱領이 있고, 三綱領은 각기 세 조목을 거느리고 있으니, 모두 孝·弟·慈이다. 【위 그림에 보인다.】 이 節은 明德과 新民의 조목이 아니다. 그러나 또 글이 비록 여덟 번 바뀌었으나 일은 여섯 조항이니, 格物·致知는 마땅히 함께 세워서 八條目으로 삼아서는 안 되고, 이름하여 格致六條라 하여야 名과 實이 서로 부합하게 된다.〔議曰 大學有三綱領 三綱領各領三條目 皆是孝弟慈【見上圖】 此節 非明德新民之條目也 然且文雖八轉 事惟六條 格物致知不當幷數之爲八 名之曰格致六條 庶名實相允也〕

○ '后'는 上聲의 글자이니, 특별히 后로 쓴 것은 위에 先後의 後가 去聲의 글자임을 밝힌 것이다.【后와 後는 본래 諧聲이다.】〔后者 上聲字也 別作后形者 明上先後之後爲去聲 也【后後本諧聲】〕

〔舊本〕自天子以至於庶人 壹是皆以修身爲本 其本亂而末治者否矣 其所厚 者薄 而其所薄者厚 未之有也 此謂知本 此謂知之至也

公議 | '壹是'는 一槩란 말과 같다. 몸을 닦은 뒤에 아래를 교화할 수 있고, 몸을 닦은 뒤에 윗사람을 섬길 수 있다. 그러므로 上下가 모두 修身을 근본으로 삼은 것이다. '厚하게 할 바'는 몸을 이르고 '薄하게 할 바'는 民을 이른다. '근본을 안다.'는 것은 齊家·治國·平天 下의 근본이 몸에 있음을 아는 것이다.〔壹是 猶言一槩 修身然後可以化下 修身然後可以事 上 故上下皆以修身爲本也 所厚 謂身也 所薄 謂民也 知本者 知家國天下之本在身也〕

○ 議 : '知止而后有定' 이하로부터 이 節까지는 모두 格物·致知에 대한 설명이니, 格物 ·致知는 다시 한 章이 있을 수가 없다. 이에 格致圖를 다음과 같이 만들었다.〔議曰 自知 止而后有定以下 至此節 都是格物致知之說 格物致知不得更有一章 玆爲格致圖如左〕

		意 心 身			誠 正 修	其(本)亂	自天子	
格物有	本			始				
			事有			者否	修身爲(本)	此謂知(本)
	末	家 國 天下		終	齊 治 平	而(末)治[274]	至庶人	

---

274 譯註 而(末)治 : 그림의 이 칸은 '其(本)亂' '而(末)治' '者否'의 순서로 읽어야 하나, 本과 末을 위아래에 배치한 것이다. 옆 칸도 '自天子' '至庶人' '修身爲(末)'의 순서이다. 이 그림과 다음 그림은 원래 종(세로)으로 되어 있던 것을 횡(가로)으로 바꾸었다.

先	欲正者先誠意	誠意者先致知	
	欲修者先正心		
	欲齊者先修身		
	欲治者先齊家		
	欲平者先治國		
致知所		知所先後則近道	此謂知之至
後	意誠而后心正	物格而后知至	
	心正而后身修		
	身修而后家齊		
	家齊而后國治		
	國治而后天下平		

〔舊本〕所謂誠其意者 毋自欺也 如惡惡臭 如好好色 此之謂自謙 故君子必愼其獨也 小人閒居爲不善 無所不至 見君子而后 厭然揜其不善 而著其善 人之視己 如見其肺肝然 則何益矣 此謂誠於中形於外 故君子必愼其獨也 曾子曰 十目所視 十手所指 其嚴乎 富潤屋 德潤身 心廣體胖 故君子必誠其意

公議ㅣ誠은 物의 終과 始이다. 그러므로 글쓰는 例가 介特(동떨어짐)되어서 서로 맞물리지 않았다.【위로는 致知와 연결되지 않고 아래로는 正心과 맞물리지 않았다.】'意'는 中心에 숨겨진 생각이다. '自欺'는 사람의 性은 본래 善하니, 不善을 알면서도 이를 하면 스스로 속이는 것이다. '惡臭'와 '好色'은 그 좋아하고 싫어함이 겉과 속의 다름이 없다. 그러므로 善을 좋아하고 惡을 부끄러워함을 이와 같이 하고자 하는 것이다. '謙'은 慊과 통하니, 쾌함이다. '獨'은 자기만 홀로 아는 것이고, '閒居'는 홀로 거처하는 것이다. '厭然'은 閉藏하는 모양이다.【鄭玄의 註에 말한 것이다.】'人之視己'는 他人이 小人을 보는 것이다. '肺'와 '肝'은 小人의 장기이다. '十目'과 '十手'는 天地의 神明이 밝게 나열하여 있음을 말한 것이다. '潤'은 光澤이 밖으로 드러남을 이른다. '胖'은 펴짐이다.【鄭玄은 "胖은 大와 같다."라고 하였다.】〔誠者 物之終始 故書(禮)〔例〕介特 不相銜也【上不連致知 下不銜正心】意者 中心之隱念也 自欺者 人性本善 知不善而爲之 是自欺也 惡臭好色 其好惡無表裏之殊 故樂善恥惡 欲如是也 謙慊通 快也 獨者 己所獨知也 閒居 獨處也 厭然 閉藏貌【鄭註云】人之視己 他人視小人也 肺肝 小人之藏也 十目十手 謂天地神明 昭布森列也 潤 謂光澤外著也 胖 舒泰也【鄭云 猶大也】〕

○ 議曰 : 格物致知章이 亡失되지 않았음을 아는 것은, 이 章의 첫머리가 우뚝 튀어나와서 위로 致知와 연결되지 않고 아래로 正心과 맞물려 있지 않기 때문이다. 성실하지 않으면 事物이 없기 때문에 먼저 誠意를 말하였으니, 意·心·身과 家·國·天下를 포괄하여 한결같이 誠意에 돌린 것이다. 뒤이어 〈淇奧〉詩와 〈烈文〉詩를 인용하여 誠意의 공부가 스스로 몸을 닦고 백성을 교화시켜서 모두 至善에 그칠 수 있음을 밝혔고, 뒤이어 〈康誥〉 등 아홉 문장을 인용하여 또 誠意의 공부가 스스로 德을 밝히고 백성을 새롭게 하여 至善에 그칠 수 있음을 밝혔고, 뒤이어 聽訟의 말을 인용하여 또 修身이 근본이 됨을 밝혀서 아래 正心·修身의 節을 일으켰으니, 誠意가 곧바로 들어간 것이 아니고 三綱領은 떨어져 도치된 것이 아니다. 經에 어찌 잘못이 있겠는가.〔議曰 知格物致知章不亡者 此章起句突兀 上不連致知 下不銜正心也 不誠無物 故先言誠意 包括意心身家國天下 一歸之於誠意 繼引淇奧烈文之詩 以明誠意之功 可以自修 可以化民 皆可以止於至善 繼引康誥等九文 又明誠意之功 自明而新民 以止於至善 繼引聽訟語 又以明修身爲本 以起下正心修身之節 誠意非徑入也 三綱領非落倒也 經豈有誤哉〕

○ '十目'과 '十手'의 뜻을 先儒들은 말하지 않고 오직 吳季子의 말에 "어두운 방 모퉁이 가운데에 그윽하고 깊고 숨겨져 있으니, 한 생각이 장차 동하면 사람이 누가 알겠는가. 君子가 이때에 天地의 鬼神이 분명하게 나열되어서 강림하여 위에 있고 질정하여 곁에 있음을 참으로 본다." 하였으니, 曾子의 뜻이 진실로 여기에 있는 것이다.〔十目十手之義 先儒不言 惟吳季子之言云 暗室屋漏之中 幽深隱奧 一念將動 人孰知之 君子於此 眞見夫天地鬼神昭布森列 臨之在上 質之在傍 曾子之意 亶在是矣〕

○ '富潤屋', '德潤身'은 중심에 성실하여 밖에 나타난 것이다. 그러나 진실한 마음으로 惡을 제거하고 진실한 마음으로 善을 행하여, 그 惡을 제거하고 善을 행한 연고로 몸을 윤택하게 하는 德이 있는 것이니, 만약 마음을 空寂한 경지로 치달리면 德이 있을 수가 없는 것이다. 일을 행한 뒤에 德이란 명칭이 성립된다.〔富潤屋, 德潤身者 誠於中而形於外也 然實心去惡 實心爲善 以其去惡爲善之故 得有潤身之德 若馳心於空寂之地 則無緣有德 行事而后 德之名立焉〕

○ 마음의 경계가 너그럽고 화평하면 이미 正心이 된 것이요, 몸의 기운이 펴지면 이미 修身이 된 것이다. 誠이란 물건은 意·心·身 세 글자를 포괄하였으니, 어찌 다른 章으로 준

례를 삼을 것이 있겠는가.〔心界寬平 旣正心矣 體氣舒泰 旣修身矣 誠之爲物 包括意心身三字 豈可以他章例之哉〕

〔舊本〕詩云 瞻彼淇澳 菉竹猗猗 有斐君子 如切如磋 如琢如磨 瑟兮僩兮 赫兮喧兮 有斐君子 終不可諠兮 如切如磋者 道學也 如琢如磨者 自修也 瑟兮僩兮者 恂慄也 赫兮喧兮者 威儀也 有斐君子 終不可諠兮者 道盛德至善 民之不能忘也

公議 | 뜻풀이가 朱子章句에 보인다.〔義見朱子章句〕

○ '如切如磋 如琢如磨'는 誠이고, '瑟兮僩兮 赫兮喧兮'는 중심에 성실하여 밖에 나타남이다. 배워서 스스로 닦음은 修身이고, 백성들이 잊지 못함은 백성을 교화함이고, '盛德'과 '至善'은 至善에 그침이다.〔如切如磋 如琢如磨 誠也 瑟兮僩兮 赫兮喧兮 誠於中而形於外也 學以自修者 修身也 民不能忘者 化民也 盛德至善者 止於至善也〕

○ 議 : 이 節이 誠意章의 계속(후속)이 됨을 아는 것은, 이미 자르고 다시 갈고 이미 쪼고 다시 갊은 그 지극히 성실함을 형용한 것이기 때문이다. 지극히 성실함이 중심에 쌓여 威儀가 외면에 드러나니, 중심에 쌓임은 스스로 닦는 것이고, 밖으로 드러남은 백성을 교화하는 것이다. 誠이 능히 成己하고 成物함은 그 지극한 이치가 여기에 있으니, 어찌 簡策에 착오가 있다고 말할 수 있겠는가. 至善은 지극히 성실함으로 이룬 것이다.〔議曰 知此節爲誠意章之繼者 旣切而復磋之 旣琢而復磨之 形容其至誠也 至誠積於中 而威儀著於外 積中所以自修也 著外 所以化民也 誠之能成己成物 其至理在此 何得曰簡策有錯乎 至善者至誠之所成也〕

〔舊本〕詩云 於戱 前王不忘 君子賢其賢而親其親 小人樂其樂而利其利 此以沒世不忘也

公議 | '君子'는 지위에 있는 사람이고 '小人'은 小民이다. 君子는 前王이 일찍이 賢賢(어

짊을 어질게 여김)하고 親親(친함을 친하게 여김)하였기 때문에 잊지 않는 것이요, 小人은 前王이 일찍이 백성들의 즐거움을 즐거워하고 백성들의 이로움을 이롭게 여겼기 때문에 잊지 않는 것이다. '此以'는 이 때문〔以此之故〕이란 말과 같다. '沒世'는 終身이란 말과 같다.〔君子有位也 小人小民也 君子以前王賞賢而親親 故不忘 小人以前王賞樂民之樂 而利民之利 故不忘也 此以者 猶言以此之故也 沒世 猶言終身〕

○ 議 : 朱子는 淇奧節을 '明明德의 止至善'이라 하고 前王不忘節을 '新民의 止至善'이라 하였다. 그러나 新民은 본래 백성들로 하여금 孝를 일으키고 백성들로 하여금 弟를 일으키게 하는 것인데 〈烈文〉詩에서는 下民의 孝·弟를 말하지 않았으니, 백성의 至善이라고 말할 수가 없다. 비록 朱子의 뜻을 가지고 말하더라도 朱子는 천하 사람들이 모두 자기의 明德을 밝히는 것을 新民이라 하였다. 그러나 〈烈文〉詩에 또한 이런 뜻이 없으니, 어찌 新民의 至善이라고 말할 수 있겠는가. 지금 살펴보건대 〈烈文〉詩의 本文에 "이 德이 드러나지 않겠는가. 여러 제후들이 본받는다. 아! 前王을 잊지 못한다.〔不顯維德 百辟其刑之 於乎前王不忘〕" 하였으니, '不顯維德'은 明明德이고 '百辟其刑之'는 新民이고 '於乎前王不忘'은 止至善이다.【윗 節에 또한 至善을 잊지 못한다고 하였다】 그렇다면 詩를 인용한 두 節이 모두 三綱領과 조응된다. 오직 〈淇奧〉詩는 諸侯의 詩이니 治國에 속하고, 〈烈文〉詩는 天子의 詩이니 平天下에 속한다.【《中庸》의 끝에도 또한 〈烈文〉詩를 인용하여 공손함이 돈독하면 天下가 均平해짐을 증명하여 《大學》에서 인용한 바와 그 뜻이 똑같다.】 그러므로 賢賢·親親과 樂樂·利利를 모두 絜矩章(10章)에서 펼쳐 말하였고, 이 節에서는 이와 같이 요약하여 말한 것이다.

絜矩章에 "楚나라는 오직 善人을 보배로 여긴다." 하였고 "晉나라는 어버이를 사랑함을 보배로 여긴다." 하였으니, 이것이 이른바 '그 어짊을 어질게 여기고 그 친함을 친하게 여긴다.'는 것이다. 또 "伐冰의 집은 牛羊을 기르지 않고 百乘의 집은 聚斂하는 신하를 기르지 않는다. 그러므로 나라는 利를 이로움으로 여기지 않고 義를 이로움으로 여긴다." 하였으니, 이것이 이른바 '그 즐거움을 즐거워하고 그 이로움을 이롭게 여긴다.'는 것이다. 君子와 小人이 각각 자기가 원하는 바를 얻는 것이 平天下하는 방법이 아니겠는가. 平天下節은 그 큰 뜻이 두 가지가 있으니, 하나는 어진 사람을 조정에 세워서 君子(官吏)를 어거함이고, 두 번째는 재물을 나누어주어 小人(백성)을 어거함이니, 이 章이 바로 綱領이다. 반드시 이 두 詩를 인용하여 誠意의 지극한 공부로 삼는 것은 어째서인가? 大學은 冑子의 學이니, 天子의 太子는 장차 天子가 되고 公卿과 諸侯의 太子는 장차 公侯가 되기 때문이다. 이 義가 講明해야 할 대상이니, 이것을 일러 太學의 道라 하는 것이다.〔議曰 朱子以淇奧節 爲明明德之止至善 以前王不忘節 爲新民之止至善 然新民本是使民興孝 使民興弟 而烈文詩不言下民之孝弟 不可謂民之至善 雖以朱子之義言之 朱子以天下人之皆有以明其明德爲新民 而烈文詩亦無此意 豈可曰新民之至善乎 今按烈文詩本文曰 不顯維德 百辟其刑之 於乎前王不忘 不顯維德者 明明德也 百辟其刑之者 新民也 於乎前王不忘者 止至善也【上節亦以至善爲不忘】然則引詩二節 皆與三綱領照應 惟淇奧者 諸侯之詩也 屬於治國 烈文者 天子之詩也 屬於平天下【中庸之末 亦引烈文詩 以證篤恭而天下平 與大學所引 其義正同】故賢賢親親 樂樂利利 皆絜矩章之所鋪敍 而此節約言之如是也 絜矩章曰 楚國惟善以爲寶 晉國仁親以爲寶 此所謂賢其賢而親其親也 又曰 伐冰之家不畜牛羊 百乘之家不畜聚斂之臣 故國不以利爲利 以義爲利 此所謂樂其樂而利其利也 君子小人之各得所願 非所以平天下乎 平天下節 其大義有二 一曰立賢以御君子 二曰散財以御小人 此章其綱領也 其必引此二詩 以爲誠意之極功 何也 大學者 冑子之學也 天子之太子 將爲天子 公卿諸侯之太子 將爲公侯 此義在所講明 此之謂太學之道〕

〔**舊本**〕 康誥曰 克明德 太甲曰 顧諟天之明命 帝典曰 克明峻德 皆自明也

公議 ｜ '克明德'은 文王이 능히 그 孝·弟의 德을 밝힌 것이다. 〈太甲〉은 商書의 逸篇이다. '顧'는 돌아봄이다. '諟'는 살펴봄이다. 사람이 天命을 받고 태어났으나 외물을 쫓아 근본을 잊는다. 그러므로 경계하여 되돌아보게 한 것이다. '峻德' 또한 孝·弟이다. 仁을 행함이 자기에게 달려 있으므로 세 글이 모두 스스로 밝히는 뜻을 말한 것이다.〔克明德者 文王能明其孝弟之德也 太甲 商書逸篇 顧 廻視也 諟 審視也 人稟天命以生 逐物而忘本 故戒之令廻顧也 峻德亦孝弟也 爲仁由己 故言三文皆自明之義〕

○ 議 : 〈康誥〉의 大義는 바로 不孝와 不弟에 대한 경계인데, 첫머리에 文王이 능히 德을 밝히고 형벌을 삼갔다고 말했으니, 그렇다면 德은 孝·弟인 것이다. 어려서 손잡고 웃는 아이가 그 어버이를 사랑할 줄 알지 못하는 이가 없으니, 사람이 효도하고 공경함은 본래 天命

이다. 堯임금이 능히 峻德을 밝혀서 九族을 친애하였으니, 峻德은 孝·弟이다. 胄子는 후일에 모두 남을 이루어주고 백성을 교화할 책임이 있다. 그러므로 스스로 밝힘으로써 경계하였으니, 天下에 明德을 밝히고자 하는 자가 먼저 자기를 닦지 않고 남의 明德을 강요할까 염려한 것이다. 《周易》에 "君子가 보고서 스스로 明德을 밝힌다." 하였다.〔議曰 康誥大義 乃不孝不弟之戒 而首言文王克明德愼罰 則德者孝弟也 孩提之童無不知愛其親 則人之孝弟 本天命也 堯克明峻德 以親九族 則峻德者孝弟也 胄子他日皆有成物化民之責 故戒之以自明 恐明明德於天下者 不先自修而强人之明德也 易曰 君子以自昭明德〕

〔舊本〕湯之盤銘曰 苟日新 日日新 又日新 康誥曰 作新民 詩曰 周雖舊邦 其命維新 是故君子無所不用其極

公議 | '盤'은 목욕하는 그릇이고 '銘'은 글이니, 惡을 씻어서 스스로 새로워짐을 비유한 것이다. '作'은 흥기함이요, '新'은 옛것을 버리는 것이다. 백성들이 다 스스로 새로워지면 그 나라가 새나라와 같은 것이다. 그러므로 周나라 詩를 인용한 것이다. '無所不用其極'은 장차 至善에 그치고자 함이니, 글이 위아래가 서로 맞물렸다.〔盤 浴器 銘 辭 喩滌惡以自新也 作 興起也 新 棄舊也 民皆自新 則其國若新國然 故引周詩也 無所不用其極者 將以止於至善 文上下相銜也〕

○ 議 : 明德의 끝에 堯임금의 峻德을 인용한 것은 峻德을 가지고 九族을 친애하고 百姓을 다스리는 것이니 아래 글에 新民과 서로 맞물린 것이요, 新民의 머리에 湯王의 日新을 인용한 것은 日新은 바로 스스로 새로워지는 공부이니 윗글의 明德과 서로 맞물린 것이요, 新民의 끝에 '無所不用其極'이라고 말한 것은 그 極을 쓰면 至善이 되니 아랫글의 至善과 서로 맞물린 것이요, 至善의 머리에 邦畿의 詩를 인용한 것은 '維民所止'가 윗글의 新民과 서로 맞물린 것이니, 문장을 엮은 공교로움이 이와 같음이 있는 것이다. 《大學》과 《中庸》은 모두 글이 끊긴 곳에는 뜻이 이어지고 뜻이 끊긴 곳에는 글이 이어졌다.' 함은 이것을 말한 것이다. 【본래 東園(李德欽)의 說이다.】〔議曰 明德之末 引堯之峻德者 峻德將以親九族而章百姓 與下文之新民相銜也 新民之首 引湯之日新者 日新乃自新之功 與上文之明德相銜也 新民之末 言無所不用其極者 用其極則爲至善 與下文之至善相銜也 至善

之首 引邦畿之詩者 維民所止 與上文之新民相銜也 綴文之巧 有如是矣 大學中庸皆文
斷處意續 意斷處〈文續〉此之謂也【本東園之說】

〔舊本〕詩云 邦畿千里 惟民所止 詩云 緡蠻黃鳥 止于丘隅 子曰 於止知其
所止 可以人而不如鳥乎 詩云 穆穆文王 於緝熙敬止 爲人君止於仁 爲人
臣止於敬 爲人子止於孝 爲人父止於慈 與國人交止於信

公議Ｉ'畿'는 王者가 통치하는 경계〔限域〕이다. 王政이 지극히 善하여 백성들이 樂土로
여기기 때문에 이 千里의 안에 그쳐서(거주하여) 다른 곳으로 옮기기를 원하지 않는 것이
다. '丘隅'는 산이 높고 나무가 우거진 곳이다.【舊說에 이렇게 말하였다.】이곳은 새에게 至善
의 자리가 되어 새들이 즐거운 곳으로 여기기 때문에 여기에 그치고 옮겨갈 것을 생각하지
않는 것이다. '緝熙'는 계속하여 밝힘이요, '敬止'는 그 그칠 바를 삼감을 이른다.〔畿者 限
域也 王政至善 民以爲樂土 故止於此千里之內 不願他遷也 丘隅 岑蔚之處【舊說云】於
鳥爲至善之地 鳥以爲樂 故止而不思遷也 緝熙 繼明也 敬止 謂愼其所止也〕

○ 議 :〈商頌〉에 先王의 疆理의 정사를 말하면서 찬미하기를 "백성이 그치는 바이다." 하
였으니, 王政이 지극히 善하여 백성들이 천 리의 한계에 편안해서 그 밖을 원하지 않음을
말한 것이다.〈緜蠻〉詩는 舊說에 "어질면서 미천한 자가 乘車와 飮食의 영화에 참여하지
못한 것이다." 하였으니, 그렇다면 黃鳥가 丘隅에 멈춤은 賢者가 丘園에 멈추어서 至善의
자리를 스스로 편안히 여겨 밖의 것을 원하지 않음을 비유한 것이다. 詩를 인용하는 방법
이 비록 斷章取義한다고 하나 이 詩가 본래 이런 뜻이 있는 것이다. 그러므로 사람들이 취
하여 쓸 수 있는 것이니, 만약 본래 이러한 뜻이 없다면 어찌 취할 수 있겠는가. 仁ㆍ敬ㆍ孝
ㆍ慈ㆍ信 다섯 가지는 모두 至善의 題目이니, 비록 나열된 바가 어긋나서 정돈되지 못하
였으나 또한 經文에서 말한 至善이 바로 孝ㆍ弟ㆍ慈의 여러 德이며, 이 여러 德 외에 별도
로 至善이 있는 것이 아님을 알 수 있다.〈玄鳥〉와〈黃鳥〉두 詩는 물건을 인용하여 비유한
것이요, '敬止'와 다섯 개의 '止'는 사실을 근거하여 나열한 것이다.〔議曰 商頌言先王疆理
之政 而美之曰維民所止 則謂王政至善 民安於千里之限 而不願乎其外也 緜蠻之詩 舊
說以爲賢而微者 不與乎乘車飮食之榮 則黃鳥之止于丘隅 所以喩賢者之止于丘園 自

安其至善之地 而不願乎其外也 引詩之法 雖斷章取義 其詩本有斯義 故人得取之 若本無義 何所取矣 仁敬孝慈信五者 皆至善之題目 雖其所列 錯落不整 亦可見經所云至善 乃孝弟慈之諸德 非此諸德之外 別有至善也 玄鳥黃鳥 引物而比喩也 敬止五止 據實而臚列也〕

○ 뜻을 성실히 한 이후에 至善에 그치니, 이에 誠意章을 뒤이음이 되는 것이다.〔誠意而后止於至善 斯爲誠意章之繼也〕

〔舊本〕子曰 聽訟吾猶人也 必也使無訟乎 無情者不得盡其辭 大畏民志 此謂知本

公議 | '情'은 진실하여 거짓이 없는 마음이요, '辭'는 訟獄에 스스로 진술하는 말이니, 《書經》〈呂刑〉에 이른바 '單辭와 兩辭'라는 것이다. 백성의 마음을 크게 두렵게 함은 〈爲政者가〉 뜻을 성실히 하여 몸을 닦은 효험이다. '本'은 身을 이른다.〔情者 眞實無僞之懷也 辭者 訟獄自陳之言也 呂刑所謂單辭兩辭 大畏民志 誠意以修身之效也 本 謂身也〕

○ 議：《中庸》에《詩經》의 "나와서(이르러서) 말이 없으나 다툼이 있지 않다."는 것을 인용하고, "이 때문에 君子는 賞을 주지 않아도 백성들이 권면하고 노여워하지 않아도 백성들이 鈇鉞보다 무서워한다." 하였다. 저 經(《中庸》)에서는 먼저 잠겨 있어도 밝음과 집안 모퉁이에서 부끄럽지 않음의 뜻을 말하여 愼獨의 성실함을 밝히고 뒤이어 奏假의 詩를 인용하였으며, 이 經에서는 誠意에 至善의 뜻을 차례로 말하여 聽訟의 節로써 맺었으니, 그 깊은 이치와 묘한 뜻이 둘이 서로 조응된다. 訟事를 다스림과 송사가 없음은 그 거리가 머니(크니), 송사를 다스림은 목소리와 얼굴빛으로 백성들을 교화하는 것이고, 송사함이 없게 하는 것은 '내 明德이 목소리와 얼굴빛을 크게 여기지 않음을 생각한다.'는 것이다. 聖人이 愼獨을 되돌아 살펴보아서 뜻을 성실히 하여 몸을 닦아 백성들이 자연 이르러서 바라보고 두려워하여 감히 그 진실되지 않은 말을 진술하지 못하니, 이는 백성을 교화한 지극한 功이다. 근원해보면 天下의 萬民이 많고 많아서 집집마다 깨우쳐주고 가호마다 설명해주며 입으로 다투고 혀로 다툴 수가 없다. 이 때문에 聖人의 道가 성실함을 지극히 하고 공손함을 돈독히 하여 天下가 저절로 평균해지니, 이는 모두 송사가 없게 하는 뜻이다. 뜻을 성실히 하여

몸을 닦는 효과가 여기에 지극하다. 그러므로 이것으로써 맺은 것이다. 【이 節은 위로 誠意를 잇고 아래로 修身을 접하였다.】〔議曰 中庸引詩曰 奏假無言 時靡有爭 是故君子不賞而民勸 不怒而民威於鈇鉞 彼經 先言潛昭屋漏之義 以明愼獨之誠 而繼引奏假之詩 此經歷言誠意至善之義 而結之以聽訟之節 其淵理妙旨 兩相照也 夫聽訟之於無訟 其相去遠矣 聽訟者 聲色以化民也 無訟者 予懷明德不大聲以色也 聖人顧諟愼獨 誠意以修身 百姓自然奏假 望而畏之 不敢陳其非眞之言 此化民之極功也 原夫天下萬民芸芸蔥蔥 不可家喩而戶說 口爭而舌競 故聖人之道 至誠篤恭 而天下自平 皆使無訟之義也 誠意修身之效 極於此 故結之以此【此節 上承誠意 下接修身】〕

〔舊本〕所謂修身在正其心者 身有所忿懥 則不得其正 有所恐懼 則不得其正 有所好樂 則不得其正 有所憂患 則不得其正 心不在焉 視而不見 聽而不聞 食而不知其味 此謂修身在正其心

公議 | '修'는 다스려서 바르게 하는 것이다. '忿'은 忿하고 恨함이요, '懥'는 마음에 낭패함〔跲躓〕이 있는 것이다. 마음에 이 네 병통이 있으면 몸이 그 바름을 얻지 못하니, 마음을 바룸은 바로 몸을 바루는 것임을 밝힌 것이다. '마음이 있지 않다.〔心不在〕'는 것은 마음이 일삼는 바에 있지 않은 것이다. 볼 적에 밝게 볼 것을 생각하고 들을 적에 귀 밝게 들을 것을 생각해야 하는데, 마음이 있지 않으면 살피지 못하니, 모든 일이 다 그러하다.〔修 治之使正也 忿 悁恨也 懥 心有跲躓也 心有此四病 則身不得其正 明正心卽所以正身也 心不在者 心不在所事也 視思明 聽思聰 而心不在 則不能察 百事皆然〕

○ 議 : 身과 心은 묘하게 합해져 있어서 나누어 말할 수가 없다. 마음을 바룸은 바로 몸을 바루는 것이니, 두 층의 공부가 아니다. 孔子는 "그 몸이 바르면 명령하지 않아도 행해지고, 그 몸이 바르지 않으면 비록 명령하나 따르지 않는다." 하셨고, "만일 자기 몸을 바르게 하면 정사에 종사함에 무슨 어려움이 있겠는가. 자기 몸을 바루지 못하면 어떻게 남을 바로잡겠는가." 하셨다.【孔子는 또 季康子에게 말씀하시기를 "자기 몸〔己〕을 바루면 남이 바루어진다." 하셨다.】孟子는 "자기 몸이 바루어지면 천하가 돌아온다." 하셨다. 梅氏(梅賾)의 〈君牙〉에도 "네 몸이 바르면 감히 바르지 않는 이가 없다." 하였다.

몸에 忿懥한 바가 있으면 그 바름을 얻지 못함은 義理가 분명하여 여러 經文에 부합하는데, 어찌하여 身을 心으로 고칠 것이 있겠는가. 忿懥하는 바가 있으면 말소리〔辭氣〕가 거칠고 조처함이 顚倒되어서 몸이 그 바름을 얻지 못하고, 恐懼하는 바가 있으면 災禍에 동요되고 威武에 굴복되어서 몸이 그 바름을 얻지 못하고, 好樂(요)하는 바가 있으면 財貨를 탐하고 聲色에 빠져서 몸이 그 바름을 얻지 못하고, 憂患하는 바가 있으면 마음이 貧賤에 바뀌고 得失에 빠져서 몸이 그 바름을 얻지 못한다. 몸이 그 바름을 잃으면 집안을 가지런히 할 수 없고 나라를 다스릴 수 없으므로 경계하는 바가 몸에 있는 것이다. 네 개의 '有所'는 몸을 不義에 빠뜨리고 몸의 지조를 잃게 하는 덫이요 함정이므로 君子가 이에 대하여 살피고 극복해서 그 몸을 바르게 하는 것이다.〔議曰 身心妙合 不可分言 正心卽所以正身 無二層工夫也 孔子曰 其身正 不令而行 其身不正 雖令不從 孔子曰 苟正其身 於從政乎何有 不能正其身 如正人何【孔子又謂季康子曰 正己而物正】孟子曰 其身正 天下歸之 梅氏君牙猶云 爾身克正 罔敢不正 身有所忿懥 則不得其正 義理明白 合於群經 何爲而改之也 有所忿懥 則辭氣暴戾 施措顚錯 而身不得其正 有所恐懼 則動於菑(災)禍 屈於威武 而身不得其正 有所好樂 則貪於貨財 溺於聲色 而身不得其正 有所憂患 則移於貧賤 陷於得失 而身不得其正 身失其正 則無以齊家 無以治國 故所戒在身 四有所者 陷身失身之機穽 君子於此 察之克之 以正其身也〕

○ 마음에는 두 가지 병통이 있으니, 하나는 마음이 있는 병통이요, 하나는 마음이 없는 병통이다. 마음이 있다는 것은 人心이 주장이 되는 것이고, 마음이 없다는 것은 道心이 주장이 되지 못하는 것이다. 두 가지가 다른 듯하나 그 병통을 받는 근원은 실로 똑같으니, 敬하여 마음을 곧게 해서 公私의 분별로써 살피면 이러한 병통이 없을 것이다.〔心有二病 一是有心之病 一是無心之病 有心者 人心爲之主也 無心者 道心不能爲之主也 二者似異而其受病之源實同 敬以直內 察之以公私之分 則無此病矣〕

〔舊本〕所謂齊其家 在修其身者 人之其所親愛而辟焉 之其所賤惡而辟焉 之其所畏敬而辟焉 之其所哀矜而辟焉 之其所敖惰而辟焉 故好而知其惡 惡而知其美者 天下鮮矣 故諺有之 曰 人莫知其子之惡 莫知其苗之碩 此謂身不修 不可以齊其家

公議 | '齊'는 평등함이니,《說文解字》에 "벼와 보리가 이삭이 패어서 위가 똑고른 것이다." 하

였다〕 '辟'은 偏과 같다. '敖惰'는 예우하지 않음을 이른다.【惰慢함이다.】'苗之碩'한 句는 위의 句를 인하여 마침내 말한 것이다.〔齊 平等也【說文云 禾麥吐穗 上平也】辟 猶偏也 敖惰 謂不禮也【惰慢也】苗之碩一句 因上句而遂言之〕

○ 議 : 《中庸》에 "그 好惡(오)를 함께함은 親親을 권면하는 것이다." 하였으니, 親親은 齊家이다. 齊家하는 방법이 그 好惡를 똑같이 함을 벗어남이 없으니, 이는 聖人이 요점을 아신 말씀이다. 다섯 아들이 있는데 막내아들을 편벽되이 사랑하고, 다섯 부인이 있는데 둘째 부인을 편벽되이 미워하고, 諸父(백부와 숙부)가 있는데 그중에 귀한 분을 두려워하고 낮은 분을 태만히 하고, 여러 하인이 있는데 甲을 사랑하고 乙을 괄시하고, 여러 신하가 있는데 예우하는 사람이 있고 예우하지 않는 사람이 있으면, 그 평등함(공평함)을 잃음이 지극한 것이다. 家長인 내가 집안 식구들을 어거하는 것이 그 평등함을 잃게 되면, 집안사람들이 서로 원망하고 서로 꾸짖어서 남몰래 울고 남몰래 비방해서 整齊하여 화목하지 못하니, 이 때문에 한 '辟'자를 齊家의 깊은 경계로 삼은 것이다.〔議曰 中庸曰 同其好惡 所以勸親親也 親親者 齊家也 齊家之法 無以踰於同其好惡 此聖人知要之言也 有五子焉 於其季而偏愛之 有五婦焉 於其仲而偏惡之 有諸父焉 畏其貴而慢其卑 有諸僕焉 憐其甲而惄其乙 有諸臣焉 有所禮 有所不禮 則失其平等極矣 我之所以御家人者 失其平等 則家人胥怨胥詈 暗涕潛訕 亦不能整齊輯睦 斯其所以一辟字爲齊家之深戒也〕

〔考訂〕鄭玄은 "辟'는 譬로 읽는다." 하였다.〔鄭曰 辟讀爲譬〕
○ 鏞案 : '譬'는 나란히 비유함이니, 물건을 나란히 비유하여 사람을 깨우치는 것이다. 집의 어른이 막내아들을 사랑할 적에 물건을 나란히 비유하여 스스로 깨우쳐 말하기를 '똑같이 내 아들이니 큰아들과 둘째아들을 차별해서는 안 된다.'고 하면 이것은 그 친애하는 바를 가지고 나란히 비유하는 것이요, 집안의 어른이 숙부를 특별히 공경할 적에 물건을 나란히 비유하여 스스로 깨우쳐 말하기를 '똑같이 諸父이니 백부와 중부를 차별해서는 안 된다.' 라고 하면 이것은 그 畏敬하는 바를 가지고 나란히 비유하는 것이라 한다. 옛날 내 벗이 많이 이 말을 주장하였다. 그러나 이 말은 賤惡와 敖惰 두 節에 부합하지 못하고, 또 아래 속담과 서로 연관되지 못하여 文理를 이루지 못하니, 마땅히 朱子의 說을 따라야 한다.〔鏞案 譬者 比也 比物以喩人也 家翁愛季子 比物以自喩曰 均吾子也 其伯仲不可殊也 此之

其所親愛而譬也 家翁敬叔父 比物以自喩曰 均諸父也 其伯仲不可殊也 此之其所畏敬
而譬也 昔者吾友多主此說 然此說於賤惡敖惰二節 不能脗合 且與下諺不能聯貫 不成
文理 當從朱子之說〕

〔舊本〕所謂治國必先齊其家者 其家不可敎 而能敎人者無之 故君子不出家
而成敎於國 孝者 所以事君也 弟者 所以事長也 慈者 所以使衆也 康誥曰
如保赤子 心誠求之 雖不中 不遠矣 未有學養子而后嫁者也

公議丨 '保'는 안아서 길러주는 것이다.【본래는 呆로 되어 있으니, 좌우에서 어린 자식을 보호
함을 형상한 것이다.】'赤子를 보호하듯이 함'은 지극히 성실한 것이다. 나라를 다스리고 백성
을 기름은 그 일이 지극히 어려우나 오직 성실하면 제대로 할 수 있으니, 新婦가 자식을 잘
기르는 것과 같다.〔保 抱養也【本作呆 象左右護幼子】如保赤子 至誠也 治國牧民 其事至
難 惟誠則得之 如新婦善養子〕

○ 議 : 孝·弟·慈는《大學》의 가르침이니, 몸소 孝·弟·慈를 다스려서 집안과 나라를
다스림은 굳이 별도로 다른 德을 구할 필요가 없고, 오직 이 孝·弟·慈를 미루어 쓸 뿐이
다. 이 안에 慈의 德은 백성을 기르는 것이므로 뒤이어〈康誥〉를 인용하였으니, 나라를 다
스릴 적에 중히 여기는 바가 백성을 기름에 있는 것이다.〔議曰 孝弟慈 大學之敎也 身治孝
弟慈 以御于家邦 不必別求他德 惟此孝弟慈 推而用之耳 其中慈德 所以牧民者 故繼
引康誥 爲國之所重 在牧民也〕

〔舊本〕一家仁 一國興仁 一家讓 一國興讓 一人貪戾 一國作亂 其機如此
此謂一言僨事 一人定國 堯舜帥天下以仁 而民從之 桀紂帥天下以暴 而民
從之 其所令反其所好 而民不從 是故君子有諸己而後求諸人 無諸己而後
非諸人 所藏乎身 不恕 而能喩諸人者 未之有也 故治國在齊其家

公議丨 윗 節은 明明德이고, 이 節은 新民이다. '興'은 作新의 뜻이다. '一家'는 군주의 집
안이고, '一人'은 군주이다. '貪'은 讓의 반대이고 '戾'는 仁의 반대이다. '機'는 한 번 동하

면 만 가지가 동하는 것이니, 바로 쇠뇌의 기아이다. '帥'은 몸소 인도함이다. '仁'은 人倫의 明德이니, 바로 孝·弟·慈의 총칭이다. '有諸己'는 孝·弟·慈의 德이 자기 몸에 있음을 이르고, '無諸己'는 不孝·不弟·不慈의 惡이 자기 몸에 없음을 이른다. '所藏乎身'은 안에 품어 쓰기를 기다림을 이른다. '恕'는 絜矩하는 道이니, 孝·弟·慈로써 仁을 이룸을 이르니, 恕를 힘써 행하면 仁을 구함이 이보다 더 가까움이 없는 것이다. '喩'는 깨우침이다.〔上節明明德也 此節新民也 興者 作新之意 一家 君之家也 一人 君也 貪者 讓之反 戾者 仁之反 機一動而萬動者也 卽弩牙 帥 身導也 仁者 人倫之明德 乃孝弟慈之總名也 有諸己 謂孝弟慈之德有諸己也 無諸己 謂不孝不弟不慈之惡無諸己也 所藏乎身 謂懷諸內以待用者也 恕者 絜矩之道 所以謂孝弟慈以成仁者也 强恕而行 求仁莫近焉 喩 曉也〕

○ 東陽許氏(許謙)가 말하였다. "仁과 讓은 반드시 한 집안이 하여야 비로소 한 나라가 교화되고 貪戾는 다만 한 사람이 하더라도 바로 한 나라가 혼란하며, 僨事에 이르러는 또 다만 사람의 한마디 말에 달려 있으니, 이로써 善을 행하기가 어렵고 惡을 행하기가 쉬워서 소홀히 할 수 없음이 이와 같음을 나타낸 것이다."〔許東陽云 仁讓必一家 方能一國化 貪戾只一人 便能一國亂 至於僨事 又只在人之一言 以此見爲善難 爲惡易 不可忽如此〕

〔考訂〕 朱子가 말씀하였다. "자신에게 善이 있은 뒤에 남의 善을 責할 수 있고, 자신에게 惡이 없은 뒤에 남의 惡을 바로잡을 수 있으니, 모두 자기를 미루어 남에게 미치는 것이니, 이른바 '恕'이다.〔朱子曰 有善於己 然後可以責人之善 無惡於己 然後可以正人之惡 皆推己以及人 所謂恕也〕

○ 鏞案 : 恕에는 두 가지가 있으니, 하나는 推恕이고 하나는 容恕인데, 옛 經에는 단지 推恕만 있고 본디 容恕가 없다. 朱子가 말씀한 것은 容恕이다.《中庸》에 "자기에게 베풀어 원치 않는 것을 또한 남에게 베풀지 말라."는 것이 推恕이고, 子貢이 말한 "나는 남이 나에게 가하기를 바라지 않는 것을 나 또한 남에게 가함이 없고자 한다."는 것이 推恕이고, 이 經에서 "윗사람에게서 싫었던 바로써 아랫사람을 부리지 말고 아랫사람에게서 싫었던 바로써 윗사람을 섬기지 말라."는 것이 推恕이고, 孔子께서 "자기가 하고자 하지 않는 것을 남에게 베풀지 말라." 하신 것이 推恕이니, 推恕란 自修하기 위한 것이다. 그러므로 孟子는 "恕를 힘써 행하면 仁을 구함이 이보다 가까움이 없다."라고 하셨으니, 사람이 사람과 교제

할 적에 오직 推恕를 要法으로 삼아야 함을 말씀한 것이다. 先聖이 恕를 말씀함이 모두 이 뜻이다. 예컨대 이른바 ‘容恕’와 같은 경우는 《楚辭》에 “자기를 용서하여 남을 헤아린다.” 하였고, 《史記》〈趙世家〉에 “늙은 신하가 스스로를 용서한다.” 하였고, 《後漢書》〈劉寬傳〉에 “仁을 익숙히 하고 恕를 많이 한다.”는 것이 容恕이니, 推恕와 容恕가 비록 서로 비슷한 듯하나 그 차이는 천 리이다. 推恕는 自修를 위주로 하니 자기의 善을 행하는 것이요, 容恕는 남을 다스리는 것을 위주로 하니 남의 惡을 용서하는 것이니, 어찌 똑같은 물건이겠는가.〔鏞案 恕有二種 一是推恕 一是容恕 其在古經 止有推恕 本無容恕 朱子所言者 蓋容恕也 中庸曰 施諸己而不願 亦勿施於人 此推恕也 子貢曰 我不欲人之加諸我也 吾亦欲無加諸人 此推恕也 此經曰 所惡於上 毋以使下 所惡於下 毋以事上 此推恕也 孔子曰 己所不欲 勿施於人 此推恕也 推恕者 所以自修也 故孟子曰 强恕而行 求仁莫近焉 謂人與人之交際 惟推恕爲要法也 先聖言恕 皆是此義 若所謂容恕者 楚辭曰 恕己以量人 趙世家曰 老臣自恕 後漢書劉寬傳曰 溫仁多恕 此容恕也 推恕容恕雖若相近 其差千里 推恕者 主於自修 所以行己之善也 容恕者 主於治人 所以寬人之惡也 斯豈一樣之物乎〕

〔考訂〕혹자가 말하였다. “몸에 감춤(간직함)은 心이요, 자기 입으로부터 나옴은 말이다.” 〔或曰 所藏乎身 心也 自其口出 言也〕

○ 鏞案 :《周易》에 “기구를 몸에 간직하고서 때를 기다려 동한다.” 하였으니, 몸에 감춘다는 것은 품은 바의 道를 이르고, 心을 이른 것이 아니다.〔鏞案 易曰藏器於身 待時而動 所藏乎身 謂所懷之道 非謂心也〕

〔舊本〕詩云 桃之夭夭 其葉蓁蓁 之子于歸 宜其家人 宜其家人而后 可以敎國人 詩云 宜兄宜弟 宜兄宜弟而后 可以敎國人 詩云 其儀不忒 正是四國 其爲父子兄弟足法而后 民法之也 此謂治國在齊其家

公議 | ‘宜’는 和順의 뜻이다. 【毛傳에 말하였다.】‘宜其家人’은 그 집안사람에게 和順함이

요, '宜兄宜弟'는 그 형제에게 和順함이다. '儀'는 사람이 본받는 바의 象이다. '忒'은 어긋남이다. 남의 아버지와 자식, 兄弟된 자의 德이 모두 至善에 그쳐서 충분히 집안 사람들로 하여금 본받을 만하게 하여야 하니, 그런 뒤에야 백성들이 본받는 것이다.〔宜者 和順之意 【毛傳云】宜其家人者 和順其家人也 宜兄宜弟者 和順其兄弟也 儀者 人所法之象也 忒 差也 其爲人父 爲人子 爲人兄弟之德 皆止於至善 足令人法之 然後民法之也〕

○ 議 : 이는 집안이 가지런해진 뒤에 나라가 다스려지는 것이다. 집안 사람의 자식이 되어 충분히 남들(국민들)로 하여금 본받게 하는 것은 孝에 그침이요, 아버지가 되어서 충분히 남들로 하여금 본받게 하는 것은 慈에 그침이요, 형제가 되어서 충분히 남들로 하여금 본받게 하는 것은 弟이다. 治國하는 방법은 또한 德을 밝혀 백성을 새롭게 하는 것이니, 意·心·身이 明德의 조목이 될 수 없음이 여기에서 분명해진다.〔議曰 此家齊而后國治也 爲人子 足令人法之者 止於孝也 爲人父 足令人法之者 止於慈也 爲人兄弟 足令人法之者 弟也 治國之法 亦明德以新民 則意心身不可爲明德之條目 於斯明矣〕

〔舊本〕所謂平天下在治其國者 上老老而民興孝 上長長而民興弟 上恤孤而民不倍

公議 | '老老'는 天子가 耆老를 봉양함을 이르고, '長長'은 世子가 太學에서 年齒를 따짐을 이르고, '恤孤'는 天子가 〈國事에 죽은 자의〉孤子에게 연향함을 이르니, 이 세 가지는 모두 太學에서 하는 일이다. '孤'는 어려서 아버지가 없는 칭호이다. '不倍'는 죽은 자를 배반하지 않음을 이르니, 그의 남은 고아를 어루만지는 것이다.〔老老 謂天子養耆老也 長長 謂世子齒于學也 恤孤 謂天子饗孤子也 此三禮 皆太學之所有事也 孤者 幼而無父之稱 不倍 謂不倍死者 撫其遺孤也〕

○ 議 : 스스로 닦는 孝·弟·慈를 이미 위 節에서 말하였으니, 굳이 다시 말할 필요가 없다. 이 節의 孝·弟·慈는 모두 백성 중에 노인을 노인으로 받들고 백성 중에 나이 많은 분을 공경하고 백성 중에 어린이를 사랑해서 백성들로 하여금 흥기하여 스스로 새로워지게 해서 각자 孝·弟·慈를 하게 하는 것이다.〔議曰 自修之孝弟慈 已言於上節 不必再言 此節之孝弟慈 皆老民之老 長民之長 慈民之幼 而使民興起自新 各自爲孝弟慈也〕

〔考訂〕朱子가 말씀하였다. "老老는 이른바 내 노인(나의 부형)을 부형으로 섬긴다는 것이다."〔朱子曰 老老 所謂老吾老也〕

○ 鏞案 : 天子와 諸侯가 스스로 자기 어버이를 봉양함을 어찌 老老라 말할 수 있겠는가. 天子는 臣民에 대하여 長幼의 연치를 따지지 않으니, 어찌 長長이라고 말할 수 있겠는가. 老老와 長長은 분명히 太學의 禮이다. 經文에 "太學의 道는 明德을 밝힘에 있다." 하였으니, 그 바른 해석이 바로 이 節에 있다. 이제 이 節을 가지고 스스로 닦는 孝ㆍ弟ㆍ慈라고 한다면 孝ㆍ弟ㆍ慈의 세 德은 여전히 太學과 관련이 없게 되니, 이 책이 太學의 책이 될 수가 없고 이 道가 太學의 道가 될 수 없는 것이다. 先聖과 先王이 胄子를 太學에 거처하게 하고 胄子에게 老老와 長長의 禮를 가르쳐서 萬民에게 老老와 長長하는 방법을 보여주어 뒤를 이은 군주로 하여금 자신이 솔선하여 孝ㆍ弟를 행해서 天下의 솔선이 되게 하고, 當世의 臣民이 된 자로 하여금 孝ㆍ弟를 일으켜서 모두 큰 교화에 돌아가게 한 것이다. 그 大經大法이 또한 모두 매몰되고 어두워져서 밝혀지지 못하니, 그 잘못이 적지 않다. 지금 사람들이 이 經을 읽을 적에 이 뜻을 알지 못한다면 이른바 櫝(상자)만 사고 구슬은 돌려준다는 것이다.〔鏞案 天子諸侯之自養其親 其可曰老老乎 天子之於臣民 不序長幼 其可曰長長乎 老老長長 明係太學之禮 經所云太學之道在明明德 其正解只在此節 今以此節爲自修之孝弟慈 則孝弟慈三德 仍與太學無涉 此書不得爲太學之書 此道不得爲太學之道 先聖先王處胄子於太學 敎胄子以老老長長之禮 示萬民以老老長長之法 使嗣世之爲人君者 身先孝弟 以率天下 使當世之爲臣民者 興於孝弟 咸歸大化 其大經大法 亦皆湮晦而不章 其失不小 今人讀此經 不知斯義 所謂買櫝而還珠也〕

〔舊本〕是以君子有絜矩之道也 所惡於上 毋以使下 所惡於下 毋以事上 所惡於前 毋以先後 所惡於後 毋以從前 所惡於右 毋以交於左 所惡於左 毋以交於右 此之謂絜矩之道

公議 | '絜'은 노끈으로 물건을 묶어서 크고 작음을 헤아리는 것이고, '矩'는 直角의 曲尺이니 네모짐을 바르게 하는 것이다. 나의 孝ㆍ弟ㆍ慈를 가지고 백성들 또한 모두 孝ㆍ弟ㆍ慈를 원함을 안다. 이에 太學에 가서 三禮【노인을 봉양하고 年齒를 차례하고 고아를 구휼하는

것이 三禮이다.]를 행하면 백성들이 과연 孝·弟·慈를 일으킬 것이다. 이 때문에 나의 좋아하는 바를 남들 또한 좋아함을 알아서 絜矩의 道를 행하는 것이 바로 恕이다. '毋以先後'는 이 일(상대방이 싫어하는 일)을 가지고 남의 앞에 거하지 말아야 함을 말한 것이요 '毋以從前'은 이 일을 가지고 남의 뒤에 거함을 이른다.〔絜 以繩約物 以度其大小也 矩者 直角之尺 所以正方也 以我之孝弟慈 知民之亦皆願孝弟慈 於是就太學行三禮【養老序齒人孤 三禮也】而民果興孝弟慈 是故知我之所好 人亦好之 行絜矩之道 卽恕也 毋以先後 謂勿以此事居人前也 毋以從前 謂勿以此事居人後也〕

○ 議 : 사람이 이 세상을 살아감에 만 가지 善과 만 가지 惡이 모두 사람과 사람이 서로 접하는 사이에 일어나니, 사람과 사람이 서로 접하면서 그 본분을 다함을 仁이라 이른다. 仁은 두 사람이란 뜻이니, 아버지를 孝로 섬김을 仁이라 하니 아들과 아버지가 두 사람이요, 형을 공경으로 섬김을 仁이라 하니 아우와 형이 두 사람이요, 아들을 사랑으로 기름을 仁이라 하니 아버지와 아들이 두 사람이다. 군주와 신하가 두 사람이고 남편과 부인이 두 사람이고 어른과 어린이가 두 사람이고 백성과 牧民官(守令)이 두 사람이니, 어버이를 사랑하고 백성을 사랑함이 仁 아님이 없다. 바로 聖人(孟子)의 말씀에 "恕를 힘써 행하면 仁을 구함이 이보다 더 가까운 것이 없다." 하셨으니, 恕는 仁의 道이다. 子貢이 "한 마디 말로 종신토록 행할 만한 것이 있습니까?" 하고 묻자, 孔子께서 말씀하시기를 "恕일 것이다." 하셨고, 門人이 一貫의 뜻을 묻자, 曾子가 말씀하시기를 "夫子의 道는 忠과 恕이다." 하셨으니, 한 '恕'자가 上下를 꿰뚫고 前後를 꿰뚫고 左右를 꿰뚫는다. 다만 恕를 해석하기를 "자기가 하고자 하지 않는 바를 남에게 베풀지 말라." 하였으니, 그 道가 지극히 간략하고 지극히 요약하여, 다만 한 恕자 인데도 이것을 풀어놓으면 六合에 가득하니, 六合이 바루어지면 矩로써 헤아릴 수 있는 것이다. 남이 우리 아버지를 소홀히 하면 내가 그를 미워한다. 그러므로 太學에서 養老하는 禮로 남의 아버지를 공경하게 하면 백성들이 과연 孝를 일으키고, 남이 우리 兄을 업신여기면 내가 그를 미워한다. 그러므로 太學에서 年齒로 차례하는 예로 남을 공경하게 하면 백성들이 과연 弟를 일으킨다. 이 때문에 君子에게 絜矩의 道가 있는 것이다.〔議曰 人生斯世 其萬善萬惡 皆起於人與人之相接 人與人之相接而盡其本分 斯謂之仁 仁者二人也 事父孝曰仁 子與父二人也 事兄悌曰仁 弟與兄二人也 育子慈曰仁 父與子二人也 君臣二人也 夫婦二人也 長幼二人也 民牧二人也 仁親仁民 莫非仁也 乃聖人之言曰 强恕而行 求仁莫近焉 恕者仁之道也 子貢問一言而有可以終身行之者

乎 孔子曰 其恕乎 門人問一貫之旨 曾子曰 夫子之道 忠恕而已 一恕字以貫上下 以貫
前後 以貫左右 但曰 己所不欲 勿施於人 其爲道至簡至約 只一恕字 而放之則彌乎六
合 六合正 方可絜之以矩也 人慢我父 我則惡之 故太學養老之禮 以敬人父 而民果興孝
人侮我兄 我則惡之 故太學序齒之禮 以敬人兄 而民果興弟 是故君子有絜矩之道也〕

〔舊本〕 詩云 樂只君子 民之父母 民之所好 好之 民之所惡 惡之 此之謂民
之父母 詩云 節彼南山 維石巖巖 赫赫師尹 民具爾瞻 有國者不可以不愼
辟則爲天下僇矣 詩云 殷之未喪師 克配上帝 儀(宜)監于殷 峻命不易 道得
衆則得國 失衆則失國

公議 | 이는 어진이를 지위에 세워야 한다〔立賢〕는 경계이다. '백성들이 좋아하는 바'는 어
질고 德이 있는 사람을 이르고, '백성들이 미워하는 바'는 간사한 사람을 이른다. '師'는 거
느림이요 '尹'은 바름이니, 師尹의 직책은 백성들을 거느려서 백성들을 바로잡는 것이다.
이 詩를 인용한 것은 百官은 백성들이 우러러보는 바이니, 사람을 등용함을 삼가지 않으면
안 됨을 말한 것이다. '辟'은 편벽됨이니, 親愛에 편벽되면 간사한 사람이 등용되고 賤惡에
편벽되면 賢德한 사람이 내침을 당하니, 이와 같다면 백성들의 좋아하고 미워함을 어겨서
그 禍가 반드시 무리를 잃음에 이른다. 그러므로 그 끝에 失國으로써 경계한 것이다.〔此立
賢之戒也 民之所好 謂賢德之人 民之所惡 謂奸邪之人 師者帥也 尹者正也 師尹之職
所以帥民而正民也 引此詩者 言百官爲民所瞻 用人不可不愼也 辟 僻也 僻於親愛而姦
邪進 僻於賤惡而賢德黜 如是則違民之好惡 其禍必至於失衆 故其終戒之以失國〕

○ 議 : 나라를 다스리는 자는 그 큰 정사가 두 가지가 있으니, 첫 번째는 인물을 등용함이
요, 두 번째는 재물을 다스림이다. 대체로 사람이 이 세상을 살아감에 큰 욕심이 두 가지
가 있으니, 첫 번째는 貴요 두 번째는 富이니, 윗자리에 있는 자는 그 바라는 바가 貴에 있
고, 아랫자리에 있는 자는 그 바라는 바가 富에 있다. 오직 인재를 등용하는 즈음에 賢·愚
와 邪·正의 올리고 내림과 내치고 승진시킴을 백성들 마음을 어기지 않으며, 징수하고 거
두는 날에 賦稅와 재물의 出納과 거두고 흩음(收發)을 백성들 마음에 어긋나게 하지 않으
면, 백성들 마음이 화평하고 신실해져서 나라가 편안하고, 만일 그렇지 않으면 재앙과 화가

당장 이른다. 그러므로 예로부터 이래로 朝廷의 治亂과 得失이 항상 立賢에서 시작되고, 野人들의 苦樂과 恩怨이 항상 재물을 거두는 데에서 시작된 것이다. 비록 백 가지 법도와 여러 工人들이 천 갈래 만 갈래이나 그 취지를 조용히 연구해보면 朝野에 다투는 바가 오직 이것뿐이다. 聖人은 이러함을 아셨기 때문에, 인재를 등용하게 되면 어진이를 어질게 여기고 친한 사람을 친애해서 君子를 대하고, 재물을 다스리게 되면 그 즐거움을 즐거워하고 그 이로움을 이롭게 여겨 소인을 대하였으니, 盛德과 至善을 백성들로 하여금 잊지 못하게 한 그 요점이 여기에 있다. 이 節에서 重言複言하여 간곡히 거듭 경계한 것은 모두 이 뜻이다.〔議曰 爲國者 其大政有二 一曰用人 二曰理財 大凡人生斯世 其大欲有二 一曰貴 二曰富 在上者其所欲在貴 在下者其所欲在富 惟其擧用之際 其賢愚邪正之升降黜陟 不違於衆心 其徵斂之日 賦稅財賄之出納收發 不違於衆心 則物情平允 邦國以安 如其 不然 菑禍立至 故自古以來 朝廷之治亂得失 恒起於立賢 野人之苦樂恩怨 恒起於斂財 雖百度庶工 千頭萬緖 而靜究厥趣 則朝野所爭 唯此而已 聖人知其然也 故用人則賢其 賢而親其親 以待君子 理財則樂其樂而利其利 以待小人 盛德至善之使民不忘 其要在 此 此節重言複言 丁寧申戒 皆此義也〕

〔舊本〕 是故君子先愼乎德 有德 此有人 有人 此有土 有土 此有財 有財 此 有用 德者 本也 財者 末也 外本內末 爭民施奪 是故財聚則民散 財散則 民聚 是故言悖而出者 亦悖而入 貨悖而入者 亦悖而出 康誥曰 惟命不于 常 道善則得之 不善則失之矣

公議 | 이는 재물을 흩어야 한다는 경계이다. '먼저 德을 삼간다.'는 것은 孝·弟·慈이니, 德敎가 이미 행해지면 백성을 얻게 된다. '有人'은 무리를 얻음을 이르고 '有土'는 나라를 얻음을 이른다. 【朱子의 말씀이다.】 '爭民施奪'은 백성들과 서로 다투어서 억지로 베풀고 억지로 빼앗음을 이르니, 지금 社倉(還子穀)과 같은 것이다. 그 끝에는 失國을 경계하였다.〔此散財之戒也 先愼乎德 孝弟慈也 德敎旣行 乃得民也 有人謂得衆 有土謂得國【朱子云】爭民施奪 謂與民相爭 强施而强奪之 如今社倉然也 其終戒之以失國〕

〔舊本〕楚書曰 楚國無以爲寶 惟善以爲寶 舅犯曰 亡人無以爲寶 仁親以爲寶 秦誓曰 若有一个臣 斷斷兮無他技 其心休休焉其如有容焉 人之有技 若己有之 人之彦聖 其心好之 不啻若自其口出 寔能容之 以能保我子孫黎民 尙亦有利哉 人之有技 媢疾以惡之 人之彦聖 而違之 俾不通 寔不能容 以不能保我子孫黎民 亦曰殆哉 唯仁人放流之 迸諸四夷 不與同中國 此謂唯仁人爲能愛人 能惡人 見賢而不能擧 擧而不能先 命也 見不善而不能退 退而不能遠 過也 好人之所惡 惡人之所好 是謂拂人之性 菑必逮夫身 是故君子有大道 必忠信以得之 驕泰以失之

公議ㅣ 이는 어진이를 세워야 한다〔立賢〕는 경계이니, 위의 理財를 이어서 말하였으므로 보배를 말한 것이다. 【뜻이 끊긴 곳은 문장이 이어졌다.】 楚書는 賢賢의 뜻이고, 舅犯의 말은 親親의 뜻이니, 賢賢과 親親은 仁과 善을 하는 것이다. '彦'은 아름다운 선비이고 '聖'은 通明함이니, 마음으로 좋아함이 입으로 칭찬하는 것보다 심하므로 '不啻'라 한 것이다. 어진 이를 보고도 속히 등용하지 못함은 혹 그 사람의 때(時運)가 아직 이르지 않았기 때문일 수 있으므로 '命'이라고 한 것이니, 어진 이를 등용하지 않음은 그래도 천명이라고 할 말이 있지만, 악한 사람을 물리치지 않음은 평계댈 말이 없음을 말한 것이다. 사람들의 미워하는 바를 좋아함은 간사한 사람을 사랑하는 것이고, 사람들의 좋아하는 바를 미워함은 賢德을 싫어하는 것이다. 그 끝에는 失國을 경계하였다.〔此立賢之戒也 承上理財而言 故以寶爲言 【意斷處文續】 楚書 賢賢之義也 舅犯之言 親親之義也 賢賢親親 所以爲仁善也 彦 美士也 聖 通明也 心好之甚於口譽 故曰不啻也 見賢而不能先擧 或其人時有未至 故曰命也 謂不進賢 猶有辭 不退惡 無可諉也 好人之所惡 愛奸邪也 惡人之所好 厭賢德也 其終戒之以失國〕

〔舊本〕生財有大道 生之者衆 食之者寡 爲之者疾 用之者舒 則財恒足矣 仁者以財發身 不仁者以身發財 未有上好仁而下不好義者也 未有好義 其事不終者也 未有府庫財 非其財者也 孟獻子曰 畜馬乘 不察於鷄豚 伐冰之家 不畜牛羊 百乘之家 不畜聚斂之臣 與其有聚斂之臣 寧有盜臣 此謂國不以利爲利 以義爲利也 長國家而務財用者 必自小人矣 彼爲善之小人

之使爲國家 菑害竝至 雖有善者 亦無如之何矣 此謂 國不以利爲利 以義爲利也

公議 | 이는 재물을 흩어야 한다(散財)는 경계이다. '大道가 있다.'는 것은 윗글을 이은 것이다. 【뜻이 끊긴 곳은 글이 이어졌다.】 '其事不終'은 충성과 사랑이 끝마침이 없음을 이른다. '府庫'는 백성의 府庫를 이른다. 백성들에게 축적된 富는 모두 군주의 재물이다. 【孟獻子 한 節은 뜻이 朱子章句에 보인다.】 '長國家'는 국가의 장관이 된 것이다. 【達官의 長이라고 말한 것과 같다.】 '彼爲善之'는 저 小人이 스스로 理財를 잘한다고 여기는 것이다. 그 끝에는 失國으로써 경계하였다.〔此散財之戒也 有大道 承上文也【意斷處文續】其事不終 謂忠愛無終也 府庫 民之府庫也 藏富於民 皆君之財也【孟獻子一節 義見章句】長國家 爲長官於國家也【如所云達官之長】彼爲善之 謂彼小人自以爲善理財也 其終戒之以失國〕

○ 議 : '樂只君子' 이하는 그 은미한 말씀과 묘한 뜻이 간간이 보이고 층층이 나와서 비록 여러 가지인 것 같으나 대략은 다만 네 節이니, 첫 번째 節은 立賢의 경계인데 失國으로써 끝마쳤고, 제2節은 散財의 경계인데 失國으로써 끝마쳤고, 제3節은 立賢의 경계를 거듭 말하여 失國으로써 끝마쳤고, 제4節은 散財의 경계를 거듭 말하여 失國으로써 끝마쳐서 이 네 節뿐이다. 오직 그 위아래 節에 이어가는 즈음에 혹 語脈으로써 이어가고 【예를 들면 得衆得國과 有人有土와 같은 경우이다.】 혹은 章法으로 이어가고 〈康誥〉와 〈楚書〉와 같은 경우이다.】 文例로써 이어갔다. 【君子有大道와 生財有大道와 같은 경우이다.】 그러므로 배우는 자가 쉽게 찾지 못하니, 그 작문하는 묘함이 마침내 여기에 이르렀다.〔議曰 樂只君子以下 其微言妙義 間見層出 雖若多端 大約只是四節 第一節立賢之戒 終之以失國 第二節散財之戒 終之以失國 第三節申言立賢之戒 終之以失國 第四節申言散財之戒 終之以失國 四節而已 惟其上下節 承接之際 或接之以語脈【如得衆得國 有人有土】或接之以章法【如康誥楚書】或接之以文例【如君子有大道 生財有大道】故學者未易尋索 其作文之妙 乃至是矣〕

〔考訂〕鄭玄이 말하였다. "'彼'는 군주이니, 군주가 장차 仁義로써 그 정사를 잘하고자 한 것이다." 【彼爲善의 註이다】〔鄭曰 彼君也 君將欲以仁義善其政【彼爲善之註】〕

○ 朱子가 말씀하였다. "'彼爲善之'의 위아래에는 의심컨대 闕文과 誤字가 있는 듯하다."
〔朱子曰 彼爲善之上下 疑有闕文誤字〕

○ 金仁山은 이것을 '彼爲不善之小人'으로 고쳤다.〔金仁山改之云彼爲不善之小人〕

○ 顧麟士가 말하였다. "저 군주가 도리어 小人을 잘한다고 여기는 것이다. 아래의 '使'자 또한 君에 소속되니, 세속을 따른 듯하다."〔顧麟士曰 彼反以小人爲善 則下使字亦屬君 似從俗也〕

○ 鏞案 : 顧氏의 說이 가장 나은 듯하다. 그러나 彼를 훈하여 군주라 한 것은 또한 잘못이다. '彼爲善之'는 저 小人이 스스로 잘한다고 여기는 것이니, 저가 비록 잘한다고 여기나 이와 같은 小人으로 하여금 국가를 다스리게 하면 菑害가 함께 이른다는 뜻이니, 그 闕文이 됨을 발견하지 못하겠다.〔鏞案 顧說最長 然訓彼爲君 亦非也 彼爲善之者 彼小人自以爲善之也 彼雖自以爲善 如此小人 使爲國家 則菑害竝至也 未見其爲闕文〕

栗谷 大學諺解

大學栗谷先生諺解

經1-1

大대學ᄒᆞᆨ之지道도ᄂᆞᆫ 在ᄌᆡ明명明명德덕ᄒᆞ며 在ᄌᆡ ○新신(親친)民민ᄒᆞ며 在ᄌᆡ止지於어至지善션ᄒᆞ매 이시며

대學ᄒᆞᆨ의 道도ᄂᆞᆫ 明명德덕을 明명호매 이시며 民민을 新신호매 이시며 至지善션의 止지호매 이시니라

經1-2

知지止지而이后후에 有유定뎡ᄒᆞᄂᆞ니 定뎡ᄒᆞᆫ而이后후에 能ᄂᆞᆼ히 靜졍ᄒᆞ고 靜졍ᄒᆞᆫ而이后후에 能ᄂᆞᆼ히 安안ᄒᆞ고 安안ᄒᆞᆫ而이后후에 能ᄂᆞᆼ히 慮려ᄒᆞ고 慮려ᄒᆞᆫ而이后후에 能ᄂᆞᆼ히 得득ᄒᆞᄂᆞ니라

止지ᄅᆞᆯ 안后후애 定뎡홈이 이실ᄆᆡ니 定뎡ᄒᆞᆫ后후애 能ᄂᆞᆼ히 靜졍ᄒᆞ고 靜졍ᄒᆞᆫ后후애 能ᄂᆞᆼ히 安안ᄒᆞ고 安안ᄒᆞᆫ后후애 能ᄂᆞᆼ히 慮려ᄒᆞ고 慮려ᄒᆞᆫ后후애 能ᄂᆞᆼ히 得득ᄒᆞᄂᆞ니라

經1-3

物믈有유本본末말ᄒᆞ고 事ᄉᆞ有유終죵始시ᄒᆞ니 知디所소先션後후ᅵ면 則즉近근道도夫부ᅵ니라

物믈이 本본과 末말이 이시고 事ᄉᆞ ᅵ 終죵과 始시 이시니 先션後후ᄅᆞᆯ 알면 道도애 갓가오리라

大學諺解

一　止

經1-4

古고之지欲욕明명明명德덕於어天텬下하者쟈ᄂᆞᆫ 先션治티其기國국ᄒᆞ고 欲욕治티其기國국者쟈ᄂᆞᆫ 先션齊졔其기家가ᄒᆞ고 欲욕齊졔其기家가者쟈ᄂᆞᆫ 先션修슈其기身신ᄒᆞ고 欲욕修슈其기身신者쟈ᄂᆞᆫ 先션正졍其기心심ᄒᆞ고 欲욕正졍其기心심者쟈ᄂᆞᆫ 先션誠셩其기意의ᄒᆞ고 欲욕誠셩其기意의者쟈ᄂᆞᆫ 先션致티其기知디ᄒᆞ니 致티知디ᄂᆞᆫ 在ᄌᆡ格격物믈ᄒᆞ니라

古고애 明명德덕을 天텬下하에 明명코져 ᄒᆞᄂᆞᆫ 者쟈ᄂᆞᆫ 몬져 그 國국을 治티ᄒᆞ고 그 國국을 治티코져 ᄒᆞᄂᆞᆫ 者쟈ᄂᆞᆫ 몬져 그 家가ᄅᆞᆯ 齊졔ᄒᆞ고 그 家가ᄅᆞᆯ 齊졔코져 ᄒᆞᄂᆞᆫ 者쟈ᄂᆞᆫ 몬져 그 身신을 修슈ᄒᆞ고 그 身신을 修슈코져 ᄒᆞᄂᆞᆫ 者쟈ᄂᆞᆫ 몬져 그 心심을 正졍ᄒᆞ고 그 心심을 正졍코져 ᄒᆞᄂᆞᆫ 者쟈ᄂᆞᆫ 몬져 그 意의ᄅᆞᆯ 誠셩ᄒᆞ고 그 意의ᄅᆞᆯ 誠셩코져 ᄒᆞᄂᆞᆫ 者쟈ᄂᆞᆫ 몬져 그 知디ᄅᆞᆯ 致티ᄒᆞ니

大學諺解

二

大學章句一

知디며믈致티호모物을을格격호매잇니라

物물이 格격호後후에 知지ㅣ 至지호고
知지ㅣ 至지호後후에 意의ㅣ 誠셩호고
意의ㅣ 誠셩호後후에 心심이 正졍호고
心심이 正졍호後후에 身신이 脩슈호고
身신이 脩슈호後후에 家가ㅣ 齊졔호고
家가ㅣ 齊졔호後후에 國국이 治티호고
國국이 治티호後후에 天텬下하ㅣ 平평호리라

自天子以로브터 뻐庶셔人인에 至지호매 壹일是시 皆개 以뻐 身신을 脩슈호모로 뻐本본을 삼기니라

其기本본이 亂란호而이 末말이 治티호者쟈ㅣ 否부호며
其기所소厚후者쟈ㅣ 薄박호고 其所소薄박者쟈ㅣ 厚후ㅣ 未미之지有유也야ㅣ니라

그本본이 亂란호고 末말이 治티호리 잇디아니호며
그厚후히홀바의 薄박호고 그薄박히홀바의 厚후ㅣ 잇디아니호니라

右경一章

大學章句

康강誥고 曰왈 克극明명德덕이라호고
太태甲갑 曰왈 顧고諟시 天텬之지明명命명이라호고
帝뎨典뎐 曰왈 克극明명峻쥰德덕이라호니

康강誥고에 골오디 德덕을 克극히明명호다호고
太태甲갑의 골오디 天텬의 明명命명을 顧고諟시다호고
帝뎨典뎐의 골오디 峻쥰德덕을 克극히明명호다호니

右우傳뎐之지首슈章쟝

皆ㅣ自ᄌᆞ明밍也야ㅣ니라
다스스로 明밍호미니라

湯탕之지盤반銘밍에曰왈苟구日일新신이어든 日일日일新신ᄒᆞ고 又우日일新신이라ᄒᆞ며
湯탕人ᅟᅵᆫ盤반銘밍의 ᄀᆞᆯ오디 진실로 날애 新신ᄒᆞ거든 나날로 新신ᄒᆞ며 ᄯᅩ날로 新신ᄒᆞ라ᄒᆞ고

康강誥고애曰왈作작新신民민이라ᄒᆞ고
康강誥고애 ᄀᆞᆯ오디 新신ᄒᆞᄂᆞᆫ民민을作작ᄒᆞ라ᄒᆞ고

詩시예曰왈周쥬雖슈舊구邦방이나 其기命명이維유新신이라ᄒᆞ니
詩시예ᄀᆞᆯ오디周쥬ㅣ비록녯나라히나 그命명이 新신ᄒᆞ다ᄒᆞ니

是시故고로君군子ᄌᆞ는 無무所소不블用용其기極극ᄒᆞᄂᆞ니라
이런故고로君군子ᄌᆞ는 그極극을ᄡᅳ디 아닐배업스니라

右우傳뎐之지二이章

大學諺解

詩시云운邦방畿긔千쳔里리여 惟유民민의所소止지라ᄒᆞ다
詩시예닐오디邦방畿긔千쳔里리여 民민의止지ᄒᆞᆯ배라

詩시云운緡면蠻만黃황鳥됴ㅣ止지于우丘구隅우ㅣ라ᄒᆞ야ᄂᆞᆯ 子ᄌᆞ曰왈於어止지에知디其기所소止ᄒᆞᄂᆞ니 可가以이人인而不블如여鳥됴乎호아ᄒᆞ시다
詩시예닐오디緡면蠻만ᄒᆞᆫ黃황鳥됴ㅣ丘구隅우에止지ᄒᆞᆫ다ᄒᆞ야ᄂᆞᆯ 子ᄌᆞ曰왈止지홀디예 그止지ᄒᆞᆯ바를아ᄂᆞ니 可가히人인으로ᄡᅥ鳥됴만 곧디몯홀가

詩시云운穆목穆목文문王왕이여 於어緝즙熙희敬경止시니라
詩시예닐오디穆목穆목ᄒᆞ신文문王왕이여 於어ㅣ라緝즙熙희ᄒᆞ야敬경止지ᄒᆞ시니라

爲위人인君군앤止지於어仁인ᄒᆞ시고 爲위人인臣신앤止지於어敬경ᄒᆞ시고 爲위人인子ᄌᆞ앤止지於어孝효ᄒᆞ시고 爲위人인父부앤止지於어慈ᄌᆞᄒᆞ시고 與여國국人인交교앤止지於어信신ᄒᆞ시다

大學諺解

이여 於오홈다니 위熙희호야 敬경호고
止지호시다 호니 人인이 되야 仁인의
止지호시고 호시고 人인 臣신이 되야 敬경의
止지호시고 人인 子ㅣ 되야 孝효의 止지
호시고 國국人인과 더브러 交교호매
信신에 止지호더시다
詩시云운 瞻쳠彼피淇긔澳욱호대 菉록竹듁
猗의猗의로다 有유斐비君군子ㅣ여 如여切졀
如여磋차호며 如여琢탁如여磨마ㅣ로다

大學諺解

瑟슬호며 僩한호며
有유斐비君군子ㅣ여 赫혁호며 喧훤호며
學학也야ㅣ오 如여琢탁者쟈는 自
号혜며 終죵不블可가諠훤兮혜라
如여切졀如여磋차者쟈는 道도
僩한号혜며 喧훤号혜며 者쟈는
恂슈慄률号혜며 也야ㅣ오
威위儀의也야ㅣ오 有유斐비君군子ㅣ
不블可가諠훤号혜 者쟈는 道도盛셩德덕
야니라 至지善션을 民민이之지不블能능忘망也야ㅣ니

詩시예 닐오대 淇긔澳욱을 본대 菉록
竹듁이 猗의猗의호다 有유斐비君군
子ㅣ여 切졀호닷 磋차호닷 琢탁호닷
磨마호닷 호며 瑟슬호닷 僩한호닷 호며
赫혁호며 喧훤호닷 호니 有유斐비君군
子ㅣ여 모춤내 可가히 닛디 몯호리로다

大學諺解

如여切졀如여磋차호닷 호몬 學학을 닐오미
오 如여琢탁如여磨마호닷 호몬 스스로 修슈
호미오 瑟슬호며 僩한호몬 恂슈慄률호미
오 赫혁호며 喧훤호몬 威위儀의오 有유斐비
君군子ㅣ 모춤내 可가히 닛디 몯호몬 盛셩
德덕과 至극호 善션을 民민이 能능히

詩시云운 於오戲호 前젼王왕을 不블忘망
이라 호니 君군子ㅣ 其기賢현을 賢현타
호야 其기親친을 親친호고 小쇼人인은
其기樂락을 樂락호며 其기利리를 利리타
호야 此太ㅣ以이沒몰世셰不블
忘망也야ㅣ니라
詩시예 닐오대 於오戲호 前젼王왕
을 닛디 몯호리로다 호니 君군子ㅣ 그

賢현호샤ᄆᆞᆯ 賢현히너기며 그 親친히너기시고 小쇼人인은 그 樂락ᄋᆞᆯ 樂락히너기며 그 利리ᄅᆞᆯ 利리케ᄒᆞᄂᆞ니 이러모로 世셰예 沒몰ᄋᆞᆯ호ᄃᆡ아니ᄒᆞᄂᆞ니라

右傳之三章

子ᄌᆞㅣ ᄀᆞᆯ오ᄃᆡ 聽텽訟숑ᄋᆞᆯ 내 오히려 人인ᄀᆞᆺᄒᆞ나 반ᄃᆞ시 ᄒᆞ여곰 訟숑ᄋᆞᆯ 업게 홀딘뎌 ᄒᆞ시니 情졍업슨者쟈ㅣ 시러곰 그 辭ᄉᆞᄅᆞᆯ 盡진티 몯ᄒᆞ문 크게 民민의 志지를 畏외케 호미니 이ᄅᆞᆯ 닐온 本본을 알으미니라

子曰聽訟이 吾猶人也나 必也使無訟乎ᅵ뎌ᄒᆞ시니 無情者ㅣ 不得盡其辭는 大畏民志니 此謂知本이니라

右傳之四章

此謂知本

此謂知之至也ㅣ니라

此ᄅᆞᆯ 닐온 知디의 至지홈이니라

이닐온 知디의 至지호미니라

右傳之五章이니 蓋개 程子ᄌᆞ의 意以補之니 曰所謂致知在格物者ᄂᆞᆫ 言欲致吾之知ᅵᆫ댄 在卽物而窮其理也ㅣ라 蓋人心之靈이 莫不有知오 而天下之物이 莫不有理언마ᄂᆞᆫ 惟於理예 有未窮이라 故로 其知有不盡也ㅣ니

是以로 大學始敎애 必使學者로 卽凡天下之物ᄒᆞ야 莫不因其已知之理而益窮之ᄒᆞ야 以求至乎其極ᄒᆞᄂᆞ니 至於用力

之久而一旦에 豁然貫通焉則衆物之表裏精粗ㅣ 無不到오 而吾心之全

體大用이 無不明矣리니 此謂物格이며 此謂知之至也ㅣ니라

근간의 일즉 程子즈의 ᄠᅳ들 竊取ᄒᆞ야 ᄡᅥ 補호호니 골오ᄃᆡ 닐은바 知디를 致티호미 物을 格호매 잇다 홈은 내 知디를 致티코져 홀딘대 物에 卽호야 그 理ᄅᆞᆯ 窮

호매이 씀을 니르미라 人心의 靈이

知ㅣ 잇지아닌이 업고 天下앳 物이

理ㅣ 잇지아닌이 업스니 오직 理예

窮치못호미 잇눈지라 故로 그 知ㅣ

盡치못호미 잇느니 일로뻐 大學비

로소ᄀ라치매 반드시 學者로 호여

곰믈읫 天下의 物의 即호야 그임의

아논 理를 因호야 더욱 窮호야 그입의

야눈 理를 求티아닌이 업게 호야

니 力을 씀이 오라 一旦애 豁然히 貫

大學或解

通호매 니르면 衆物의 表裏와 精粗

ㅣ 到티아님이 업고 吾心의 全體와

大用이 明치아님이 업스리니 이닐

온 物이 格호미며 이닐온 知의 至호

미니라

所謂 誠其意者 눈 毋自欺也니 如惡惡

호며 如好好色이 此之謂自謙이니

故로 君子 눈 必慎其獨也니라

닐온 밧 그 意의 물 誠성히 호다 호모 스스로

欺기티마로미 惡오 惡악을 惡오 호믈

호며 好호色식을 好호툿 호야 호미 닐온 스

스로 謙겸호미니 故고로 君군子즈 눈 반

드시 그 獨독을 愼신히 호디니라

小쇼人인이 閒한호거애 為위 不블善션호디

所소 不블至지라 見견君군子즈而이后후

에 厭염然연히 揜엄其기 不블善션호고

而이 著뎌其기善션호느니 人인의 之지視시

己긔예 如여 見견其기 肺폐肝간然연이어

니 則즉 何하益익이리오 此즈謂위 中듕에

誠성 於어中듕이면 形형

於어外외니 故고로 君군子즈 눈 必필 愼신其

獨독也야니라

小쇼人인이 閒한호거애 不블善션을

호디니 不블善션을 著뎌호며 揜엄호느

니 然연고 제厭염然연히 其기善션을 著뎌

호며 그 不블善션을 揜엄호고 고 不블善션을

揜엄호고 그 善션을 著뎌호며 其기肺폐肝간을

보듯 디니 其기 肺폐肝간을 닐온 中듕에 誠성

디니 엇디 益익이리오 形형호미니 故고로 君군

子ᄌᆞᄂᆞᆫ반ᄃᆞ시그獨독을愼신ᄒᆞᆯ디니라

曾증子ᄌᆞ曰왈十십目목의所소視시며十십手슈의所소指지ᄒᆞᆫᄇᆡ니其기嚴엄호미녀 손의ᄀᆞᄅᆞ치ᄂᆞᆫᄇᆡ니그嚴엄ᄒᆞ며열손의ᄀᆞᄅᆞ치ᄂᆞᆫᄇᆡ니그嚴엄ᄒᆞ시

富부潤윤屋옥오이德덕潤윤身신이라心심이廣광ᄒᆞ고體톄胖반ᄒᆞᄂᆞ니故고로君군子ᄌᆞᄂᆞᆫ반ᄃᆞ시其기意의ᄅᆞᆯ誠셩ᄒᆞᄂᆞ니라 富부潤윤屋옥을潤윤케ᄒᆞ고德덕은身신을潤윤케ᄒᆞᄂᆞ니心심이廣광ᄒᆞ며體톄胖반ᄒᆞᄂᆞ니故고로君군子ᄌᆞᄂᆞᆫ반ᄃᆞ시그意의ᄅᆞᆯ誠셩ᄒᆞᄂᆞ니라

大學章句 十三

右우傳뎐之지六륙章쟝이라

所소謂위修슈身신이在ᄌᆡ正졍其기心심者쟈ᄂᆞᆫ身신이有유所소忿분懥치ᄒᆞ면則즉不블得득其기正졍ᄒᆞ고有유所소恐공懼구ᄒᆞ면則즉不블得득其기正졍ᄒᆞ고有유所소好호樂요ᄒᆞ면則즉不블得득其기正졍ᄒᆞ고有유所소憂우患환ᄒᆞ면則즉不블得득其기正졍ᄒᆞᄂᆞ니라

大學諺解

○닐온바身신을修슈ᄒᆞ며其기心심을正졍ᄒᆞᆫ다호ᄆᆞᆫ身신이忿분懥치ᄒᆞᄂᆞᆫ바를두면그正졍을得득디몯ᄒᆞ며恐공懼구ᄒᆞᄂᆞᆫ바를두면그正졍을得득디몯ᄒᆞ며好호樂요ᄒᆞᄂᆞᆫ바를두면그正졍을得득디몯ᄒᆞ며憂우患환ᄒᆞᄂᆞᆫ바를두면그正졍을得득디몯ᄒᆞᄂᆞ니라

心심이在ᄌᆡ티아니ᄒᆞ면視시而이不블見견ᄒᆞ며聽텽而이不블聞문ᄒᆞ며食식而이不블知디其기味미니라 心심이잇디아니ᄒᆞ면視시ᄒᆞ야도見견티몯ᄒᆞ며聽텽ᄒᆞ야도聞문티몯ᄒᆞ며食식ᄒᆞ야도그마ᄉᆞᆯ아디몯ᄒᆞᄂᆞ니라

大學諺解

此ᄎᆞ謂위修슈身신이在ᄌᆡ正졍其기心심이니라 이닐온身신을修슈홈이其기心심을正졍홈에이시미니라

右우傳뎐之지七칠章쟝이라

所소謂위齊졔其기家가ᅵ在ᄌᆡ修슈其기身신者쟈ᄂᆞᆫ

十四

辟시며 人인이 之지 其기 所소 親친愛애
야 而이 辟벽ᄒᆞ며 之지 其기 所소 賤천惡오
오 而이 辟벽ᄒᆞ며 之지 其기 所소 畏외敬경
경 而이 辟벽ᄒᆞ며 之지 其기 所소 哀긍
며 而이 辟벽ᄒᆞᄂᆞ니 之지 其기 所소 敖惰타
오 惰타ᄒᆞ며 孫ᄒᆞᄂᆞ니 故고로 好호
호ᄒᆞ고 而이 知디 其기 所소 惡오ᄒᆞ며
며 惡오而이知디其기所소美미者쟈ㅣ
ㅣ 天텬下하애 鮮션矣의라

故고로 諺언에 有유之지ᄒᆞ니 曰왈人인이 莫막知디其기
子ᄌᆞ之지惡악ᄒᆞ며 莫막知디其기苗묘
之지碩셕이라ᄒᆞᄂᆞ니라

눈바의 辟벽ᄒᆞ며 그 賤천惡오ᄒᆞ눈바의
辟벽ᄒᆞ며 그 畏외敬경ᄒᆞ눈바의 辟벽ᄒᆞ
며 그 哀긍ᄒᆞ눈바의 辟벽ᄒᆞ며 그 敖
오惰타ᄒᆞ눈바의 辟벽ᄒᆞᄂᆞ니 故고로 好
호코 그 惡악을 알며 惡오코 그 美미를 알

눈바ㅣ 天텬下하의 鮮션ᄒᆞ니라
故고로 諺언에 이시니 ᄀᆞᆯ오ᄃᆡ 人인이 그
子ᄌᆞ의 惡악ᄋᆞᆯ 아디 몯ᄒᆞ며 그 苗묘
의 碩셕ᄋᆞᆯ 아디 몯ᄒᆞᄂᆞ니라

子ᄌᆞ의 惡악ᄋᆞᆯ 아디 몯ᄒᆞ며 그 苗묘의 碩
셕 몯아디ᄒᆞᄂᆞ니라

此ᄎᆞ 謂위 其기 身신 不불 修슈ㅣ니
면 不불 可가 以이 齊졔 其기 家가ㅣ라ᄒᆞᄂᆞ니
此ᄎᆞ太태 其기身신을 修슈티 몯ᄒᆞ면 可가이ᄡᅥ
그 家가를 齊졔티 몯ᄒᆞ미니라

右우傳뎐之지八팔章쟝이라

所소 謂위 治티 國국이 必필 先션 齊졔 其기
家가者쟈ᄂᆞᆫ 其기 家가ㅣ 不불 可가 敎교
ㅣ오 而이 能능 敎교 人인者쟈ㅣ 無무之지라ᄒᆞ니

이블온 家가를 治티ᄒᆞ기 반ᄃᆞ시 몬져 그
家가를 齊졔ᄒᆞ다 호모 그 家가를 可가히
敎교티 몯ᄒᆞ고 能능히 人인을 敎교ᄒᆞᆯ者쟈ㅣ

君군子ᄌᆞᄂᆞᆫ 不불 出츌 家가 而이 成셩 敎교
於어 國국ᄒᆞᄂᆞ니 孝효者쟈ᄂᆞᆫ 所소 以이 事ᄉᆞ
君군也야ㅣ오 弟뎨者쟈ᄂᆞᆫ 所소 以이 事ᄉᆞ長댱
也야ㅣ오 慈ᄌᆞ者쟈ᄂᆞᆫ 所소 以이 使ᄉᆞ衆ᄌᆠᆼ
也야ㅣ니라

無무之지ᄒᆞ니 故고로 君군子ᄌᆞᄂᆞᆫ 家가를 出츌티 아니ᄒᆞ
야 敎교를 國국에 成셩ᄒᆞᄂᆞ니 孝효者쟈ᄂᆞᆫ 써
君군을 事ᄉᆞᄒᆞᄂᆞᆫ 바ㅣ오 弟뎨者쟈ᄂᆞᆫ 써 長댱
ᄋᆞᆯ 事ᄉᆞᄒᆞᄂᆞᆫ 바ㅣ오 慈ᄌᆞ者쟈ᄂᆞᆫ 써 衆ᄌᆠᆼ
을 使ᄉᆞᄒᆞᄂᆞᆫ 바ㅣ니라

孝는 버君군을 事ᄉᆞ홈이오 弟뎨며 長댱ᄂᆞᆫ 버君군을 事ᄉᆞ홈이오 慈ᄌᆞᄂᆞᆫ 버衆즁을 使ᄉᆞ홈이니라

康강誥고애 曰왈 如여保보赤젹子ᄌᆞᄒᆞ라 ᄒᆞ니 心심이 誠셩으로 求구之지면 雖슈不블中듕이나 不블遠원矣의라 ᄒᆞ니 未미有유學ᄒᆞᆫ 後후에 嫁가者쟈也야ㅣ니라

康강誥고애 曰왈 如여保보赤젹子ᄌᆞㅣ라 ᄒᆞ니 心심의 誠셩으로 求구ᄒᆞ면 비록 中듕티 몯ᄒᆞ나 遠원티 아니ᄒᆞ리니

養양子ᄌᆞᄅᆞᆯ 學ᄒᆞᆫ 后후애 嫁가ᄒᆞᆯ 者쟈ㅣ 잇디 아니ᄒᆞ니라

十七

一일家가ㅣ 仁인ᄒᆞ면 一일國국이 興흥仁인ᄒᆞ고 一일家가ㅣ 讓양ᄒᆞ면 一일國국이 興흥讓양ᄒᆞ고 一일人인이 貪탐戾려ᄒᆞ면 一일國국이 作작亂란ᄒᆞᄂᆞ니 其기機긔 如여此ᄎᆞᄒᆞ니 此ᄎᆞᄅᆞᆯ 謂위一일言언이 僨분事ᄉᆞ며 一일人인이 定뎡國국이라

一일家가ㅣ 仁인ᄒᆞ면 一일國국이 仁인을 興흥ᄒᆞ며 一일家가ㅣ 讓양ᄒᆞ면 一일國국이 讓양을 興흥ᄒᆞ고 一일人인이 貪탐

堯요舜슌이 帥솔天텬下하以이仁인이어시ᄂᆞᆯ 而이民민이 從죵之지ᄒᆞ고 桀걸紂듀ㅣ 帥솔天텬下하以이暴포ㅣ어ᄂᆞᆯ 而이民민이 從죵之지ᄒᆞ니 其기所소令령이 反반其기所소好호ㅣ면 而이民민이 不블從죵ᄒᆞᄂᆞ니 是시故고로 君군子ᄌᆞㅣ 有유諸져己긔而이後후에 求구諸져人인ᄒᆞ며

無무諸져己긔而이後후에 非비諸져人인ᄒᆞᄂᆞ니 所소藏장乎호身신이 不블恕셔오 而이能능喩유諸져人인者쟈ㅣ 未미之지有유也야ㅣ니라

堯요舜슌이 天텬下하ᄅᆞᆯ 仁인으로뻐 帥솔ᄒᆞ신대 民민이 從죵ᄒᆞ며 桀걸紂듀ㅣ 天텬下하ᄅᆞᆯ 暴포로뻐 帥솔ᄒᆞᆫ대 民민이 從죵ᄒᆞ니 그 令령ᄒᆞᄂᆞᆫ 배 그 好호ᄒᆞᄂᆞᆫ 바애 反반ᄒᆞ면 民민이 從죵티 아니ᄒᆞᄂᆞ니 이런 故고로 君군子ᄌᆞᄂᆞᆫ 己긔예 둔 後후

[9-5]

諸졔人인의게求구ᄒᆞ며已이예업슨後후에
사ᄅᆞᆷ의게다ᄒᆞᄂᆞ니身신의藏장ᄒᆞᆫ배
恕셔ᅵ아니오能능히人인을喩유ᄒᆞᆯ
者쟈ᅵ잇디아니ᄒᆞ니라
故고로國국을治티홈이其기家가ᄅᆞᆯ齊졔
홈애잇ᄂᆞ니라

[9-6]

詩시云운桃도之지夭요夭요요其기葉엽
蓁진蓁진이라之지子ᄌᆞ于우歸귀여宜의
其기家가人인이라ᄒᆞ니
詩시예닐오ᄃᆡ桃도의夭요夭요홈이여其기
葉엽이蓁진蓁진ᄒᆞ도다之지子ᄌᆞ의歸귀홈이여
其기家가人인을宜의케ᄒᆞ리로다其기
家가人인을宜의케ᄒᆞᆫ后후에可가히ᄡᅥ國국
人인을教교ᄒᆞᆯᄯᅵ니라

[9-7]

詩시云운宜의兄형宜의弟뎨라ᄒᆞ니
詩시예닐오ᄃᆡ兄형을宜의케ᄒᆞ며弟뎨를
宜의케ᄒᆞᆫ后후에可가히ᄡᅥ國국人인을教교
ᄒᆞᆯᄯᅵ니라

大學諺解
十九

[9-8]

詩시云운其기儀의不블忒특이라正졍是시
四ᄉᆞ國국이라ᄒᆞ니其기爲위父부子ᄌᆞ兄형弟뎨
ᅵ足죡히法법ᄒᆞᆯᄯᅵ이된后후에民민이法법ᄒᆞᄂᆞ니라
此ᄎᆞ謂위治티國국이在ᄌᆡ齊졔其기家가ᅵ라

[9-9]

此ᄎᆞ謂위治티國국이在ᄌᆡ齊졔其기家가ᅵ라

右博之九章
右우博박之지九구章장이라

大學諺解
二十

[10-1]

所소謂위平평天텬下하ᅵ在ᄌᆡ治티其기
國국者쟈ᄂᆞᆫ上샹이老로ᄅᆞᆯ老로ᄒᆞ면而이民민이興흥孝효
ᄒᆞ며上샹이長댱을長댱ᄒᆞ면而이民민이興흥弟뎨
ᄒᆞ며上샹이孤고ᄅᆞᆯ恤휼ᄒᆞ면而이民민이不블倍ᄇᆡᄂᆞ니

是시以이君군子ᄌᆞㅣ 有유絜혈矩구之지

道도也야ㅣ니

닐온밧天텬下하ᄅᆞᆯ 平평히ᄒᆞ기ᄀᆞ 그國국을

治티호ᄃᆡ다 好호호매잇다 好호ᄅᆞᆯ 興흥ᄒᆞ며

호매民민이 孝효ᄅᆞᆯ 興흥ᄒᆞ며 上샹이 長댱을

上샹이 孤고ᄅᆞᆯ 恤휼ᄒᆞ야 好호매民민이 倍ᄇᆡ티

아니ᄒᆞᄂᆞ니 일로ᄡᅥ 君군子ᄌᆞㅣ 矩구로

絜혈ᄒᆞᄂᆞᆫ 道도ᄅᆞᆯ 둣ᄂᆞ니라

大學諺解

所소惡오於어 上샹호ᄆᆞᆯ 毋무以이 使ᄉᆞ下하ᄒᆞ며

所소惡오於어 下하호ᄆᆞᆯ 毋무以이 事ᄉᆞ上샹ᄒᆞ며

所소惡오於어 前젼로ᄡᅥ 毋무以이 先션後후ᄒᆞ며

後후호ᄆᆞᆯ 所소惡오於어 後후ᄅᆞᆯ 毋무以이 從죵

前젼ᄒᆞ며 所소惡오於어 右우ᄅᆞᆯ 毋무以이

交교ᄒᆞ며 所소惡오於어 左자ᄅᆞᆯ 毋무以이

交교於어左자ㅣ오 所소惡오於어 右우ᄅᆞᆯ

上샹의게 惡오ᄒᆞᄂᆞᆫ바로ᄡᅥ 下하ᄅᆞᆯ 使ᄉᆞ

矩구之지道도ㅣ라 此ᄎᆞ之지 謂위 絜혈

을事ᄉᆞ티말며 前젼의게 惡오ᄒᆞᄂᆞᆫ바로

티말며 前기의게 惡오ᄒᆞᄂᆞᆫ바로

詩시云운 樂락只지君군子ᄌᆞㅣ여 民민

之지 父부母모ㅣ라 民민之지所소好호ᄅᆞᆯ 好호

ᄒᆞ며 民민之지所소惡오ᄅᆞᆯ 惡오ᄒᆞᄂᆞ니

此ᄎᆞ之지 謂위 民민之지父부母모ㅣ니라

父부母모ㅣ라 民민之지所소好호ᄅᆞᆯ 好호ᄒᆞ고

大學諺解

니라

마로미닐온矩구로ᄡᅥ 絜혈ᄒᆞᄂᆞᆫ 道도ㅣ

惡오ᄒᆞᄂᆞᆫ바로ᄡᅥ 左자ᄅᆞᆯ 交교티말며 右우의게

ᄂᆞᆫ바로ᄡᅥ 前젼의게 從죵티말며 後후의게

버後후의게 先션티말며 後후의게

詩시云운 節졀彼피南남山산이여 維유石셕

巖암巖암이로다 赫혁赫혁師ᄉᆞ尹윤이여 民민

具구爾이瞻쳠ᄒᆞ리로다 有유國국者쟈ㅣ 不블

可가以이 不블慎신이니 辟벽則즉 為위 天텬

下하僇륙矣의라

詩시云운 殷은의父부母모ㅣ오 樂락只지民민

의父부母모ㅣ니

惡오호미닐온民민의 父부母모ㅣ니

詩시예닐오디節졀호뎌南남山산이여
石셕이巖암巖암호다赫혁赫혁호師소
尹윤이여民민이다爾이를瞻쳠호다
호니國국을둣눈者쟈ㅣ可가히뻐慎신
티아니티몯홀디니辟벽호면天텬下하
의僇륙이되리라

詩시云운殷은之지未미喪상師소애克극
配비上샹帝뎨러니儀의監감于우殷은
호니峻쥰命명不블易이라
道도을得득호면衆듕을則즉
失실衆듕을則즉失실國국니라

峻쥰命명不블易이
得득國국호고失실衆듕을則즉

大學諺解
二십三삼

詩시예닐오디殷은의師소를喪상티아
니제上샹帝뎨로克극히配비호더니맛
당히殷은을監감호디어다峻쥰命명
이易이티아니타호니道도를得득호니
衆듕을得득호고衆듕을失실호면國국
을失실호느니라
國국을得득호며衆듕을失실호면國국
을失실호느니라
是시故고君군子즈눈先션慎신乎호德덕
호느니德덕이有유면此츠有유人인이오
有유人인이면此츠有유土토ㅣ오有유

財지오有유財지면此츠有유用용라이니
이러호故고로君군子즈눈져德덕의慎신
오人인을두면이에土토룰둘디오土토
룰두면이에財지룰둘디오財지룰두면
이에用용을둘디니라

德덕者쟈눈本본이오財지눈末말이니
也야ㅣ니
德덕은本본이오財지눈末말이니
外외本본內내末말이면民민을爭정케호야奪탈홀
도둘施시호미니

大學諺解
二십四사

本본을外외호고末말을內내호면民민
을爭징케호야奪탈홀로施시호디니라
是시故고財지聚취則즉民민散산이라
호니
是시故고로財지ㅣ聚취호면民민이散산
호고財지ㅣ散산호면民민이聚취호
ㄴ니라

散산호며則즉民민散산
이러호故고로財지ㅣ散산호면民민聚취호
ㄴ니라
是시故고言언悖패而이出츌者쟈ㅣ亦역
悖패而이入입호며貨화悖패而이入입者쟈

10-13　10-12　10-11

一亦역 悖패而이 出츌힝어니

이런故고로言언이 悖패힝야 出츌힝야 出츌힝나니

入입힝 者쟈ᅵ 도 悖패힝며 貨화ᅵ 悖패힝야 入입힝 者쟈ᅵ 도 悖패힝야 出츌힝나니라

康강誥고애 曰왈惟유命명은 不블干우常샹이라 호미니

道도善션則즉得득之지코 不블善션則

康강誥고의 ᄀᆞᆯ오듸 오직命명은 常샹티

아니타힝니 善션힝면 得득힝고 善션티

죽失실之지矣의라

康강誥고의 ᄀᆞᆯ오듸 오직命명을 常샹티 아니호물

몯힝면 失실호ᄆᆞᆯ니루나라

大學諺解　二十五

楚초書셔애 曰왈楚초國국은 無무以이爲위寶보ᅵ라 惟유善션以이爲위寶보ᅵ라 힝니라

楚초書셔의 ᄀᆞᆯ오듸 楚초人인나라호ᄃᆡ ᄡᅥ寶보

ᄡᅥ寶보 오ᄃᆞᆫ 직善션으로ᄡᅥ寶보ᄅᆞᆯ 삼ᄂᆞᆫ다힝니라

舅구犯범曰왈亡망人인은 無무以이爲위寶보ᅵ오 仁인親친以이爲위寶보ᅵ라 힝니라

舅구犯범이 ᄀᆞᆯ오ᄃᆡᆫ 亡망人인은 ᄡᅥ寶보

사ᄆᆞᆯ거시업고 親친을 仁인호ᄆᆞ로ᄡᅥ寶보

10-14

보ᄅᆞᆯ사ᄆᆞᆯ디라힝니라

秦진誓셔애 曰왈若약有유一일介개臣신이

斷단斷단号兮혜 無무他타技기나 其기心심이

休휴休휴焉언其기如여有유容용이라

人인之지有유技기를 若약己긔有유之지ᄒᆞ며

人인之지彦언聖셩을 其기心심好호之지호ᄃᆡ

子자孫손黎려民민이어ᄂᆞᆯ

아ᄃᆞᆯ子자孫손黎려民민을 尙샹亦역有유利리

면寔식能능容용之지ᄒᆞᆯᄊᆡ

리ᄒᆞᆯᄉᆡ며 人인을 保보我아子자

大學章附　二十六

以이惡오之지ᄒᆞ며人인之지彦언聖셩을而

이惡오ᄒᆞᄂᆞᆫ人인이리힝며 人인之지彦언聖셩을

違위之지ᄒᆞ야俾비不블通통ᄒᆞ면寔식不블

이違위ᄒᆞ야人인이리ᄒᆞ야不블通통호ᄃᆡ寔식不블能능ᄒᆞᆯ

能능容용之지ᄒᆞ야以이不블能능保보我아子자

손孫손黎려民민이오ᄃᆡ亦역曰왈殆ᄐᆡ哉ᄌᆡ라

秦진誓셔의 ᄀᆞᆯ오ᄃᆡ만일一일介개臣신이ᄆᆞᄋᆞᆷ

斷단斷단코다ᄅᆞᆫ지죄업스나그ᄆᆞᄋᆞᆷ

이休휴休휴ᄒᆞ미그러容용호미잇ᄂᆞᆫ ᄃᆞᆺ호기

ᄃᆞ라人인의技기두ᄅᆞᆯ 己긔둣ᄐᆞ니

며人인의彦언과聖셩을그ᄆᆞᄋᆞᆷ의好호기

호미 그 口구로브터 남 굿 티너길 뿐가 니
면 진실로 能능히 容용호디라 버 能능히
우리 子孫손이며 黎려民민을 保보호
디니 거의 또 娟모호야 써 惡오호며 人인의
티 몯게 호며 진실로 容용티 몯홀
디라 버 우리 子孫손이며 黎려民민을 保보티 몯호디니 이 子孫손이며 黎려
民민을 保보티 몯호디니 이 殆티
호며호니라

大學章解

惟유仁인人인이아 放방流류之지호야 迸병諸져
四ᄉᆞ夷이호야 不블與여同동中듕國국호
ᄂᆞ니 此ᄎᆞ謂위唯유仁인人인이아 爲위能능愛ᄋᆡ
人인호며 能능惡오人인이니라
오직 仁인人인이아 放방流류호야 四ᄉᆞ
夷이예 遷병호누니 더브러 中듕國국을 同동
티아니호누니 이닐온 오직 仁인人인
이아 能능히 人인을 愛ᄋᆡ호며 能능히 人인
인을 惡오호미라
見견賢현而이不블能능舉거호며 舉거而이

不블能능先션이 命명也야오 見견不블善션
而이不블能능退퇴호며 退퇴而이不블能
遠원이 過과也야니라
賢현을 보고 能능히 舉거티 몯호며 舉거
호디 能능히 先션티 몯호미 命명이오
不블善션을 보고 能능히 退퇴티 몯호며
退퇴호디 能능히 遠원티 몯호미 過과ㅣ
니라

大學章解

好호人인之지所소惡오호며 惡오人인之지所소
好호를 是시謂위拂블人인之지性
性성을 拂블호미라 菑ᄌᆡ必필逮톄夫부身신이라
人인의 惡오호는 바를 好호호고 人인의
好호호는 바를 惡오호미 이닐온 人인의
性성을 拂블호미라 菑ᄌᆡ반ᄃᆞ시 身신의
미출디니라
是시故고로 君군子ᄌᆞㅣ 有유大대道도호니 必필
忠튱信신以이得득之지호고 驕교泰태以이
失실之지라
이런故고로 君군子ᄌᆞㅣ 큰 道도ㅣ이시
니 반ᄃᆞ시 忠튱信신호야 써 得득호고 驕교

大學諺解

10-19

生財有大道하니 生之者ㅣ 衆하고 食之者ㅣ 寡하며 爲之者ㅣ 疾하고 用之者ㅣ 舒하면 則財ㅣ 恒足矣리라

10-20

仁者는 以財發身하고 不仁者는 以身發財니라

仁者는 以財發身하고 不仁者는 以身發財니라

二十九

10-21

未有上好仁而下不好義者也니 未有好義오 其事ㅣ 不終者也며 未有府庫財ㅣ 非其財者也니라

上이 仁을 好코 下ㅣ 義를 好

10-22

호티 아닐 者ㅣ 잇디 아니니 義를 ᄆᆞᆯ 好코 그 事ㅣ 終티 몯ᄒᆞᆯ 者ㅣ 잇디 아니며 府庫의 財ㅣ 그 財ㅣ 아니라

大學諺解

孟獻子ㅣ 曰 畜馬乘은 不察於雞豚하고 伐冰之家는 不畜牛羊하고 百乘之家는 不畜聚斂之臣하나니 與其有聚斂之臣으론 寧有盜臣이라하니 此謂國은 不以利爲利오 以義爲利也니라

孟獻子ㅣ 닐오디 馬乘을 畜ᄒᆞ니는 雞와 豚의 察티 아니ᄒᆞ고 冰을 伐ᄒᆞᄂᆞᆫ 家는 牛羊을 畜디 아니ᄒᆞ고 百乘의 家ᄂᆞᆫ 聚斂ᄒᆞᄂᆞᆫ 臣을 畜디 아니ᄒᆞᄂᆞ니 그 聚斂ᄒᆞᄂᆞᆫ 臣을 둠론 ᄎᆞ리 盜ᄒᆞᄂᆞᆫ 臣을 둘거시라ᄒᆞ니 이 닐온 國은 利로ᄡᅥ 利ᄅᆞᆯ 삼디 아니ᄒᆞ고

三十

204 · 大學附錄

코義의로뻐利리룰삼오미나라

長댱國국家가ㅣ而ᅀᅵ務무財ᄌ用용홈者쟈ᄂᆞ

必필自ᄌᆞ小쇼人인矣의니彼피爲위善션之지

人인之지使ᄉᆞᅵ雖슈有유善션者쟈ᅵ라도菑ᄌ害해ᄅᆞᆯ

亦역無무如여之지何하矣의리오此ᄎᆞ謂위國국

不블以이利리爲위利리오以이義의爲위

利리也야ᅵ니라

國국家가의長댱ᄒᆞ야財ᄌ用용을務무

ᄒᆞᄂᆞᆫ者쟈ᄂᆞᆫ반ᄃᆞ시小쇼人인으로브터

ᄒᆞᄂᆞ니小쇼人인을히여곰國국家가ᄅᆞᆯ

ᄒᆞ면ᄎᆞᆯ菑ᄌ害해도ᄯᅩ지ᄒᆞᆯ디라비록善션

者쟈ᅵ이실디라도또호엇디ᄒᆞ려뇨홈도

업스라니ᄀᆞᆞ닐온國국은利리로뻐利리

룰삼디아니ᄒᆞ코義의로뻐利리ᄅᆞᆯ사

모미니라

右우傳뎐之지十십章쟝

大學栗谷先生諺解

大學諺解 三十一

栗谷 大學諺解 · 205

跋文

寒松 成百曉 선생께서는 이미 오래 전에 한국 최초로 七書(四書와 三經)의 集註를 懸吐完譯하신 바 있다. 그 후 선생은 다시 四書集註에 제 학설과 이에 대한 선생의 견해를 '按說'의 형태로 부가하는 작업을 《論語》부터 시작하셔서 이번에 《附按說 大學·中庸集註》를 발간함으로써 그 완성을 보게 되었다.

이런 큰일에 학식이 얕고 재주도 변변찮은 자가 감히 跋文을 짓게 되니 惶悚한 마음 그지없으나, 한편으로는 약 20년 전 법조 선후배 몇몇이 선생을 찾아뵙고 가르침을 청함에 선생께서 "法曹人 일곱 사람이 모임을 결성하여 강학하고 이름을 '寡尤會'라 하였으니, 이는 夫子(孔子)의 '많이 듣고서 의심스러운 것을 제쳐놓고 그 나머지 자신이 있는 것을 삼가 말하면 허물이 적어진다'는 뜻을 취한 것이다.〔法家七人 結社講學 名之曰 寡尤 蓋取夫子多聞闕疑愼言其餘之意也〕"라는 《論語》〈爲政〉의 가르침을 주시며 우리 모임을 寡尤會로 이름 지어 주시고, 그 후 海東經史硏究所가 발족하게 되었던 일을 떠올리지 않을 수 없다. 이에 그동안 들은 것 중에 겨우 알게 된 몇 말씀을 조심스럽게 옮겨 跋文에 대신하고자 한다.

《論語》〈憲問〉에 "옛날에 배우는 자들은 자신을 위한 學問을 하였다.〔古之學者 爲己〕"라 하였고, 朱子 역시 《論語》를 集註하면서 程子의 말씀을 인용해 爲己之學을 강조하였다. 또한 《論語》가 제시하는 중심적인 사회적 행위 준칙의 하나인 "자기가 하고자 하지 않는 것을 남에게 베풀지 말라.〔己所不欲 勿施於人〕"는 孔子의 가르침은 〈顔淵〉편 뿐만 아니라 여러 곳에서 찾아 볼 수 있다.

이러한 가르침이 《大學》에서는 '絜矩之道'로 그 깊이가 더해졌고, 《中庸》에서는 '忠'과 '恕'로 압축되었다. 그리고 《孟子》〈盡心上〉에서는 "몸에 돌이켜보아 자신의 행위가 성실하면 즐거움이 이보다 더 클 수 없고, 恕를 힘써서 행하면 仁을 구함이 이보다 가까울 수 없다.〔反身而誠 樂莫大焉 强恕而行 求仁莫近焉〕" 하였으며, 또 "자기 몸을 바로잡으면 남이 바루어진다.〔正己而物正〕"는 것을 강조하였다.

《大學》의 絜矩之道는 자로 재는 도리를 말한 것이다. 寒松 선생의 말씀에 의하면 자신의 마음을 표준으로 삼아 남의 마음을 헤아려서 자신이 싫은 것은 남에게 베풀지 말고 자신이 좋은 것은 남에게 베푸는 것을 말한다고 한다. 또한 《大學章句》10章은 모두 絜矩之道에 관한 것이라 할 수 있고, 이것이 《大學》의 핵심적인 가르침이라고 말씀하신다. 朱子 역시 四書集註에서 자기를 미루어 남에게 미치는 推己以及人의 도리를 여러 차례 말씀하신 바 있다.

朱子에 의하면 《中庸》에서 말하는 忠은 자기의 마음을 다하는 것〔盡己之心爲忠〕이고, 恕는 자기의 마음을 미루어 남에게 미치는 것〔推己及人爲恕〕이다. 寒松 선생께서는 忠恕 다음에 나오는 구절인 "자식에게 바라는 것으로써 부모를 섬김을 하지 못하며, 아우에게 바라는 것으로써 형을 섬김을 하지 못한다.〔所求乎子 以事父 未能也 所求乎弟 以事兄 未能也〕"와 "활쏘기는 군자의 자세와 같음이 있으니, 활을 쏘아 정곡을 잃으면 자신에게 돌이켜 찾는다.〔射有似乎君子 失諸正鵠 反求諸其身〕"라는 구절을 《大學》의 絜矩之道와 연결하여 말씀하시곤 하였다.

이렇듯 聖賢의 가르침은 《論語》에서 《大學》, 《中庸》을 거쳐 《孟子》에 이르기까지 一以貫之하는 것이다. 이것이 末學의 눈에는 바로 들어오지 않는다. 오랜 옛날에 朱子의 集註가 이러한 역할을 하였으나, 오늘에 이르러 寒松 선생의 按說에 의해 이 모든 것이 一目瞭然해지니, 참으로 시대의 洪福이 아닐 수 없다.

부디 선생께서 더 건강하시고 만수를 누리셔서 우리나라의 올바른 학문이 길이 이어져 발전하기를 기원해 마지않는다.

2016년 歲在丙申 孟春에
法務法人(有限) 太平洋 業務執行代表辯護士 金成珍

편집후기

寒松 成百曉 선생님의 附按說 四書集註가 완간을 바라보게 되었다. 2013년《論語集註》, 2014년《孟子集註》, 그리고 2016년《大學·中庸集註》에 이르기까지 선생님 자신의 誓願을 이루고 후학들과의 약속을 지키시기 위해 밤낮 없이 작업을 해오셨다. 몇 년간의 勤苦를 옆에서 지켜보았다는 사실만으로도 감회를 형언하기 어려운데, 선생님 당신은 어떠하시겠는가. 아마도 어린 시절 부친께 회초리를 맞으며 글을 익히던 시절부터 月谷 黃璟淵·瑞巖 金熙鎭 두 선생님 문하에서 수학하던 시절들이 떠오르며 실로 형용하지 못할 감개가 있으실 것이다.

《附按說 大學·中庸集註》의 구성은 앞서 출간된 두 책의 내용과 대체로 같다. 按說에는 經文을 이해하는 데에 도움을 받을 수 있는 諸家說과 그에 대한 해설을 실었고, 각주에는 朱子의《集註》를 이해하는 데에 도움이 되는 내용들을 수록하였다. 또《附按說 孟子集註》와 마찬가지로 각 章마다 章名을 붙여주었는데,《大學》과《中庸》을 해설하는 문헌에서 章名을 사용한 경우가 있으므로 章名을 알아둘 필요가 있기 때문이다. 章名을 학습에 이용할 수도 있는바, 章名만 나열해놓은 뒤에 내용을 떠올려보는 것이 그 방법이다. 이렇게 하면《大學》과《中庸》의 전체 내용을 조망할 수 있을 것이다.

《論語按說》·《孟子按說》과 구분되는《大學·中庸按說》만의 특징도 몇 가지 있다. 이는《大學》·《中庸》의 성격에 기인한 것으로, 첫째는 按說과 각주의 양이 많아졌다는 점이고 둘째는 참고자료와 異說을 부록으로 보충하였다는 점이다.

《大學》과《中庸》에는 性理學의 주요 개념들이 게시되어 있고, 이에 대한 朱子의 註는 그 개념들이 朱子學적 定義가 된다. 朱子 이후의 성리학자는 이 정의를 기반으로 학문을 심화하였기 때문에《大學·中庸集註》는 성리학의 교과서와 같은 역할을 해왔다고 할 수 있다. 그래서《集註》에 대한 이해가 매우 중요한 것이다. 이러한 성격으로 인해《大學·中庸按說》은《論語·孟子按說》보다 按說과 각주의 양이 늘어나게 되었는데, 특히 朱

子의 註에 달려 있는 각주의 양이 앞의 두 책보다 현저히 많다.

또 참고자료로는 《大學》·《中庸》의 圖式을 수록하여 내용 전반 및 주요 개념어의 이해에 도움이 되도록 하였으며, 《大學》·《中庸》의 栗谷諺解와 艮齋의 《中庸諺解》를 수록하여 官本諺解와 비교 검토할 수 있게 하였다. 異說에 대한 것으로는 茶山 丁若鏞의 《大學公議》를 말미에 따로 抄錄하였는데, 이는 《大學公議》가 底本으로 삼고 있는 古本大學은 朱子의 改正本과 그 체제가 전혀 달라 나란히 놓고 논하기 어렵기 때문에 뒤에 따로 싣게 된 것이다.

《大學·中庸按說》의 편집에서 가장 두드러지는 특징은 인용문의 출처를 노출했다는 점이다.-按說에서는 인용문 뒤에 달아주었고 각주에서는 표제어 앞에 달아주었다.- 諸家의 說을 인용하되 그 출처를 艮齋 田愚의 《大學·中庸記疑》와 壺山 朴文鎬의 《大學·中庸詳說》에 한정하였으며, 이 내용이 《記疑》에서 인용한 것이면 〔記疑〕, 《詳說》에서 인용한 것이면 〔詳說〕이라고 표시하였다. 만약 선생님의 해설일 경우에는 〔譯註〕라고 표시하고 인용문으로 구성된 다른 각주와 차별을 드러내기 위하여 음영을 주어 구분하였다. 본문에 대한 해설이 아니라 각주에 인용된 《詳說》과 《記疑》에 대한 해설일 경우에는 '譯註 1' '譯註2'와 같은 형식으로 표시하였는데, 이 역시 음영을 주었다.

이렇게 출처를 노출한 이유는, 諸家의 특정 說을 채록할 적에 채록자의 학문적 견해가 그 기준으로 작용하므로 채록자가 누구인지를 알 필요가 있기 때문이다. 洛論에 속하는 艮齋는 人物性同論이나 未發時聖凡同論을 지지하는 내용을 수록한 경우가 많고, 湖論에 속하는 壺山은 人物性異論이나 未發時聖凡異論에 정합적인 諸家의 說을 채록한 경우가 많다. 물론 두 분 모두 주자학의 지평에서 학문을 하였기 때문에 그 대체는 동일하다고 할 수 있으나, 세밀한 부분에 있어서는 차이가 있으므로 독자들이 직접 그 차이를 음미할 수 있기 위해서는 무엇이 艮齋의 인용이고 무엇이 壺山의 인용인지 밝힐 필요가 있는 것이다.

예컨대, 《大學》의 明德을 朱子는 "사람이 하늘에서 얻은 바로서 虛靈하고 어둡지 않아서 衆理를 갖추고 萬事에 응하는 것〔人之所得乎天而虛靈不昧 以具衆理而應萬事者〕"으로 정의하였는데, 이 정의의 해석과 관련하여 조선조의 성리학자들은 明德이 무엇을 지칭하는가에 대한 논쟁을 벌였다. 栗谷 李珥와 尤菴 宋時烈 등은 '虛靈不昧'·'具衆理'·'應萬事' 세 가지 말에 근거하여 明德을 心·性·情의 총칭으로 보았고, 農巖 金昌協

은 栗谷과 尤菴의 說을 발전시켜 '心을 위주로 말한 것'으로 보았다.-이는 栗谷의 《聖學輯要》에 "明德은 다만 本心이다."라고 한 玉溪盧氏(盧孝孫)의 說을 채록한 것을 따른 것이다.- 明德을 心·性·情의 총칭으로 보는 이유는 虛靈不昧는 心이고 具衆理는 性이고 應萬事는 情이기 때문이다. 明德을 心으로 보는 입장은 朱子의 정의를 '具衆理 應萬事하는 주체(能)'를 가리켜 말한 것으로 해석하는 데에 근거한 것이다. 이것은 心과 性을 能과 所로 철저히 구분하고 心의 주체적 역량을 강조하는 견해라고 할 수 있다. 艮齋는 이 견해를 지지하였는데, 그의 性師心弟說은 無爲의 形而上者인 性과 有覺의 形而下者인 心을 철저히 구분하고, 心이 그 주체적 역량을 발휘하여 性을 철저히 좇아야 함을 주장하는 이론이기 때문이다. 또 明德을 性 혹은 理라고 주장하는 華西 李恒老와 蘆沙 奇正鎭 등을 의식하여 明德은 心이고 氣라고 역설하기도 하였다. 반면 壺山은 明德을 心·性·情의 총칭으로 보는 견해를 지지하면서도 朱子 註의 '人之所得乎天'을 性으로 보아 明德을 性善으로 인식하였는바, 그 이유는 純善한 明德이 心만을 가리키는 것일 수는 없다고 생각해서였다. 이는 朱子가 《論語集註》〈學而〉 1장에서 "사람의 性은 누구나 善하나 깨달음에는 먼저하고 뒤에 함이 있으니, 뒤늦게 깨닫는 자는 반드시 먼저 깨달은 자의 하는 바를 본받아야 비로소 善을 밝혀 그 처음(性)을 회복할 수 있다.〔人性皆善 而覺有先後 後覺者必效先覺之所爲 乃可以明善而復其初也〕"라고 풀이한 것에 기인한다. 朱子學의 宗旨는 '明善而復其初'라고 할 수 있는데, '明善'의 善은 바로 太極이고 道이고 性이므로, 明明德의 明德이 단순히 心일 수는 없다는 것이다.

조선조 성리학자들의 心과 明德에 대한 해석이 이처럼 분분하여 상대방을 '認心爲理·認理爲氣'라 비판하였지만 한 가지 공통된 점이 있다고 할 수 있는데 그것은 心과 性, 氣와 理를 구분하지 못해서는 안 된다는 것이었다. 이 구분에 철저하지 못하면 心을 최고로 여기는 佛敎나 陽明學에 빠지게 될 거라고 생각했기 때문이다. 이러한 이해를 가지고서 艮齋와 壺山의 인용문을 읽어나간다면 보다 심도 있는 독서를 할 수 있을 것이다.

약술한 明德 외에도 《大學》과 《中庸》에는 性·道·敎, 未發의 中과 已發의 和 등 존재론적 개념부터 格物·致知·誠意·正心, 戒懼·愼獨, 致中和 등 공부론적 개념에 이르기까지 성리학의 핵심 개념이 담겨 있다. 조선조의 성리학자들은 바로 이 개념을 공유함으로써 서로 논쟁을 하고 학문을 진전시킬 수 있었다. 결국 조선조의 성리학을 이해하기 위해서는, 또 그 학문적 논쟁의 의미를 포착하기 위해서는 그들이 공유했던 개념들에 대한 철저한 이해가 선행되어야 한다.

내가 처음 한국고전번역원 연수부에 입학하여 선생님께 가르침을 받을 적에, 선생님께서는 내가 동양철학 전공자라는 이유로 특별히 성리학에 대해 많이 말씀해주셨는데 그 말씀은 모두 경서의 내용에 밀착한 것이었다. 물론 경서뿐만 아니라 주자학의 담론에 대해서도 해박한 지식을 가지고 많이 말씀해주셨는데, 언제나 결론은 "이런 것도 그 의미를 제대로 알기 위해서는 먼저 四書의 集註를 철저하게 이해해야 한다."는 것이었다. 그러면서 요즘 성리학 전공자들이 성리학 담론의 원천이 되는 경서와《集註》에는 소홀하고 지엽적 논쟁에만 매달리는 것에 대하여 안타까워하시기도 하였다. 그러다가《周易》을 배우게 되자, 乾卦〈彖傳〉의 '乾道變化 各正性命'과〈繫辭傳 上〉의 '一陰一陽謂之道 繼之者善 成之者性'과 '形而上者謂之道 形而下者謂之器'에 대하여 다른 경서에 보이는 성리학 관련 句節과 연결하여 자세히 설명해주시곤 하였다. 선생님께서는 이번에 이러한 내용들을《中庸按說》1장 부록에〈性理學 理論의 展開〉라는 제목으로 약술하셨는데, 이는 性理學의 기본을 이해하는 要訣이라고 감히 말할 수 있을 것이다.

선생님 스스로는 항상 謙退하셔서 자신을 성리학자로 자처하지는 않으시지만, 곁에서 가르침을 받은 나로서는 선생님께서 그 어떤 성리학 연구자보다도 성리학에 대한 깊은 조예와 높은 식견, 그리고 큰 애정을 가지고 계심을 알 수 있었다. 그래서 선생님의 가르침을 따라 경서를 철저히 이해하는 것을 성리학 연구의 기본으로 삼으려 하였으나, 경서에 대한 깊은 이해라는 것이 과연 어떤 것인지조차 알기 어려웠다. 동양학을 전공하는 사람 중에《大學》과《中庸》을 읽어보지 않은 사람은 없을 것이다. 나 역시 연수부 시절에 四書를 배웠고 2회 이상 通讀하였으므로 어느 정도는 알고 있다고 생각하였다. 그러나 이번에 이 책의 교정에 참여함으로써 나의 이해가 얼마나 천박한 것이었는가를 알 수 있었다. 예컨대《中庸》1장의 '致中和'에 대한 朱子의 註에서 致中은 "自戒懼而約之 以至於至靜之中 無所偏倚而其守不失"이라고 하고, 致和는 "自謹獨而精之 以至於應物之處 無少差謬而無適不然"이라고 하였는데, 여기에서 글자 하나하나가 모두 의미가 있음을 처음으로 알게 되었다. 致中은 未發 靜時의 存養 공부이기 때문에 戒懼·約·至靜이라는 말을 쓰고, 中에 있어서도 無所偏倚(未發의 中)라는 말로 형용한 것이다. 또 致

和는 已發 動時의 省察 공부이기 때문에 愼獨·精·應物이라는 말을 쓰고, 中에 있어서도 無過不及(已發의 中)의 의미에 해당하는 無少差謬라는 말을 쓴 것이다.

이처럼 전에는 의미를 몰라 가볍게 보고 지나쳐버렸던 것들을 이번 기회에 조금이나마 알게 된 것이 많다. 참으로 宗廟之美와 百官之富를 이제 겨우 조금 엿본 느낌이다. 《中庸》의 "人一能之 己百之 人十能之 己千之"라는 말이 참으로 가슴 깊이 와 닿는다. 자신이 困知의 자질이라 百千의 공부를 가하지 않으면 안 된다는 사실을 다시금 확인한 것이다. 더불어 이런 困知淺學이 百千의 노력을 계속할 수 있도록 학문의 길을 보여주신 선생님께 감사드린다.

2016년 5월

申相厚

현토신역 부 안설 대학집주

懸吐新譯 附 按說 大學集註

1판 1쇄 인쇄 2016년 6월 20일
1판 1쇄 발행 2016년 6월 27일

지은이 성백효
편집인 김형석, 성창훈, 신상후, 윤은숙, 이상아
총괄기획 권희준
디자인 씨오디
인쇄 천일문화사

발행처 한국인문고전연구소 **발행인** 조옥임

출판등록 2012년 2월 1일(제406-2012-000027호)
주소 경기 파주시 미래로 562 (901-1304)
전화 02-323-3635 **팩스** 02-6442-3634 **이메일** books@huclassic.com

ISBN 978-89-97970-23-0 93140